JN078856

税理士のための

保育所の

会計　税務　経営サポート

社会福祉法人・学校法人・NPO法人・
株式会社等の留意点

著

OAG監査法人・OAG税理士法人

第一法規

はじめに

　2015年の国勢調査において1,595万人であった我が国の年少人口（0歳から14歳の人口）は、2019年度末には1,521万人となり、総人口に占める割合は12.5%から12.1%へと減少しています。また、少子化は今後さらに深刻化するものと予想されており、国立社会保障・人口問題研究所の「日本の将来推計人口（平成29年推計）」によると、年少人口は、2056年には1,000万人を割り、その後2065年には898万人まで減少、総人口に占める割合は10.2%となるものと推計されています。

　これからも少子化の深刻化が予測されるなか、政府は様々な少子化対策を計画・実施しています。例えば、2019年5月に幼児教育・保育の無償化を内容とする「子ども・子育て支援法の一部を改正する法律」が成立し、同年10月1日より施行されました。これにより3歳から5歳までのすべての子どもの幼稚園、保育所、認定こども園等の利用料などが無償化されたほか、0歳から2歳までの子どもについては住民税の非課税世帯を対象に認可保育所などの利用料が無償化されています。

　このように少子化が進む一方で、厚生労働省の「国民生活基礎調査（2019年）」によると、子どもがいる世帯の72.4%で母親が仕事をしているといった生活様式の変化や、都市部における人口増加から、主に都市部において保育施設や保育士の需要は増加している状況です。これらの問題に対して、厚生労働省は、保育事業に対する規制の緩和、各種補助金の設定、また、保育士不足を解消するための保育士給与の改善政策や情報通信技術の活用支援など様々な支援政策を計画し実行しています。

　このように、保育をめぐる環境はめまぐるしく変化しており、保育事業を行う経営者は情報のキャッチアップに奔走し、経営への影響を把握することに頭を悩ませています。そのような状況において、会計税務の専門家が、その専門的な知見をもって保育施設に助言できるようになることは、保育事業を行う経営者にとって、また保育施設の利用者にとっても意義あ

ることになると考えています。しかし、保育事業に対する政策の変遷や保育施設が有する公的な性格、また施設の運営主体によって異なる会計処理実務や税務実務は、初めて保育事業を対象とした業務に携わる方にとっては戸惑いが多く敬遠されやすいものとなっていると思われます。そのため、まずは、保育事業を対象とする会計税務の専門家の裾野を広げることができるように、保育事業に関する基本的な書籍が必要であると思い至りました。

　本書では、第1章で保育及び保育施設の歴史や制度設計といった基礎的な情報を、第2章と第3章で会計と税務の基本的な内容をできる限り平易に解説しています。さらに、保育施設の経営者にとって関心が高く話題に上りやすい、施設の設立や主要な助成金といった内容に第4章で触れています。本書を読み進めることで、業務において必要な保育関連の基本的な知識や経営者とのコミュニケーションを図るための情報を得ることができるような構成にしております。保育事業の会計税務に携わる皆様が、施設関係者と円滑なコミュニケーションを行い、適切な会計処理や税務申告を導くことができるようになるための一助となれば幸いです。

　最後に、本書の刊行にあたりご尽力をいただきました第一法規株式会社出版編集局編集第五部の西村恵美様及び星浩之様をはじめ、完成に多大なるご支援をいただきました皆様に改めてお礼を申し上げます。

　なお、本書の意見に相当する記載に関しましては執筆者の私見であることにご留意ください。

2020年11月

OAG 監査法人　代表社員　今井基喜

税理士のための
会計 **税務**
保育所の **経営サポート**
社会福祉法人・学校法人・NPO法人・
株式会社等の留意点

第1章 保育業界の基礎知識

第3節　設置主体・運営主体への財政支援

第4節　設置主体・運営主体と関連法令

第5節　保育所等における新型コロナウイルス対応関連情報

第2章　会計上の留意点

第1節　社会福祉法人の会計

第3章 税務上の留意点

第4章　経営サポート

凡　例

　本書の内容は、令和2年10月1日現在の法令・通達に拠っており、根拠法令・通達には次の略称を用いています。

法令・通達の名称	略称
就学前の子どもに関する教育、保育等の総合的な提供の推進に関する法律	認定こども園法
一般社団法人及び一般財団法人に関する法律	一般社団・財団法人法
公益社団法人及び公益財団法人の認定等に関する法律	公益法人認定法
特定非営利活動促進法	NPO法
法人税法	法法
法人税法施行令	法令
法人税法施行規則	法規
法人税基本通達	法基通
租税特別措置法	措法
租税特別措置法施行令	措令
租税特別措置法施行規則	措規
消費税法	消法
消費税法施行令	消令
消費税法基本通達	消基通
地方税法	地方税法
地方税法施行令	地令
所得税法	所法
所得税基本通達	所基通
印紙税法	印法
印紙税法基本通達	印基通

　また、本書中、（　）内の根拠法令・通達は次のように表示しています。

（例）

法令5　①V　法人税法施行令第5条第1項第5号

法基通1－1－11　　法人税基本通達1－1－11

第1章

保育業界の
基礎知識

第1節　保育所・幼稚園の歴史

POINT
・児童に対する教育（幼稚園）と福祉（保育所）の2元体制
・待機児童問題や少子化による教育と福祉の2元体制の限界
・認定こども園による教育と福祉の統合

1　保育所と幼稚園の違い

　保育所と幼稚園の違いを、誤解を恐れずにいうならば、

保育所＝「乳幼児の面倒を見てくれるところ」

幼稚園＝「幼児に教育をしてくれるところ」

となります。

　それぞれはいずれも未就学の子どもを預かる施設ではありますが、その設置目的のみならず、所轄省庁や根拠法令等についても違いがあります。

　両者の差異のうち主なものは次のとおりです。

【図表 1-1-1　保育所と幼稚園の違い】

項目	保育所	幼稚園
所轄省庁	厚生労働省	文部科学省
根拠法令	児童福祉法	学校教育法
標準的な保育時間	8時間	4時間
保育料	**認可保育所**の場合：自治体が決定 **認可外保育園**の場合：設置者が決定	**公設**の場合：自治体が決定 **民設**の場合：設置者が決定
設置目的	日々保護者の委託を受けて、乳児又は幼児を保育する。（児童福祉法39）	幼児を保育し、適当な環境を与えて、その心身の発達を助長すること（学校教育法22）

2　世界における保育所と幼稚園の歴史

　上記のような違いが生まれた背景には、それぞれが異なる目的に対応して進化してきた歴史があります。それでは、その歴史を少し紐解いてみましょう。

　まず、世界で初めて設立された保育所は、1800年初頭にイギリス人のロバート・オウエンという人物が、自らが経営する工場に併設した「幼児学校」だといわれています。この施設は、母親が安心して働きに出られるように、子どもたちの健全な性格を形成することを目的として設立されました。

　一方、世界初の幼稚園は、1840年にフリードリヒ・フレーベルが祖国ドイツのバート・ブランケンブルクで始めた「一般ドイツキンダーガルテン」（原名：Der Allgemeine Deutsche Kindergarten）だといわれています。「Kindergarten」とは彼の造語であり、子ども（Kinder）は誠実な庭師によって育まれる庭（Garten）の花々のように成長すべきだという願いが込められており、小学校に上がる前の子どもたちへの教育を施すための施設を目指していました。

　こうして、保育所は、働くために家を留守にする親を助けて、子どもの心身を健やかにするために発足し、幼稚園は、カリキュラムに沿って幼児に教育を施すための学校として、それぞれ発足しました。

3　日本における保育所と幼稚園の歴史

　このように、両制度はまず海外で設立され発展した後、明治時代に日本に導入されていきました。

　日本において、幼児のための保育施設が実質的に開始したのは、フレーベルが「一般ドイツキンダーガルテン」を設立した1840年から数えて36年後の1876年（明治9年）に開設した東京女子師範学校附属幼稚園でした。

同園は、フレーベルの直弟子であるドイツ人松野クララらが中心となって開設した施設で、フレーベル主義にもとづく教育を目指しており、日本の幼児教育のさきがけといえます。ただし、ここは保育料を徴収し、中流以上の階層の幼児が通う施設でした。そこで、低所得・貧困層の母親が就労している間に、これに代わって乳幼児の面倒を見る施設として、1890年（明治23年）に家塾「新潟静修学校」内に託児所が併設されたのが、日本の保育所の始まりとなります。このころは、日本でも産業革命を迎えており、市場の労働力が求められていたこともあって、保育所の必要性が高まっていたことが背景にあります。

　こうして、日本においても海外と同じ目的で保育所及び幼稚園が開設されるようになりました。その後、保育所は1951年（昭和26年）に改正された児童福祉法（厚生労働省所管）により、保育の必要な子どもたちを入所させる児童福祉サービス機関としての立ち位置が確立されます。また、幼稚園に関しては、1926年（大正15年）に公布された幼稚園令で制度が明確化されたのち、1947年（昭和22年）に制定された学校教育法（教育基本法、文部科学省所管）により、正式に学校（＝教育機関）として位置づけられることになります。

　このような流れで、国内でも保育所と幼稚園が整備・発展していったのですが、それぞれの成り立ちや設立目的が異なることから、保育の二元化という問題（①保育所は厚生労働省が所管し、幼稚園は文部科学省が所管する、②保護者が就労していれば保育所、保護者が家庭で養育できれば幼稚園、③保育所は児童福祉のための施設、幼稚園は幼児教育のための施設）が平成末期まで続くことになります。

▌4　保育サービスの平成になってからの変化

　平成に入ると、いわゆる「少子化」が国の対処すべき重要な問題となっていきます。1990年（平成2年）に起きた「1.57ショック」が、少子化が

社会問題となる大きな契機となりました。「1.57ショック」とは、1989年（昭和64年／平成元年）の合計特殊出生率（女性が生涯に産む子どもの数）が1.57となり、統計を取り始めて以降最低であった1966年（昭和41年　丙午）の1.58を下回ったことをいいます。なお、合計特殊出生率は、統計を取り始めた1947年（昭和22年）は4.54であり、1989年には1.57まで低下し、さらに2005年（平成17年）には1.26まで低下していくことになります。

　一方で、保育所等の施設に入りたいのに入れない、いわゆる「待機児童」の問題が出てきます。これは、働く女性が増えたこと、都市部の人口増加、保育施設の用地確保が困難などの理由から、少子化が進む中であっても保育施設に対する需要と供給のバランスが悪化していることが原因となっています。そのような状況の中、1994年12月に策定された「エンゼルプラン」を皮切りに、国は少子化問題、待機児童問題に対し、時代の変化に合わせ様々な対策を講じていきます。

5　幼稚園と保育所の統合

　前述したように、日本には教育としての幼稚園と保育支援としての保育所が二元制度として存在し、それぞれの目的及び役割を踏まえ、社会的ニーズに応えてきました。しかし、社会構造等の著しい変化を背景として、就学前の子どもに関する教育や保育について、保護者の就労状況に関係なく施設を利用したいなど、ニーズは多様化してきました。そのため、これまでの二元制度だけでは、こうした変化に対応できなくなってきました。そこで、2006年（平成18年）10月に、地域において子どもが健やかに育成される環境が整備されるよう、小学校就学前の子どもに対する教育・保育並びに保護者に対する子育て支援の総合的な提供を推進していくことを目的とした「就学前の子どもに関する教育、保育等の総合的な提供の推進に関する法律」（以下、「認定こども園法」といいます。）が施行されま

【図表 1-1-2　保育関連の法律、政策の変遷】

年代	出来事
1947年（昭和22年）	「児童福祉法」制定
1952年（昭和27年）	「保育指針」制定
1965年（昭和40年）	「保育所保育指針」策定
1971年（昭和46年）	「保育所緊急整備計画」策定
1991年（平成3年）	「育児休業法」制定
1994年（平成6年）	「エンゼルプラン」策定
1995年（平成7年）	「育児・介護休業法」制定
1999年（平成11年）	「少子化対策推進基本方針」「新エンゼルプラン」（緊急保育対策等5か年事業の見直し）策定
2000年（平成12年）	「保育所の設置認可に係る規制緩和」（保育所設置に係る主体制限の撤廃、定員規模要件の引下げ、資産要件の緩和等）実施
2001年（平成13年）	「児童福祉法」改正
2002年（平成14年）	「待機児童ゼロ作戦」開始、「少子化対策プラスワン」策定
2003年（平成15年）	「少子化社会対策基本法」「次世代育成支援対策推進法」制定
2004年（平成16年）	「子ども・子育て応援プラン」策定
2006年（平成18年）	「就学前の子どもに関する教育、保育等の総合的な提供の推進に関する法律」（認定こども園法）の制定
2007年（平成19年）	「仕事と生活の調和（ワーク・ライフ・バランス）憲章」「仕事と生活の調和推進のための行動指針」の策定
2008年（平成20年）	「新待機児童ゼロ作戦」開始
2012年（平成24年）	子ども・子育て関連3法（子ども・子育て支援法、認定こども園法の一部改正法、子ども・子育て支援法及び認定こども園法の一部改正法の施行に伴う関係法律の整備等に関する法律）制定
2013年（平成25年）	「待機児童解消加速化プラン」開始
2015年（平成27年）	「子ども・子育て支援新制度」施行
2016年（平成28年）	「ニッポン一億総活躍プラン」閣議決定
2018年（平成30年）	「子育て安心プラン」開始
2019年（平成31年 / 令和元年）	「子ども・子育て支援法」改正。幼稚園、保育園無償化開始

した。この法律は、一定の要件を満たした幼稚園や保育所等は、認定こども園として都道府県から認定を受けることができる仕組みを設けています（認定こども園法3）。制度の枠組みとしては、幼稚園でも保育所でもない第三の施設類型として認定こども園を設けるのではなく、果たすべき機能

に着目し、幼稚園や保育所等がその法的位置づけを保ったまま、認定こども園としての認定を受ける制度としてスタートしています。

6　保育所の設置主体の変化

2000年（平成12年）に保育所の設置認可に係る規制緩和が実施されるまで、国は「保育所設置に係る主体制限」（昭和38年通知）により、保育所として新たに認可する民間施設の設置主体は、原則として社会福祉法人に限定していました。しかし、都市部を中心とした待機児童の解消のためには、供給不足となっている地域において保育所の新設が必須となります。このような社会情勢の変化に対応するため、国は、設置主体の制限に係る通知を撤廃し規制緩和を実施します。その結果、保育所の設置主体は株式会社、NPO法人、学校法人等へ拡大されていくことになりました。

【図表 1-1-3　設置主体別保育所数】

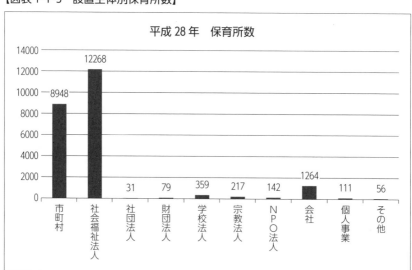

（厚生労働省「保育所の設置主体別認可状況等について（平成28年10月1日現在）」より作成）

第 2 節　保育サービスの種類

POINT
　・児童福祉法による認可・認可外の分類
　・総合的な子育て支援としての認定こども園
　・地方自治体独自の取組としての認証保育園

1　児童福祉法の保育

　保育サービスは児童に対するサービスを提供することから、児童福祉法上の対象とされてきました。児童福祉法では、保育施設は、①都道府県等の認可等を受けて運営する保育所（以下、「保育所等」といいます。）」と②認可を受けずに運営する保育施設（以下、「認可外保育施設」といいます。）に分類されます。

　①の保育所等としては、まず、児童福祉法第35条第 3 項に基づき市区町村が設置した、又は同条第 4 項に基づき、民間事業者等が都道府県知事の認可を受け設置した保育所（以下、「保育所」といいます。）が挙げられます。なお、施設名を「○○保育園」とする場合も多いですが、あくまでも「保育園」は通称であり、児童福祉法上の名称は「保育所」となっています。

　②の「認可外保育施設」とは、上記①の保育所等以外の子どもを預かる施設（保育者の自宅で行うもの、少人数のものも含みます。）の総称です。施設の名称は、○○保育所、○○保育園、○○保育室、○○託児所、○○ベビールームなど様々であり、また、その施設や保育の内容は、施設により異なっています。

（1）保育所（認可保育園）

　「保育所」とは、「保育を必要とする乳児・幼児を日々保護者の下から通

9

わせて保育を行うことを目的とする施設（利用定員が20人以上であるものに限り、幼保連携型認定こども園を除く。）とする。」と、児童福祉法第39条に規定されています。また、保育所保育指針では、その施設の状況について、「児童福祉法（昭和22年法律第164号）第39条の規定に基づき、保育を必要とする子どもの保育を行い、その健全な心身の発達を図ることを目的とする児童福祉施設であり、入所する子どもの最善の利益を考慮し、その福祉を積極的に増進することに最もふさわしい生活の場でなければならない。」と規定されています。保育施設は、上記の基本原則に該当するよう、「児童福祉施設の設備及び運営に関する基準」（昭和23年厚生省令第63号）に従い都道府県、指定都市及び中核市が条例において定めた要件を充足する必要があります。要件を充足し、各都道府県知事より認可を受けると、保育施設は保育所（認可保育園）となります。

　「児童福祉施設の設備及び運営に関する基準」の規定には、都道府県が条例を定めるにあたって①「従うべき基準」（同基準1①Ⅰ～Ⅲ）と②「参酌すべき基準」（同基準1①Ⅳ）の2種類があります。①の「従うべき基準」の主な内容は、設備の基準や保育士の配置基準であり、具体的な内容は次頁のとおりです。

　また、②の「参酌すべき基準」としては、次頁のような項目が挙げられます。ここで、「参酌すべき基準」とは、地方自治体が十分参酌した結果であれば、地域の実情に応じて、異なる内容を定めることが許容される基準をいいます。

　なお、保育所には公立保育所と私立保育所がありますが、保育所における保育は市町村が担うことが児童福祉法上求められていることから、公立保育所に対しては法律上市町村の代理という扱いになる一方で、私立保育所に対しては、委託先という扱いになります。どちらにおいても、市町村により利用者が保育を必要としているかの認定がなされ、公立・私立保育所より保育サービスが提供されます。そして、保育料については、公立保育所は市町村の代理という立場であるため、直接利用者から徴収します。

【図表 1-2-1　保育所の設備運営基準】

保育所の設備運営基準

○保育所の基準は、児童福祉施設の設備及び運営に関する基準（昭和23年厚生省令第63号）で区分された「従うべき基準」「参酌すべき基準」に従い、都道府県・指定都市・中核市が条例により定める。

［従うべき基準の主な内容］
＜職員配置基準＞
・保育士
　・0歳児　3人に保育士1人（3：1）　　・1・2歳児　　　　6：1
　・3歳児　　　　20：1　　　　　　　・4歳以上児　　30：1
　　　※3歳児については、15：1で実施の場合加算あり
　　　※ただし、保育士は最低2名以上配置
・保育士の他、嘱託医及び調理員は必置　　※調理業務を全て委託する場合は、調理員を置かなくても可

＜設備の基準＞
　・0、1歳児を入所させる保育所：乳児室又はほふく室及び調理室
　　→　乳児室の面積：1.65㎡以上／人　　ほふく室の面積：3.3㎡以上／人
　・2歳以上児を入所させる保育所：保育室又は遊戯室及び調理室
　　→　保育室又は遊戯室の面積：1.98㎡以上／人

［参酌すべき基準の主な内容］
・屋外遊戯場の設置　・必要な用具の備え付け　・耐火上の基準
・保育時間　　　　　・保護者との密接な連絡

※従うべき基準であっても地方自治体がこれを上回る基準を定めることは可能である。

(出典：厚生労働省「保育所等について」)

【図表 1-2-2　保育所・利用者・市町村の関係図】

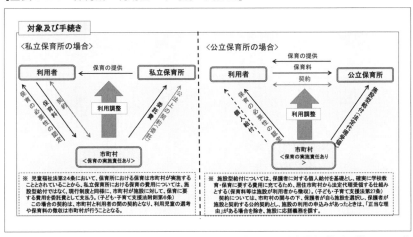

(出典：厚生労働省「保育所等について」)

一方、私立保育所は市町村からの委託先という立場であるため、保育料を直接利用者からは徴収せず、市町村が利用者から徴収します。

（2）認可外保育施設（無認可保育園）

「認可外保育施設」とは、児童福祉法上の認可を受けていない保育施設であり、一般的には無認可保育園と呼称される施設をいいます。2002年（平成14年）からは、設置にあたり児童福祉法第59条の2による届出が必要とされています。また、児童福祉法上の認可を受けていないものの、地方自治体独自の基準を満たしている「認証保育所」等や企業主導型保育事業なども認可外保育施設に含まれています。

認可外保育施設の開設や運営にあたっては、児童の安全及び適切な保育水準確保の観点から、「認可外保育施設指導監督の指針」及び「認可外保育施設指導監督基準」に定める基準を満たす必要があり、都道府県等が行う指導監督（報告徴収、立入調査など）の対象となります。また、利用者が直接事業者に申し込みを行い、契約を結びます。保育料も「認証保育所」等の施設には制限がありますが、事業者が自由に設定することができます。また、認可保育所では、施設運営に係る経費に対して補助金が支給されますが、認可外保育施設では、原則的には当該補助金が支給されません。

保育所等と認可外保育施設との主な違いは次のとおりです。

【図表 1-2-3　保育所等と認可外保育施設の比較】

項目	保育所等	認可外保育施設
設置基準	条例・規則に基づく設置・運営基準	認可外保育施設に対する指導監督要綱
申込先	市区町村	事業者
契約	市区町村	事業者
保育料	市区町村が設定した金額	事業者が設定した金額
運営費に係る補助金	あり	原則、なし

【図表1-2-4　児童福祉法における保育施設の分類】

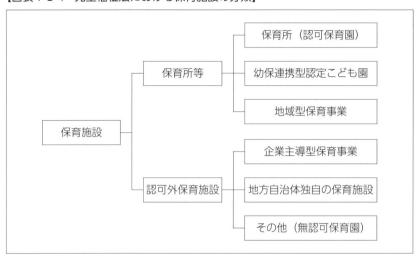

　なお、後述しますが、児童福祉法上の認可事業として設けられている幼保連携型認定こども園や地域型保育事業は、同法上の保育所等に含まれます。また、企業主導型保育事業や、東京都の認証保育所などの地方自治体独自の保育施設などは、前述のとおり認可外保育施設として分類されます。

2　認定こども園法の保育

（1）認定こども園法の制定

　次の項目を考慮して、2006年（平成18年）に「就学前の子どもに関する教育、保育等の総合的な提供の推進に関する法律」（認定こども園法）が制定されました。

・幼児期の教育や保育は、生涯にわたる人格形成の基礎を培うため重要であること

・我が国における急速な少子化が進行していること

・家庭及び地域を取り巻く環境が従来と変化しており、小学校就学前の子
　どもの教育や保育に対する保護者の要望が多様化していること

　この法律は、地域における創意工夫を生かしつつ、小学校就学前の子ど
もに対する教育及び保育並びに保護者に対する子育て支援の総合的な提供
を推進するための様々な手段を講じることで、地域において子どもが健や
かに育成される環境を整備することに資することを目的としています。

（2）認定こども園の種類

　認定こども園とは、教育・保育を一体的に行う施設で、いわば幼稚園と
保育所の両方の良さを併せ持った施設です。以下の機能を備え、認定基準
を満たす施設は、都道府県等から認定を受けることができます。

① 就学前の子どもに幼児教育・保育を提供する機能

　　保護者が働いている、いないにかかわらず受け入れて、教育・保育を
　一体的に行う機能

② 地域における子育て支援を行う機能

　　全ての子育て家庭を対象に、子育て不安に対応した相談活動や、親子
　の集いの場を提供する機能

【図表 1-2-5　認定こども園のイメージ図】

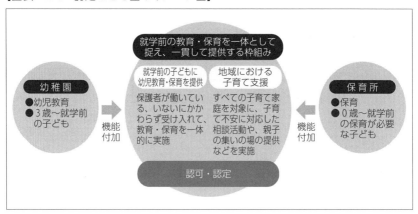

(出典：内閣府ホームページ　認定こども園概要)

【図表1-2-6　認定こども園の種類】

幼保連携型	幼稚園的機能と保育所的機能の両方の機能を併せ持つ単一の施設として、認定こども園としての機能を果たすタイプ
幼稚園型	認可幼稚園が、保育が必要な子どものための保育時間を確保するなど、保育所的な機能を備えて認定こども園としての機能を果たすタイプ
保育所型	認可保育所が、保育が必要な子ども以外の子どもも受け入れるなど、幼稚園的な機能を備えることで認定こども園としての機能を果たすタイプ
地方裁量型	認可保育以外の保育機能施設等が、保育を必要とする子ども以外の子どもも受け入れるなど、幼稚園的機能を備えることで認定こども園の機能を果たすタイプ

（参考：日本公認会計士協会「学校法人の設置する認可保育所等に係る会計処理に関するQ&A」
学校法人委員会研究報告第21号）

　認定こども園には、地域の実情や保護者のニーズに応じて多様なタイプがあり、上記のような種類に区分されます。

（3）認定こども園法の改正

　認定こども園法においては、施行後5年を経過した時に、同法の施行の状況を勘案し、必要があると認めるときは、同法の規定について検討を加え、その結果に基づいて必要な措置を講ずるものとすることが定められており（認定こども園法附則③）、制度として見直すことが明記されていました。

　これを受けて、2008年（平成20年）に少子化対策・文部科学・厚生労働の3大臣合意により「認定こども園制度の在り方に関する検討会」が設置され、2009年（平成21年）3月に「今後の認定こども園制度の在り方について」（同検討会報告書）が取りまとめられました。

　その後、関係者へのヒアリング等を実施し、2012年（平成24年）3月に「総合こども園法案」として政府による提案がなされ、同年6月に自民党、公明党、民主党の3党の合意により、「認定こども園法の一部改正法案」が可決されました。さらに、2015年（平成27年）の子ども・子育て支援新制度の開始に伴い、これらの制度は旧制度となりました。

（4）認定こども園新制度

　認定こども園法の改正及び2015年の子ども・子育て支援新制度におい
て、認定こども園制度は次のような点で改善されることになりました。
① 幼保連携型認定こども園について、認可・指導監督を一本化し、学校
　及び児童福祉施設として位置づける。（旧制度では、幼稚園部分は学校
　教育法に基づく認可、保育所部分は児童福祉法に基づく認可）

【図表1-2-7　認定こども園の比較】

	幼保連携型認定こども園	幼稚園型認定こども園	保育所型認定こども園	地方裁量型認定こども園
法的性格	学校かつ児童福祉施設	学校（幼稚園＋保育所機能）	児童福祉施設（保育所＋幼稚園機能）	幼稚園機能＋保育所機能
設置主体	国、自治体、学校法人、社会福祉法人[*1]	国、自治体、学校法人	制限なし	
職員の要件	保育教諭[*2]（幼稚園教諭＋保育士資格）	満3歳以上→両免許・資格の併有が望ましいがいずれかでも可 満3歳未満→保育士資格が必要	満3歳以上→両免許・資格の併有が望ましいがいずれかでも可 ※ただし、教育相当時間以外の保育に従事する場合は、保育士資格が必要 満3歳未満→保育士資格が必要	満3歳以上→両免許・資格の併有が望ましいがいずれかでも可 満3歳未満→保育士資格が必要
給食の提供	2・3号子どもに対する食事の提供義務 自園調理が原則・調理室の設置義務（満3歳以上は、外部搬入可）	2・3号子どもに対する食事の提供義務 自園調理が原則・調理室の設置義務（満3歳以上は、外部搬入可） ※ただし、参酌基準のため、各都道府県の条例等により、異なる場合がある。	2・3号子どもに対する食事の提供義務 自園調理が原則・調理室の設置義務（満3歳以上は、外部搬入可）	2・3号子どもに対する食事の提供義務 自園調理が原則・調理室の設置義務（満3歳以上は、外部搬入可） ※ただし、参酌基準のため、各都道府県の条例等により、異なる場合がある。
開園日・開園時間	11時間開園、土曜日の開園が原則（弾力運用可）	地域の実情に応じて設定	11時間開園、土曜日の開園が原則（弾力運用可）	地域の実情に応じて設定

＊1　学校教育法附則6条園の設置者（宗教法人立、個人立等）も、一定の要件の下、設置主体に
　　なることができる経過措置を設けています。
＊2　幼稚園教諭免許又は保育士資格のどちらか一方しか有していない者は、新制度施行後5年間
　　に限り、保育教諭となることができます。
　　（出典：内閣府・文部科学省・厚生労働省「子ども・子育て支援新制度ハンドブック（施設・事業
　　　　　　　　　　　　　　　　　　　　　　　者向け）」（平成27年7月改訂版））

【図表1-2-8 旧制度と新制度の比較】

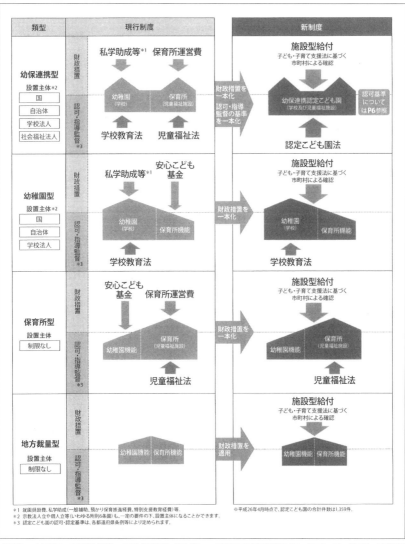

（出典：内閣府・文部科学省・厚生労働省「子ども・子育て支援新制度ハンドブック（施設・事業者向け）」（平成26年7月））

② 認定こども園への財政処置を「施設型給付」に一本化。（「施設型給付」
については第3節を参照してください。）

（5）認定こども園の認定制度

　認定こども園の認定基準は、内閣総理大臣、文部科学大臣、厚生労働大
臣が定める基準に従い、又は基準を参酌して各都道府県等が条例で定めま
す。主な基準等は以下のとおりです。

【図表1-2-9　主な認定基準】

認定基準	適用される認定こども園の種類	内容
職員資格	幼保連携型	保育教諭を配置。保育教諭は幼稚園教諭の免許状と保育士資格を併有。
	上記以外	満3歳以上：幼稚園教諭と保育士資格の両免許・資格の併有が望ましい。 満3歳未満：保育士資格が必要。
学級編制	全ての種類	満3歳以上の教育時間相当利用時及び教育及び保育時間相当利用時の共通の4時間程度については学級を編制。
教育・保育の内容	全ての種類	・幼保連携型認定こども園教育・保育要領を踏まえて教育・保育を実施。（幼稚園型は幼稚園教育要領、保育所型は保育所保育指針に基づくことが前提） ・小学校における教育との円滑な接続。 ・認定こども園として特に配慮すべき事項を考慮。

　参考までに、平成31年4月1日現在における設置主体は以下のとおりと
なっています。

【図表1-2-10　認定こども園の設置主体】
〈設置者別園数　平成31年4月1日時点〉

（括弧内は平成30年4月1日時点の数）

（園）

設置主体		幼保連携型	幼稚園型	保育所型	地方裁量型	合計
公立		737 (647)	72 (69)	327 (288)	2 (2)	1,138 (1,006)
	社会福祉法人	2,892 (2,400)	0 (0)	462 (347)	2 (1)	3,356 (2,748)
	学校法人	1,505 (1,360)	1,012 (878)	15 (13)	0 (0)	2,532 (2,251)
	宗教法人	2 (1)	10 (9)	19 (15)	3 (3)	34 (28)

私立	営利法人	0 (0)	0 (0)	43 (34)	38 (37)	81 (71)
	その他法人	0 (0)	0 (0)	26 (18)	21 (18)	47 (36)
	個人	1 (1)	10 (10)	5 (5)	4 (4)	20 (20)
	（私立計）	4,400 (3,762)	1,032 (897)	570 (432)	68 (63)	6,070 (5,154)
合計		5,137 (4,409)	1,104 (966)	897 (720)	70 (65)	7,208 (6,160)

※ その他法人はNPO法人、公益法人、協同組合等

（参考：内閣府「認定こども園に関する状況について（平成31年4月1日現在）」
令和元年9月27日）

（6）子どもの認定区分について

　幼稚園・保育所・認定こども園などの施設の利用を希望する場合、利用者は自身の居住地の自治体から認定を受ける必要があります。認定は、子どもの年齢や「保育を必要とする事由」に当てはまるか否か及び「保育必要量」によって、1号認定、2号認定、3号認定の区分に分けられます。

【図表1-2-11　認定区分】

号	認定区分	保育必要量	利用施設
1号	満3歳以上の小学校就学前の子どもであって2号認定以外の子ども	教育標準時間	幼稚園 認定こども園
2号	満3歳以上の小学校就学前の子どもであって、保護者の労働又は疾病その他の内閣府令の定める事由により家庭において必要な保育を受けることが困難であるもの	保育短時間 保育標準時間	保育所 認定こども園
3号	満3歳未満の小学校就学前の子どもであって、保護者の労働又は疾病その他の内閣府令の定める事由により家庭において必要な保育を受けることが困難であるもの	保育短時間 保育標準時間	保育所 認定こども園 小規模保育等

【図表1-2-12　保育を必要とする事由】

（子ども・子育て支援法施行規則第1条の5）
① 就労
② 妊娠、出産
③ 保護者の疾病、障害
④ 同居又は長期入院等している親族の介護
⑤ 災害復旧
⑥ 継続的な就職活動
⑦ 就学（職業訓練校等における職業訓練を含む）
⑧ 虐待やDVのおそれがあること
⑨ 育児休業取得中に、既に保育を利用している子どもがいて継続利用が必要であること
⑩ その他、上記に類する状態として市町村が認める場合

　保育認定（2号・3号）にあたっては、上記の保育を必要とする事由に加えて「保育必要量」が考慮されます。

【図表1-2-13　保育必要量】

保育必要量	就労時間（1月当たり）	通常保育（1日当たり）
保育標準時間（フルタイム就労を想定）	120時間以上	原則8時間 11時間まで対応
保育短時間（パートタイム就労を想定）	120時間未満	原則8時間まで対応

（7）認定こども園の推移

　認定こども園は、内閣府が公表している「認定こども園に関する状況について（平成31年4月1日現在）」によると、平成23年4月1日には762施設でしたが、平成31年4月1日には7,208施設まで増加しています。このように認定こども園の数が大きく増加している理由は、認定こども園が教育・保育を一体的に行う機能を有しており、地域の実情や保護者のニーズに応じた多様なタイプを選択できる点にあると考えられます。例えば、従来は、働いている保護者は子どもを保育所等に預けることしか選択できな

【図表 1-2-14　認定こども園数の推移】

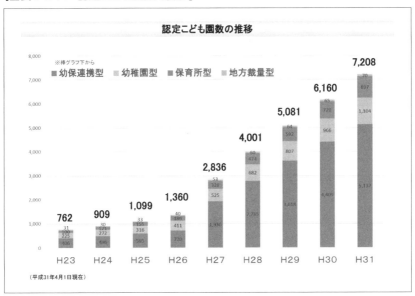

（出典：内閣府子ども・子育て本部「子ども・子育て支援新制度について」（令和 2 年10月））

かったのですが、認定こども園を選択することにより、就労しているかど
うかにかかわらず、保育と幼児教育を一体的に受けることができるように
なりました。このように、教育施設として存在していた幼稚園が有する能
力を、保育施設として活用することで、待機児童問題を解決することが可
能となり、これまでの厚生労働省と文部科学省の二元行政を一元化する転
換期となりました。

3　幼稚園と預かり保育

POINT
・幼稚園は教育施設
・幼稚園でも預かり保育といった保育サービスは提供可能

（1）幼稚園

　幼稚園は、「義務教育及びその後の教育の基礎を培うものとして、幼児を保育し、幼児の健やかな成長のために適当な環境を与えて、その心身の発達を助長することを目的とする」教育施設であると、学校教育法第22条に規定されています。

（2）預かり保育

　幼稚園は、あくまで教育施設であり「幼稚園教育要領」（平成29年文部科学省告示第62号）によって１日の教育時間は４時間を標準とすることとされています。そのため、働きながら幼稚園に通わせたい、保育所以外にも預けられることころがないか探しているという保護者の要望には、応えられていませんでした。そこで、地域の実情に応じて、正規の教育時間終了後も引き続き在園児を幼稚園において夕方まで預かるという、「預かり保育」という制度が誕生しました。

　文部科学省は、1997年度（平成９年度）から私立幼稚園に対して「預かり保育推進事業」として私学助成の措置を行い、2002年度（平成14年度）からは市町村に対して地方交付税が措置されています。さらに、2007年（平成19年）には学校教育法が改正され、預かり保育が法律上に位置づけられることになり、2008年（平成20年）には、幼稚園教育要領が改訂され、預かり保育が教育活動として適切な活動となるよう具体的な留意事項が示されました。

　2019年度（令和元年度）には、預かり保育を実施している幼稚園は全体の87.8％（公立：70.5％、私立：96.9％）に上っています（文部科学省「令和元年度幼児教育実態調査」）。

（3）幼稚園・保育所・認定こども園の違い

　幼稚園・保育所・認定こども園の違いを表にすると次のようになります。

【図表 1-2-15　幼稚園・保育所・認定こども園の比較】

項目	幼稚園	保育所	認定こども園
根拠法令	学校教育法	児童福祉法	就学前の子どもに関する教育、保育等の総合的な提供の推進に関する法律（認定こども園法）
所轄	文部科学省	厚生労働省	内閣府が管轄するが、文部科学省・厚生労働省とも連携
法的な位置づけ	学校	児童福祉施設	園により異なる。
対象年齢	3 歳から小学校入学前まで	0 歳から小学校入学前まで	0 歳から小学校入学前まで
利用できる認定区分	制限なし	2 号、3 号認定	1 号、2 号、3 号認定
保育料	園により異なる	世帯収入に応じて自治体が定めた負担額	世帯収入に応じて自治体が定めた負担額
保育・教育時間の目安	4 時間（教育標準時間）	11時間（保育標準時間）又は 8 時間（保育短時間）	1 号の場合は 4 時間（教育標準時間） 2 号・3 号の場合は11時間（保育標準時間） 又は 8 時間（保育短時間）
保育者の資格	幼稚園教諭	保育士	園により異なる。 幼保連携型の場合は保育教諭（幼稚園教諭と保育士の両方の資格を持つ者）。
給食の提供	任意	義務	1 号の場合は任意。 2 号・3 号の場合は義務。 （注）地域や園により異なる場合あり。
メリット	・独自の経営方針によって個性が育つ ・お稽古事や塾に通いやすい。	・保護者の就労時間に合った保育が可能。 ・自園調理の給食の提供。 ・収入に応じた費用負担。	・幼稚園での教育と保育園での保育が一体的。 ・保護者の就労、退職に在園が左右されない。 ・収入に応じた費用負担。
デメリット	・平日の行事参加 ・弁当作りの負担	・利用希望者が殺到した場合、希望がかなわないことがある。 ・保護者が離職するなど「保育を必要とする事由」に該当しなくなった場合は、退園しなければならない。	・利用希望者が殺到した場合、希望がかなわないことがある。

4 子ども・子育て支援新制度に伴い導入されたその他の新制度

POINT

・（地域型保育事業）
地域毎のニーズに対応
・（企業主導型保育事業）
多様な経営主体による多様なサービス提供

子ども・子育て支援新制度に伴い導入されたその他の新制度として以下
の項目があります。

(1) 地域型保育事業

(2) 企業主導型保育事業

(3) 企業主導型ベビーシッター利用者支援事業

（1）地域型保育事業

① 地域型保育事業の概要

子ども・子育て支援新制度では、認定こども園等に加え、次のｉからⅳ
の保育事業を市町村による認可事業（以下、「地域型保育事業」といいま
す。）として創設しました。地域型保育事業は、児童福祉法における認可
事業として、主に待機児童の多い０～２歳児を対象とし、少人数の単位で
保育を行うことを想定しています。

ⅰ 小規模保育

　３歳未満の保育を必要とする乳児及び幼児を対象に、保育施設（定
員数が６人以上19人以下）において保育士等によって行われる保育事
業をいいます。

ⅱ 家庭的保育

　３歳未満の保育を必要とする乳児及び幼児を対象に、市町村長が適
当と認めた家庭的保育者の居宅等（定員数が５人以下。ただし、当該

乳児及び幼児の居宅を除きます。）において、保育士等によって行われる保育事業をいいます。

ⅲ　居宅訪問型保育

3歳未満の保育を必要とする乳児及び幼児を対象に、当該乳児及び幼児の居宅において保育士等によって行う保育事業をいいます。具体的には、障害や疾患などで個別のケアが必要な場合や、施設がなくなった地域で保育を維持する必要がある場合などに、保護者の自宅において1対1で保育を行うことを想定しています。

ⅳ　事業所内保育

3歳未満の保育を必要とする乳児及び幼児を対象に、次の施設において保育士等によって行われる保育事業をいいます。

（ⅰ）　事業主が自ら設置する施設又は事業主から委託を受けた施設

（ⅱ）　事業主団体が自ら設置する施設又は事業主団体から委託を受けた施設

（ⅲ）　共済組合等が自ら設置する施設又は共済組合等から委託を受けた施設

※　ⅰからⅳについては、3歳未満を対象としていますが、保育を行う体制や地域の事情を検討した結果、3歳以上の幼児に対して保育を継続して行うこともできます。

このように、ⅰからⅳの多様な保育サービス体制を設けることで、利用者の様々なニーズに応えることができるようになります。特に、都市部において、認定こども園等を連携施設としてⅰの小規模保育やⅱの家庭的保育を増やすことにより、待機児童の解消を図ることができます。また、人口減少地域では、隣接自治体の認定こども園等と連携しながら、ⅰの小規模保育やⅱの家庭的保育の拠点により、地域の子育て支援機能を維持・確保することが可能になります。

②　小規模保育事業の認可基準の特徴

小規模保育事業については、多様な事業からの移行が想定されるため、

保育所分園やミニ保育所に近いグループをA型、家庭的保育に近いグルー
プをC型、A型とC型の中間グループをB型とし、各グループに認可基準
が設定されています。特に、B型については、様々な事業形態からの移行
が想定されるため、保育士の割合を2分の1以上としています。また、A
型及びB型では、保育サービスの質を確保するため、保育所で必要とされ

【図表1-2-16　小規模保育事業の主な認可基準】

		保育所	小規模保育事業		
			A型	B型	C型
職員	職員数	0歳児　3：1 1・2歳児　6：1	保育所の配置基準＋1名	保育所の配置基準＋1名	0～2歳児　3：1 （補助者を置く場合、5：2）
	資格	保育士 ※保健師又は看護師等の特例有（1人まで）	保育士 ※保育所と同様、保健師又は看護師等の特例を設ける。	1/2以上保育士 ※保育所と同様、保健師又は看護師等の特例を設ける。 ※保育士以外には研修実施	家庭的保育者 ※市町村長が行う研修を修了した保育士、保育士と同等以上の知識及び経験を有すると市町村長が認める者
設備・面積	保育室等	0歳・1歳 乳児室　1人当たり1.65m^2 ほふく室　1人当たり3.3m^2 2歳以上 保育室等　1人当たり1.98m^2	0歳・1歳児　1人当たり3.3m^2 2歳児　1人当たり1.98m^2	0歳・1歳児　1人当たり3.3m^2 2歳児　1人当たり1.98m^2	0歳～2歳児いずれも1人3.3m^2
処遇等	給食	自園調理 ※公立は外部搬入可（特区） 調理室 調理員	自園調理 （連携施設等からの搬入可） 調理設備 調理員	自園調理 （連携施設等からの搬入可） 調理設備 調理員	自園調理 （連携施設等からの搬入可） 調理設備 調理員

※　小規模保育事業については、小規模かつ0～2歳児までの事業であることから、保育内容の支
　援及び卒園後の受け皿の役割を担う連携施設の設定を求める。
※　連携施設や保育従事者の確保等が期待できない離島・へき地に関しては、連携施設等について、
　特例措置を設ける。
※　また、給食、連携施設の確保に関しては、移行に当たっての経過措置を設ける。
※　保健師又は看護師に係る職員資格の特例については、地方分権に関する政府方針を踏まえ、平
　成27年4月1日から准看護師についても対象とされている。

（出典：厚生労働省「保育所等について」）

る職員数より1名多い職員数が必要とされています。

③ 家庭的保育事業等の認可基準の特徴

　家庭的保育事業は、これまで実施されてきた事業からの移行を想定し、主要な基準は上述した小規模保育事業のC型と同じとされています。

　また、事業所内保育事業については、その実施する事業の規模により主要な基準が分けられています。具体的には、定員数が20名以上である場合には保育所と同様の基準が、定員数が19名以下である場合には小規模保育A型及びB型の基準と同様の基準が設けられています。

【図表1-2-17　家庭的保育事業等の主な認可基準】

		家庭的保育事業	事業所内保育事業	居宅訪問型保育事業
職員	職員数	0～2歳児　3：1 家庭的保育補助者を置く場合　5：2	定員20名以上 保育所の基準と同様	0～2歳児　1：1
	資格	家庭的保育者 （＋家庭的保育補助者） ＊市町村長が行う研修を修了した保育士、保育士と同等以上の知識及び経験を有すると市町村長が認める者	定員19名以下 小規模保育事業A型、B型の基準と同様	必要な研修を修了し、保育士、保育士と同等以上の知識及び経験を有すると市町村長が認める者
設備・面積	保育室等	0歳～2歳児　1人当たり3.3m²		―
処遇等	給食	自園調理 （連携施設等からの搬入可） 調理設備 調理員 （3名以下の場合、家庭的保育補助者を置き、調理を担当すること可）	自園調理 （連携施設等からの搬入可） 調理設備 調理員	―

※　家庭的保育事業、事業所内保育事業については、小規模かつ0～2歳児までの事業であることから、保育内容の支援及び卒園後の受け皿の役割を担う連携施設の設定を求める。（事業所内の卒園後の受け皿に関しては、地域枠の子どものみ対象）
※　連携施設や保育従事者の確保等が期待できない離島・へき地に関しては、連携施設等について、特例措置を設ける。
※　また、給食、連携施設の確保に関しては、移行に当たっての経過措置を設ける。

（出典：厚生労働省「保育所等について」）

最後に、居宅訪問型保育事業では、乳幼児1人に対して「必要な研修を修了し、保育士、保育士と同等以上の知識及び経験を有すると市町村長が認める者」1名を配置することが求められています。

（2）企業主導型保育事業

① 企業主導型保育事業の概要

企業主導型保育事業とは、子ども・子育て拠出金を負担している企業等が、従業員のための保育施設を設置する場合などに整備費及び運営費が助成される制度です。

同事業における保育施設は、児童福祉法上の認可外保育施設に分類されることになりますが、運営費及び施設整備費について、認可保育所と同等の助成金を受けることができます。また、認可外保育施設であることから、多様な就労形態に対応した保育サービスの提供が可能であり、企業の特色やメリットを活かした事業展開を図ることができます。さらに、複数企業による共同設置や共同利用が可能であり、従業員の児童に加えて、利用定員の50％以内の制限はありますが、従業員の児童以外の児童が利用する「地域枠」を設定することもできます。

なお、認可外保育施設として、児童福祉法を遵守する必要があり、都道府県知事への届出義務や、都道府県知事による報告徴収、立入調査等が課されるだけでなく、助成金を拠出した公益財団法人児童育成協会による指導・監督があります。

② 企業主導型保育事業の要件

企業主導型保育事業において設置される保育施設には、主要な要件として、職員配置基準が定められています。具体的には、0歳児3人につき1人、1・2歳児6人につき1人、3歳児20人につき1人、4・5歳児30人につき1人とし、その合計数に1人を加えた数以上の職員を配置する必要があります。この要件は、小規模保育事業A型と同じく、保育所の基準に1人追加された基準です。また、職員の資格について、小規模保育事業B

【図表 1-2-18　企業主導型保育事業の主な認可基準】

		企業主導型保育事業
職員	職員数	保育所（定員20人以上）の配置基準＋１名以上、最低２人配置
	資格	保育従事者（１／２以上保育士）
設備・面積	保育室等	定員20名以上：保育所の基準と同様 定員19名以下：小規模保育事業 A 型及び B 型の基準と同様

型と同じく、保育事業従事者の半数以上は保育士としなければならず、保育士ではない保育事業従事者は、自治体や児童育成協会が行う子育て支援員研修を修了する必要があります。

　次に、主要な要件として設備等の基準が設けられており、地域型保育事業の事業所内保育事業と同様の基準とされています。具体的には、定員数が20名以上である場合には保育所と同様の基準が、定員数が19名以下である場合には小規模保育 A 型及び B 型の基準と同様の基準が設けられています。

③　助成金

　企業主導型保育事業では、次の要件を満たす場合に、整備に係る助成金及び運営費に係る助成金の２種類の助成金を受けることができます。

・子ども・子育て拠出金を負担している事業主が、自ら事業所内保育施設を設置し、事業を実施する場合（新規に事業を開始するか新たに定員を増やす場合に限ります。）

・保育事業実施者が企業のために設置した保育施設を、子ども・子育て拠出金を負担している事業主が活用する場合（新規に事業を開始するか新たに定員を増やす場合に限ります。）

・設置企業の従業員のみを対象とした事業所内保育施設の空き定員を、設置企業以外の子ども・子育て拠出金を負担している事業主等が活用する場合

ⅰ　整備に係る助成金

　整備に係る助成金は、人口密度区分及び定員区分の２つの区分におけ

る基準額を基礎として基本単価を算出し、実際にかかった対象工事費用に4分の3を乗じた額と比較し低い方の額として算定されます。

ⅱ　運営費に係る助成金

運営費に係る助成金は、地域区分、定員区分、年齢区分、開所時間区分、保育士比率区分の5つの区分における基準額を基礎として算定されます。

（3）企業主導型ベビーシッター利用者支援事業

① 企業主導型ベビーシッター利用者支援事業の概要

企業主導型ベビーシッター利用者支援事業は、多様な働き方をしている労働者がベビーシッター派遣サービスを利用した場合に、その利用料金の一部又は全部を助成する制度で、子ども・子育て支援法第59条の2第1項に規定する仕事・子育て両立支援事業として導入されたものです。本事業の実施者は、内閣府から決定を受けた団体（以下「実施団体」といいます。）で、この実施団体が次に規定する事業主等と連携して、当該事業主等の労働者がベビーシッター派遣サービスを利用した場合に、その労働者が支払う利用料金の一部又は全部を助成するという仕組みになっています。

【図表 1-2-19　助成の対象となる事業主等】

1　厚生年金保険法（昭和29年法律第115号）第82条第1項に規定する事業主
2　私立学校教職員共済法（昭和28年法律第245号）第28条第1項に規定する学校法人等（私立学校法第3条に定める学校法人及び同法第64条第4項の法人又は事業団）
3　地方公務員等共済組合法（昭和37年法律第152号）第144条の3第1項に規定する団体その他同法に規定する団体で政令で定めるもの
4　国家公務員共済組合法（昭和33年法律第128号）第126条第1項に規定する連合会その他同法に規定する団体で政令で定めるもの

（出典：厚生労働省「ベビーシッター派遣事業実施要綱」第4）

② 事業の実施方法

　実施団体が事業主等に対してベビーシッター派遣事業割引券を発行し、その事業主等に雇用される労働者が利用します。割引券1枚当たりの割引金額は、2,200円です。

5　地方自治体独自の取組

（1）東京都

① 認証保育所制度

　東京都では、現在の認可保育所だけでは応えきれていない大都市のニーズへの対応や、企業の経営感覚の発揮により、多様化する保育ニーズに応えることのできる新しいスタイルの保育所を設けることを目的として、大都市の特性に着目した都独自の認証制度を設けています。

　具体的には、大都市の特性に着目した都独自の基準（認証基準）を設定して、この基準に適合した保育施設を「認証保育所」として取り扱っています。東京都としては、「認証保育所」の運営に企業の経営感覚を導入し、多様化する保育ニーズに応えることを1つのねらいとしています。そのため、認証保育所の特色として、民間企業を含む多様な事業者の参入が可能となっています。これにより、各事業者が保育サービスを競い合い、多様化する保育ニーズに応えることを意図しています。認証保育所の特徴は次

【図表1-2-20　認証保育所の特徴】

1　全施設0歳児の預け入れが可能
2　原則13時間以上の開所
3　都が設置を認証し、保育の実施主体である区市町村とともに指導を実施
4　利用者と保育所が直接利用契約を締結
5　料金は上限を設定
6　都独自の基準を設定し、適切な保育水準を確保

（東京都福祉保健局ホームページ　認証保育所について「認証保育所の特色」より抜粋・要約）

のとおりです。

② 認証保育所の料金及び契約について

　認証保育所の保育料は、東京都認証保育所事業実施要綱4において、原則として、月220時間以下の利用をした場合の月額は、3歳未満の児童の場合80,000円、3歳以上の児童の場合77,000円を超えない料金設定とすることが規定されています。なお、保育料の月額には、基本の保育料のほか、1食目の給食代及びおやつ代、保育に直接必要な保育材料費、光熱水費、年会費（12分の1の額）及びこれらにかかる消費税相当分が含まれます。この条件を満たす範囲内であれば、事業者は保育料を自由に設定することができます。

③ 認証制度

　認証保育所には2種類あり、A型とB型に分類されます。A・B型ともに、設置主体は民間事業者等とされており、様々な事業者が認証保育所を設置することができます。

　A型の補助金の対象は、区市町村が必要と認める月120時間以上の利用が必要な0歳から小学校就学前までの都内在住の児童とされています。ただし、幼稚園型認定こども園を構成する認証保育所及び地方裁量型認定こども園を除きます。一方、B型では、区市町村が必要と認める0歳から2歳までの都内在住の児童とされています。これは、A型が通常の保育施設を想定している一方で、B型は小規模な保育施設を想定していることを示しています。

　そのため、定員数にも違いがあり、A型では、最大120人まで設定できますが、B型では最大29人とA型に比べて少ない人数となっています。ただし、A・B型共に、0歳児の定員を設定することが求められており、産休明けに子どもを預けたいという都市部のニーズに対応しています。なお、A型では、3歳未満の児童の定員を総定員の半数以上設定することと、定員設定にあたっては、地域の保育需要を踏まえ当該区市町村と十分協議することが定められています。さらに、A型では、利用者の立場に

立った良質な保育サービスを提供するため、各施設に運営委員会を設置することが求められていますが、Ｂ型では、利用者からの意見を聴取する場を設けることが義務付けられているにすぎません。

　また、Ａ・Ｂ型共に、定員の弾力運用が認められており、要綱に定める設備、面積及び職員配置等の基準を満たしている場合には、定員を超えて保育を行うことができます。ただし、連続する過去の5年度の間、常に定員を超えており、かつ、各年度の年間平均在所率（当該年度内における各月の初日の在所人員の総和を各月の初日の認証上の定員の総和で除したものをいいます。）が120％以上の場合は、実態に合うように定員の見直しを

【図表 1-2-21　認証保育所の要件及び施設基準等】

区分	A型	B型
設置主体	民間事業者等	同左
対象児童	0～5歳	0～2歳
規模	20～120名	6～29名
施設基準	認可保育所に準じた基準とする。	同左
施設基準（面積0・1歳児）	3.3平米（年度途中は、2.5平米まで弾力化が可能）	2.5平米
施設基準（屋外遊戯場）	設置（付近の代替場所でも可）	特に規定せず
施設基準（調理室）	必置	必置
施設基準（便所）	必置	必置
施設基準（その他）	防火区画・二方向避難確保等	同左
職員（保育従事職員）	認可保育所と同様の配置基準とする。ただし、常勤職員（保育士等）は6割以上とする。	同左
職員（施設長）	保育士資格を有し、かつ児童福祉施設等の勤務経験を有する者	同左
開所時間	13時間以上の開所を基本とする。	同左
保育料	料金は自由設定（ただし上限あり）	同左
情報提供	保育所についての認証内容などを掲示する。	同左
指導（都）	運営指導マニュアル作成・報告徴収・情報公開	同左
指導（区市町村）	指導・都への報告・情報公開	同左
補助金（運営費）	運営に要する経費の一部を補助する。	同左

（東京都福祉保健局ホームページ　認証保育所について「認証保育所の概要」より抜粋・一部加工）

行うことが求められます。この他に、A・B型共に、開所時間は13時間以上とされており、契約も利用者と事業者の間で直接契約を行うことが定められています。

　なお、A・B型共に、区市町村の設置の計画に基づき区市町村の推薦を受け、厚生労働省雇用均等・児童家庭局長通知「認可外保育施設に対する指導監督の実施について」（平成13年3月29日雇児発第177号）で定める要件及び東京都認証保育所事業実施要綱で定める要件を満たす必要があります。

　上記の要件及び施設基準等をまとめると前頁のとおりです。

（2）横浜市

① 横浜保育室

　横浜保育室とは、横浜市が独自に設けた基準に基づき、同市の認定を受けて、運営経費について助成金を受領している認可外保育施設のことをいいます。独自に設けた基準とは、例えば保育料や保育環境、また保育時間などについての基準です。認可外保育施設であることから、児童福祉法に

【図表1-2-22　横浜保育室の特徴】

利用環境	横浜市内在住の0歳から2歳以下（一部の施設では3歳以上）の児童の利用を対象とし、おおよそ児童4人に対して1人の保育従事者が配置される。また、全施設で給食を実施している。一部の施設は幼稚園に併設されている。
利用対象	横浜市及び川崎市在住で、月64時間以上就労している等の理由で、保護者が保育できない児童を対象とする。一部の施設では、「一時保育」を実施しており、パート就労・病気・冠婚葬祭等、一時的に保育できない場合に利用することができる。
利用時間	日曜、祝日、休日、年末年始（12/29〜1/3）を除き、開所している。利用時間は、平日は7：30より18：30まで、土曜日は、7：30より15：30となる。なお、延長保育、早朝保育及び休日保育を行っている施設もある。
保育料	2歳以下の児童の保育料は、58,100円を上限に施設が独自に設定している。また、保護者の所得により保育料が減額する保育料軽減助成制度や、一定の条件下で第2子の児童の保育料が減免される、「きょうだい減免」制度がある。
契約	保護者が区役所で教育・保育給付認定を申請し、教育・保育給付認定決定通知書（以下、通知書）を受領後に、通知書を持って施設と直接契約する。なお、3歳児以上の利用は手続が異なる。

定めた保育所、いわゆる認可保育園ではありません。横浜保育室の具体的な特徴は前頁の表のとおりです。

② 横浜保育室保護者負担軽減制度

　この制度は、横浜保育室に通う児童の保育料を減額する制度です。ⅰ 保育料軽減助成とⅱ きょうだい減免の 2 種類があり、各制度の概要は次のとおりです。

ⅰ 保育料軽減助成

　　世帯の市民税額の合計に応じて保育料を最大58,100円まで段階的に軽減します。対象世帯は月の初日現在に在園する、市内在住の保育を必要とする 2 歳児以下の児童のうち、保護者全員の市民税額の合計金額が22万8,900円以下の世帯です。保育料の軽減を受けるには、所定の書類を横浜保育室に提出する必要があります。

　　保育料は、市民税額に応じて各横浜保育室が定めた保育料と、軽減後の保育料の差額を軽減します。なお、差額が軽減額の上限を上回った場合、上限にあたる額が軽減されます。また、後述するきょうだい減免との併用も可能です。

　　市民税所得割額の算定方法について、横浜市を含む政令指定都市の市民税率が平成30年度分より 6 ％から 8 ％に変更されていますが、上

【図表 1-2-23　市民税額と軽減額の一覧表】

市民税の範囲	最大軽減額	月額保育料の上限
228,901円以上	—	58,100円
174,901円以上　228,900円以下	10,000円	48,100円
120,601円以上　174,900円以下	20,000円	38,100円
77,101円以上　120,600円以下	30,000円	28,100円
48,601円以上　77,100円以下※ 1	40,000円	18,100円
市民税均等割りのみ～　48,600円以下※ 2	50,000円	8,100円
市民税非課税	58,100円	0円

※ 1　第 2 子に係る最大軽減額は35,000円になります。
※ 2　第 2 子に係る最大軽減額は37,000円になります。

記の利用料の決定には旧税率を用いて計算します。なお、実際の利用料算定における市民税額は、調整控除前所得割額から調整控除額、調整措置の額を引いた額となります。

ii　きょうだい減免

　　きょうだい減免とは、横浜保育室に入所する保育を必要とする3歳児以下の児童のうち、同一世帯から2人以上の就学前児童が認可保育所等に入所している世帯を対象に、保育料を減額する制度です。ここで、認可保育所等とは、横浜保育室、認可保育所、小規模保育事業、家庭的保育事業、居宅訪問型保育事業、事業所内保育事業、幼稚園、認定こども園、特別支援学校幼稚部、情緒障害児短期治療施設通所部をいい、施設は市内・市外を問いません。また、認可保育所等の入所には、児童発達支援及び医療型児童発達支援を利用する場合を含みます。

　　具体的な減免の内容は、同一世帯から2人が認可保育所等を利用する場合、横浜保育室に入所する児童が2歳児以下の場合、月額18,000円が減免されます。また、3歳児の場合は月額9,450円が減免されます。同一世帯から3人以上が認可保育所等を利用する場合は、2人目の児童の場合は上記と同じ適用となり、3人目以降の児童が2歳児以下の場合は月極保育料が58,100円を上限として全額減免され、3歳児の場合は月額9,450円が減免されます。

【図表1-2-24　きょうだい減免額】

年齢　※	2人目の児童	3人目以降の児童
0歳	18,000円	保育料全額（上限58,100円）
1歳	18,000円	保育料全額（上限58,100円）
2歳	18,000円	保育料全額（上限58,100円）
3歳	9,450円	9,450円

※ 児童の年齢は4月1日時点の年齢で判定します。

③ 横浜保育室と川崎認定保育園の相互利用について

　横浜市と川崎市は、女性の社会進出や経済情勢の変化による共働き世帯の増加、就労形態の多様化やひとり親世帯の増加による保育ニーズの増大と多様化等に対応するために、2014年（平成26年）10月27日に「待機児童対策に関する連携協定」を締結しました。横浜市に在住している児童が川崎認定保育園を利用する場合、横浜保育室を利用した場合と同等の軽減助成額を横浜市から受け取ることができます。また、川崎市に在住している児童が横浜保育室を利用する場合、川崎認定保育園を利用した場合と同等の保育料補助を川崎市から受けることができます。

（3）川崎市

① 川崎認定保育園

　川崎市は、保育を必要とする児童等が、保育所保育指針に基づく良好な保育を受けることを目的とした事業として川崎認定保育園という制度を実施しています。川崎認定保育園制度は、主に低年齢児の待機児童の解消を図るとともに、認可保育所では対応できない利用者の多様な保育ニーズにも応えるため、川崎市が定めた一定の基準を満たした保育施設を認定し、運営費等の助成金を交付する制度です。川崎認定保育園は、基準の充足状況によりA型とB型に分かれます。A型では、設置者を、法人格を有する民間事業者とし、原則的に完全給食です。定員は10人以上であり、開所日は、日曜日、祝日及び年末年始を除く日とし、保育時間は、午前7時から午後6時までの11時間を基本保育時間とし、さらに2時間以上の延長保育を実施することが必要です。そのほか、運営委員会の実施や静養スペース、トイレに専用の手洗設備などが必要です。一方、B型では、設置者として個人事業主が追加されており、完全給食かどうか、また開所日や保育時間（日中11時間は必要）、運営委員会の開催、静養スペースやトイレ専用の手洗設備の有無は、施設により異なります。

【図表 1-2-25　川崎認定保育園の主な特徴】

項目	A型	B型
設置者	法人格を有する民間事業者	法人格を有する民間事業者及び個人事業主
給食	原則、完全給食	完全給食が望ましい
定員数	10人以上	10人以上
開所日	日曜日、祝日及び年末年始を除く日	施設による
保育時間	7:00から18:00までの11時間を基本保育時間とし、さらに2時間以上の延長保育	施設による。ただし日中11時間は必須
運営委員会	必須	望ましい
静養スペース	必須	―
手洗設備	トイレ専用が必須	―

第3節　設置主体・運営主体への財政支援

POINT
・施設型給付と地域型保育給付による財政支援
・給付費　＝　公定価格　－　利用者負担額
・保育料無償化には利用者負担額あり

（1）施設型給付と地域型保育給付

　子ども・子育て支援新制度において、設置・運営主体への財政支援として、「施設型給付」と「地域型保育給付」の制度が創設されました。これにより、従来施設ごとに行われていた、認定こども園、幼稚園、保育所及び小規模保育等に対する財政支援の仕組みが共通化されることになりました。

【図表 1-3-1　給付と給付対象施設】

給付の種類	給付対象施設等	
施設型給付	認定こども園	幼保連携型
		幼稚園型
		保育所型
		地方裁量型
	幼稚園※1	
	保育所※2	
地域型保育給付	小規模保育	
	家庭的保育	
	居宅訪問型保育	
	事業所内保育	

※1　施設給付の対象となる教育・保育施設の確認を受けない旨の申し出を市町村に
　　行った幼稚園には私学助成及び就園奨励費補助が継続します。
※2　私立保育所については、児童福祉法第24条により、市町村が保育の実施義務を担
　　うことに基づく措置として、委託費を支弁します。

　施設型給付とは、認定こども園（4類型）、幼稚園、保育所を対象とした財政支援であり、地域型保育給付とは、新たに市町村の認可事業となる4事業（小規模保育、家庭的保育、居宅訪問型保育、事業所内保育）を対象とした財政支援です。

（2）給付費の基本構造

① 施設型給付費及び地域型保育給付費の基本構造

　施設型給付費及び地域型保育給付費の基本構造は、「内閣総理大臣が定める基準により算定した費用の額」（公定価格）から「政令で定める額を限度として市町村が定める額」（利用者負担額）を控除した額となります（子ども・子育て支援法27、29）。

> 給付費　＝　公定価格　－　利用者負担額

② 施設型給付費及び地域型保育給付費の支払元

　施設型給付費及び地域型保育給付費は、施設・事業を利用する子どもの居住地の市町村から受け取ることとなります。

（3）公定価格

　公定価格は、主に「基本額」と「加算額」によって構成されています。

> 公定価格　＝　基本額　＋　加算額

【図表1-3-2　公定価格の仕組み】

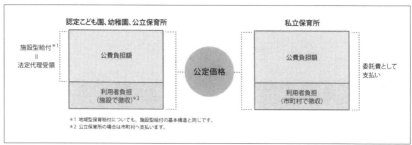

（出典：内閣府・文部科学省・厚生労働省「子ども・子育て支援新制度ハンドブック（施設・事業者向け）」（平成27年7月改訂版））

【図表 1-3-3　公定価格内訳表】

公定価格	
基本額	加算額
子ども１人あたりの保育単価 ・子どもの年齢 ・地域区分 ・認定区分※１ ・利用定員 ・保育必要量（保育標準時間）※２ ・保育士の人件費 ・事業費、管理費	主な加算 ・職員の配置状況 ・チーム保育加算／主任保育士選任加算 ・事業の実施状況（休日保育、夜間保育） ・処遇改善等加算 ・第三者評価受審加算 ・障害児受入

※１　子ども・子育て支援法では、教育・保育を利用する子どもについて３つの認定区分
　　　（「教育・保育給付認定」）が設けられ、これに従って、施設型給付等が行われます。
※２　第２節２（６）参照。なお、保育認定（２号・３号）にあたっては、保育を必要と
　　　する事由に加えて「保育必要量」が考慮されます。認定される保育時間によって通
　　　常保育を受けられる時間が異なるとともに、利用者負担や事業者に対する単価（給
　　　付）が変わることになります。

　基本額とは、子ども１人あたりの保育単価であり、子どもの年齢や地
域、定員などにより決定されます。また、職員の配置状況や事業の実施状
況に応じて基本額に加算が行われます。基本額及び加算額の主な内容は上
の表のとおりです。

（４）利用者負担額（保育料）

　利用者負担額、いわゆる保育料については、世帯の所得の状況その他の
事情を勘案して国が定める水準を限度として、実施主体である市町村が定
めることとされています。

（５）実費徴収額、特定負担額

　事業者は、市町村が定める利用者負担額（保育料）の他、実費徴収（通
園送迎費、給食費、文房具費、行事費等）、それ以外の特定負担額（教
育・保育の質の向上を図るための対価）の徴収が可能です。

【図表 1-3-4　公定価格イメージ図】

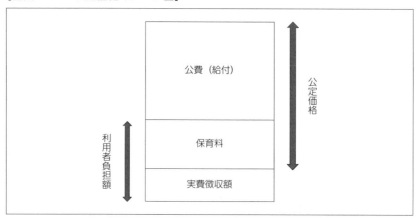

（6）保育料無償化

　2019年（令和元年）10月より、保育料無償化がスタートしました。これにより、利用者負担額は基本的に主食費及び副食費のみ負担することに変わっています。ただし、年収360万円未満相当の世帯及び第３子に関しては、主食費のみ負担することになります。

【図表 1-3-5　保育料無償化】

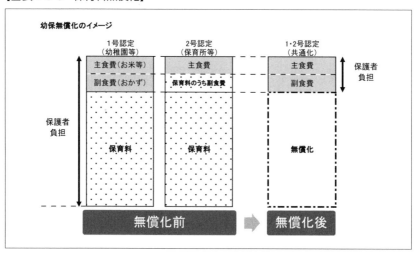

（7）施設等利用給付

① 給付趣旨

　2019年10月 1 日に開始した「幼児教育・保育無償化」に関する制度改正により、これまでの「子どものための教育・保育給付」（幼稚園や保育所の利用に関するもの）に加えて、「子育てのための施設等利用給付」（教育・保育給付の対象でない施設等の利用料の無償化に関するもの）が創設されました。

　この改正に伴い、支給認定に関しても、これまでの「子どものための教育・保育認定」に加えて、「子育てのための施設等利用認定」が創設されています。この結果、これまでは給付の対象でなかった認可外保育施設や特別支援学校等においても、無償化が実施されています。

② 子育てのための施設等利用認定における区分

　「子育てのための施設等利用給付」を受けるためには、「子育てのための施設等利用認定」を受けなければなりません。認定区分は次のとおりです。

【図表 1-3-6　認定区分と支給施設・事業】

認定区分	認定条件※ 1	支給に係る施設・事業
新 1 号	満 3 歳以上で、新 2 号、新 3 号認定以外の子ども	・幼稚園 ・特別支援学校等
新 2 号	満 3 歳に達する日以後最初の 3 月31日を経過した小学校就学前の子どもであって、内閣府令で定める事由により家庭において必要な保育を受けることが困難であるもの	・認可外保育施設 ・一時預かり事業 ・病児・病後児保育事業 ・ファミリー・サポート・センター事業
新 3 号	満 3 歳に達する日以後最初の 3 月31日までの間にある小学校就学前の子どもであって、内閣府令で定める事由により家庭において必要な保育を受けることが困難であるもののうち、保護者及び同一世帯員が市町村民税の非課税者であるもの	

※ 1　保育必要量の認定が不要となっています。

【図表 1-3-7　給付の上限（例示）令和 2 年度　大阪市】

対象	金額
令和 2 年 4 月 1 日現在、満 3 歳から満 5 歳までの子ども	月額37,000円
令和 2 年 4 月 1 日現在、満 3 歳に達していない子ども（市町村民税非課税世帯もしくは生活保護世帯に限る。）	月額42,000円

③ 給付内容

　認定を受けた保護者が、有効期間内において、認可外保育施設等を利用し利用料を支払った場合に、国の定める利用料の範囲内で利用料相当額が給付されます。

④ 受給できないもの

　教育・保育給付において、2 号認定又は 3 号認定を受けている子どもであって、当該子どもに係る施設型給付等の支給を受けている場合や、企業主導型保育事業を利用している場合（保育所並みの開所が確保された施設等を利用している場合）には、当該子どもは施設等利用給付認定を受けることができません。

（8）施設等利用給付の対象外

　認定こども園に移行しない幼稚園など新制度に移行しない幼稚園は、従来どおり、私立学校振興助成法に基づき助成金を受給することになります。また、企業主導型保育については、公益財団法人児童育成協会から資金助成を受けることになります。詳細は第 2 節 4 （2）の企業主導型保育事業をご参照ください。

POINT	・私営保育所の大半は社会福祉法人
	・社会福祉法人は社会福祉法に基づく法人
	・民設の幼稚園は原則として学校法人

1　設置主体と運営主体

（1）保育所

　保育所を設置と運営の観点から分けた場合に、公設公営、民設民営、公設民営に区分することができます（民設公営の区分はありません。）。さらに公設民営の民営部分については、業務委託するケースと指定管理者制度を利用するケースがあります。

【図表1-4-1　保育所の区分】

		運営主体	
		公営	民営
設置主体	公設	（公立保育所） ・都道府県立保育所 ・市町村立保育所	（公設民営保育所） ・社会福祉法人運営 ・公益法人運営 ・株式会社運営
	民設	（民設公営保育所） ―	（民設民営保育所） ・社会福祉法人立 ・公益法人立 ・株式会社立 ・学校法人立 ・NPO法人立 ・宗教法人立

> 運営方法は、「業務委託」と「指定管理者制度」がある

（2）幼稚園

　幼稚園に関しては、学校であるため、公立学校の管理・運営を包括的に民間委託することはできません（設置者管理主義）（学校教育法5）。した

がって、設置と運営の観点で見た場合、幼稚園は公設公営と民設民営の2タイプのみとなります。

【図表1-4-2 幼稚園の区分】

		運営主体	
		公営	民営
設置主体	公設	（公立幼稚園） ・都道府県立幼稚園 ・市町村立幼稚園	（公設民営幼稚園） ―
	民設	（民設公営幼稚園） ―	（民設民営幼稚園） ・学校法人立

（3）認定こども園

認定こども園については、その種類によって分かれます。

① 保育所型認定こども園については、（1）と同様です。

② 幼稚園型認定こども園については、（2）と同様です。

③ 幼保連携型認定こども園については、学校であるため、その管理・運営を包括的に民間委託することはできません。したがって、幼保連携型については、公設民営方式は原則として認められません。ただし、委託先が社会福祉法人、学校法人である場合には、認定こども園法第34条に規定する公私連携幼保連携型認定こども園の仕組みによる運営は可能となります。

④ 地方裁量型認定こども園については、（1）に当てはまるものと想定されています。

┃ 2 設置主体

（1）公営保育所

公営保育所とは、経営主体（設置と運営の両方を実施）が都道府県、市区町村及び一部事務組合（都道府県・市町村・特別区の事務の一部を共同

【図表 1-4-3　運営主体と各種法令の関係】

公設/民設	運営主体	保育所	幼稚園	認定こども園				主な関連法令
				幼保連携型	幼稚園型	保育所型	地方裁量型	
公設	国、自治体	○	○	○	○	○	○	・子ども・子育て関連 3 法 ・児童福祉法 ・統一的な基準による地方公会計マニュアル
民設	社会福祉法人	○	○	○		○	○	・子ども・子育て関連 3 法 ・児童福祉法 ・社会福祉法 ・社会福祉法人会計基準
	学校法人	○	○	○	○	○	○	・子ども・子育て関連 3 法 ・児童福祉法 ・学校教育法 ・教育基本法 ・私立学校振興助成法 ・学校法人会計基準
	NPO 法人	○				○	○	・子ども・子育て関連 3 法 ・児童福祉法 ・特定非営利活動促進法 ・NPO 法人会計基準
	一般社団法人、一般財団法人	○				○	○	・子ども・子育て関連 3 法 ・児童福祉法 ・一般社団法人及び一般財団法人に関する法律 ・公益法人会計基準／企業会計基準
	公益法人	○	○			○	○	・子ども・子育て関連 3 法 ・児童福祉法 ・公益法人認定法 ・公益法人会計基準
	宗教法人	○	○	△	△	○	○	・子ども・子育て関連 3 法 ・児童福祉法 ・宗教法人法 ・宗教法人会計の指針
	株式会社	○				○	○	・子ども・子育て関連 3 法 ・児童福祉法 ・会社法 ・会社計算規則 ・法人税法 ・消費税法
	個人事業主	○	○			○	○	・子ども・子育て関連 3 法 ・児童福祉法 ・所得税法 ・消費税法

処理するための地方公共団体の組合）である保育所をいいます。

（2）私営保育所

　私営保育所とは、経営主体が社会福祉法人や学校法人等である保育所をいいます。経営主体の種類は次のとおりです。

① 社会福祉法人

　社会福祉法人は、社会福祉事業を行うことを目的として社会福祉法に基づいて設立されている法人です。公益性の高い非営利法人であり、社会福祉事業の主たる担い手としてふさわしい事業を確実、効果的かつ公正に行うことが求められています。

② 学校法人

　学校法人は、私立学校（幼稚園から大学院まで）の設置を目的として設立される法人で、私立学校法により定められています。各学校が創意工夫をもってより良い教育を行える「自主性」と、そのような教育を行うからこその「公共性」を兼ね備えています。

③ 特定非営利活動法人（NPO法人）

　特定非営利活動法人は、特定非営利活動促進法に基づいて設立される法人です。活動内容は、法律上20種類と決められており、その中に「子どもの健全育成を図る活動」が含まれています。法律で決められている以外の活動で特定非営利活動法人を設立することはできません。

④ 一般社団法人・一般財団法人

　一般社団法人・一般財団法人とは、「一般社団法人及び一般財団法人に関する法律」に基づいて一定の要件を満たすことによって、事業目的に公益性がなくても設立できる法人です。

⑤ 公益法人

　公益法人とは、一般社団法人・一般財団法人のうち、公益社団法人及び公益財団法人の認定等に関する法律に基づき事業の公益性を認定された公益社団法人・公益財団法人をいいます。

⑥　宗教法人

　宗教法人は、教義をひろめ、儀式行事を行い、及び信者を教化育成することを主たる目的とする団体、つまり「宗教団体」が、都道府県知事若しくは文部科学大臣の認証を経て法人格を取得したものです。

⑦　株式会社

　株式を発行して資金調達を行い営業活動をする営利団体をいいます。

⑧　個人事業

　法人形態をとらず、個人事業主として事業を行う人をいいます。

3　関連法令

（1）子ども・子育て関連3法

　「子ども・子育て関連3法」とは、社会的に問題となっていた「少子化」、「子育て家庭の孤立化」、「待機児童」などに対応するため、2012年（平成24年）8月に成立した3つの法律「子ども・子育て支援法」、「認定こども園法の一部改正法」、「子ども・子育て支援法及び認定こども園法の一部改正法の施行に伴う関係法律の整備等に関する法律」のことをいいます。この子ども・子育て関連3法に基づく子ども・子育て支援新制度が2015年（平成27年）4月から施行されています。

（2）児童福祉法

　児童福祉法は、児童の福祉を保障するためにあらゆる児童がもつべき権利や支援が定められた法律であり、社会福祉六法（生活保護法、児童福祉法、母子及び父子並びに寡婦福祉法、老人福祉法、身体障害者福祉法、知的障害者福祉法）の1つです。

　児童福祉法が制定されたのは戦後間もない1947年（昭和22年）ですが、時代の変化に応じて子どもたちのより良い暮らしの実現に向けた改正が行われており、子育てに関する支援の中には、現在も児童福祉法によって定

められているものも多くあります。また、障害児の福祉サービスや基本的な考え方を定めているため、子どもの発達が気になる保護者の方や、発達支援、障害福祉に携わる方々にとっても重要な法律となります。

（3）統一的な基準による地方公会計マニュアル

　国・地方公共団体の公会計制度は、現金収支に着目した単式簿記が採用されてきました。しかし、単式簿記は発生主義の複式簿記を採用する企業会計と比べ、過去から積み上げた資産や負債などの状況を把握できないこと、また減価償却や引当金といった会計手続の概念がないといった弱点がありました。複式簿記の導入を前提とした統一的な基準による財務書類等の作成が求められる中、2015年（平成27年）1月に全ての地方公共団体が準拠すべき指針として公表されたのが「統一的な基準による地方公会計マニュアル」（総務省）です。地方公共団体が設置する（運営する）保育所についても、このマニュアルに沿った会計処理が必要です。

（4）社会福祉法他

① 社会福祉法

　社会福祉法は、1951年（昭和26年）に制定された社会福祉の目的や理念、原則を規定している法律で、所管官庁は厚生労働省です。制定時の法律の題名は社会福祉事業法でしたが、2000年（平成12年）に題名が改正されています。

　なお、2016年（平成28年）の改正により、一定規模の法人（収益が30億円を超える法人又は負債が60億円を超える法人）については公認会計士による会計監査を義務付けることとされています（社会福祉法37）。

② 社会福祉法人会計基準

　社会福祉法人会計基準は、全ての社会福祉法人に適用される会計基準で、2011年（平成23年）7月に公表されました。この基準が公表される以前は、2000年（平成12年）の社会福祉事業法の改正により、「社会福祉法

人会計基準」（旧基準）と「指定介護老人福祉施設等会計処理等取扱指導指針」（指導指針）の2つの会計基準が併存していました。このような2つの異なる会計基準の併存は、社会福祉法人間の状況を把握するのに資するとは言えなかったため、法人全体の財務状況を明らかにし、経営分析を可能にするとともに、外部への情報公開にも資することを目的に、平成24年度（平成27年度完全移行）から「社会福祉法人会計基準」（新基準）に一元化が図られました。なお、社会福祉法人会計基準は、平成28年厚生労働省令第79号として平成29年4月1日より施行されています。

（5）学校教育法他

① 学校教育法

　学校教育法は1947年（昭和22年）に、学校制度の基本を定めるものとして制定された法律です。学校教育法の第1条では、「この法律で、学校とは、幼稚園、小学校、中学校、義務教育学校、高等学校、中等教育学校、特別支援学校、大学及び高等専門学校とする。」と定められています。

② 教育基本法

　教育基本法は、その名のとおり、日本の教育に関する目的及び理念等を定めた法律です。教育に関する様々な法令の運用や解釈の基準となる性格を持つことから「教育憲法」と呼ばれることもあります。2006年（平成18年）に公布・施行された現在の教育基本法は、1947年（昭和22年）公布・施行の教育基本法の全部を改正したものです。

③ 私立学校法

　私立学校法は、1949年（昭和24年）に制定され、その目的を「私立学校の特性にかんがみ、その自主性を重んじ、公共性を高めることによつて、私立学校の健全な発達を図ること」（同法第1条）と定めています。この「私立学校の特性」とは、国公立の学校と異なり、私立学校が私人の寄附財産等によって設立・運営されることを原則とするものであることに伴う特徴的な性格です。

④ 私立学校振興助成法

　私立学校振興助成法は、1975年（昭和50年）に制定された私立学校の経常的経費の補助等に関する法律であり、私立学校の教育条件の維持・向上、保護者の経済的負担の軽減、学校経営の健全性向上を目的としています。

　この法律に基づき補助金の交付を受ける学校法人は、文部科学大臣の定める基準に従い、会計処理を行い、貸借対照表、収支計算書その他の財務計算に関する書類を作成する必要があります。また、当該書類については、原則として公認会計士又は監査法人の監査報告書の添付が必要となります（私立学校振興助成法14）。

⑤ 学校法人会計基準

　学校法人会計基準は、1971年（昭和46年）に制定された学校法人が準拠すべき会計基準です。これは、私学助成を受ける学校法人が適正な会計処理を行うための統一的な会計処理の基準として制定されたものです。

　国立大学及び公立大学には、国立大学法人会計基準及び独立行政法人会計基準があります。なお、私立大学等経常費補助金は1970年（昭和45年）から開始され、1975年（昭和50年）に前述した私立学校振興助成法が制定され、法的根拠が整備されることになります。

（6）特定非営利活動促進法他

① 特定非営利活動促進法

　特定非営利活動促進法は、福祉、環境、国際協力、まちづくりなどのボランティア活動をはじめとした社会貢献活動を行う民間の非営利団体が法人格を取得する道を開くとともに、法人格を取得した特定非営利活動法人（NPO法人）のうち運営組織や事業活動が適正で公益の増進に資する法人の認定に係る制度を設けること等により、その活動の健全な発展を促進し、もって公益の増進に寄与することを目的として、1998年（平成10年）に制定された法律です。

② NPO 法人会計基準

　NPO 法人会計基準は、民間団体である「NPO 法人会計基準協議会」が、市民にとってわかりやすく、社会の信頼に応える会計基準として、2010年（平成22年）に策定・公表したものです。ただし、特定非営利活動促進法上は、当該会計基準の適用を明言していないため、NPO 法人にとって必ずしも適用が義務付けられる基準ではありません。

（7）一般社団法人及び一般財団法人に関する法律他

① 一般社団法人及び一般財団法人に関する法律

　一般社団法人及び一般財団法人に関する法律は、2006年（平成18年）に制定された一般社団法人及び一般財団法人の設立、組織、運営及び管理について定める法律です。法制定前の公益法人（社団法人及び財団法人）は、設立に関し、主務官庁による許認可主義がとられていましたが、この法律の制定により、その事業の公益性の有無にかかわらず、社団、財団一般の法人化を一元的に定めるとともに、法の定める要件を充足さえすれば、許認可を待つことなく、簡便に設立することができるようになりました（準則主義）。

② 会計基準

　一般社団法人、一般財団法人に関する会計基準については、一般社団法人及び一般財団法人に関する法律施行規則第21条に「一般に公正妥当と認められる会計の基準その他の会計の慣行をしん酌しなければならない」と定められているのみで、特定の会計基準の適用は義務付けられておらず、特定の会計基準の開発もされていません。したがって、どの会計基準を適用するかが問題となりますが、実施する事業の性質（公共性の強いものか株式会社のように営利性の強いものか）によって適用する会計基準を判断することになります。なお、「公益法人制度等に関するよくある質問（FAQ）（令和2年3月版）」（内閣府）によると、「…一般法人は、利潤の獲得と分配を目的とする法人ではないことを踏まえ、通常は、公益法人会

計基準を企業会計基準より優先して適用することになるものと考えられます」（問Ⅵ－4－①　答3）との記載がありますので留意が必要です。

（8）公益社団法人及び公益財団法人の認定等に関する法律他

① 公益社団法人及び公益財団法人の認定等に関する法律

　公益社団法人及び公益財団法人の認定等に関する法律（以下、「公益法人認定法」といいます。）は、2006年（平成18年）に制定された、公益法人の認定等について定めた法律です。同年の公益法人制度改革により、公益法人制度は従来の仕組みから、一般社団法人及び一般財団法人と公益社団法人及び公益財団法人の2つに改組されました。本法律は、行政改革関連5法案のうち公益法人制度改革関連3法案の1つとして作成され、公益法人の認定に関する制度と認定基準や、公益法人による事業の適正な実施を確保するための措置などを定めています。公益法人には、一般社団法人・一般財団法人以上に適正な財産の使用や会計処理が求められるため、一定規模以上の法人は会計監査人を設置する必要があります（公益法人認定法5 Ⅻ）。

② 公益法人会計基準

　「公益法人会計基準」（旧基準）は、1977年（昭和52年）に公益法人監督事務連絡協議会の申合せとして設定され、公益法人が会計帳簿及び計算書類を作成するための基準として活用されてきました。その後、2004年（平成16年）に公益法人等の指導監督等に関する関係省庁連絡会議申合せとして全面的な改正が行われ、新「公益法人会計基準」（平成16年改正基準）が2006年（平成18年）4月1日より施行されています。

　その後、2006年に公益法人制度改革関連3法が成立し新制度を踏まえた会計基準を整備する必要が生じたため、内閣府公益認定等委員会において、2008年（平成20年）に改めて公益法人会計基準の改正が行われました。なお、公益法人会計基準を補完するものとして、日本公認会計士協会より「公益法人会計基準に関する実務指針」が公表されています。

（9）宗教法人法他

① 宗教法人法

　宗教法人法は、宗教団体が、礼拝の施設その他の財産を所有し、これを維持運用し、その他その目的達成のための業務及び事業を運営することに資するため、宗教団体に法人格を与えることを目的として、1951年（昭和26年）に制定された法律です。

② 宗教法人会計の指針

　宗教法人会計の指針は、1995年（平成7年）の宗教法人法改正により、宗教法人に、収支計算書、財産目録等の所轄庁への提出が義務付けられることになったために、統一的な会計基準が必要とされ、日本公認会計士協会が策定して2001年（平成13年）に公表したものです。

（10）会社法他

① 会社法

　会社法は、会社の設立、組織、運営及び管理について定めた法律です。

② 会社計算規則

　会社計算規則は、会社法の規定により委任された会社の計算に関する事項を定めた法務省令で、会社法における会計部分の基幹を成すものです。

（11）税法

① 法人税法

　法人税法は、法人の所得に対する税金について定めた法律です。

② 所得税法

　所得税法は、個人の所得に対する税金について定めた法律です。

③ 消費税法

　消費税法は、資産の譲渡等に対する税金について定めた法律です。

第5節　保育所等における新型コロナウイルス対応関連情報

POINT
・保育所における感染症対策ガイドラインが前提
・人員配置要件の一時的な緩和
・臨時休園時においても施設型給付等を支給

　2019年12月に中国で確認され、2020年には世界的な広がりを見せた新型コロナウイルス感染症の流行により、保育現場にも大きな影響が生じています。

　こうした事態に適切に対応し、保育現場の支援を行うため、厚生労働省では、2020年１月以降様々な通知及び事務連絡を公表してきました。

1　新型コロナウイルスに関連する通知及び事務連絡

　厚生労働省等が発表した、新型コロナウイルスに関連する通知及び事務連絡は、廃止されたものを含め73あります。また、これらの通知の前提として、「保育所における感染症対策ガイドライン（2018年改訂版、以下、「感染症ガイドライン」といいます。）」があります。

　そこで、次項で感染症ガイドラインについて説明した後に、保育所等における新型コロナウイルス対応関連通知及び事務連絡等のうち、重要な項目について解説します。

【図表 1-5-1　保育所等における新型コロナウイルス対応関連通知・事務連絡】

No.	年月日	項目	発出元	状況
1	令和 2 年 1 月29日	「新型コロナウイルスに関する Q&A」等の周知について	厚生労働省	
2	令和 2 年 1 月31日	保育所等における新型コロナウイルスへの対応について	厚生労働省	廃止3へ
3	令和 2 年 2 月13日	保育所等における新型コロナウイルスへの対応について（続報）	厚生労働省	廃止12へ
4	令和 2 年 2 月14日	社会福祉施設等における新型コロナウイルスへの対応について	厚生労働省	
5	令和 2 年 2 月17日	「新型コロナウイルス感染症についての相談・受診の目安」を踏まえた対応について	厚生労働省	
6	令和 2 年 2 月17日	社会福祉施設等における職員の確保について	厚生労働省	
7	令和 2 年 2 月18日	保育所等において子ども等に新型コロナウイルス感染症が発生した場合の対応について	厚生労働省	
8	令和 2 年 2 月25日	保育所等において子ども等に新型コロナウイルス感染症が発生した場合の対応について（第二報）	厚生労働省	
9	令和 2 年 2 月25日	保育所等における感染拡大防止のための留意点について	厚生労働省	
10	令和 2 年 2 月25日	新型コロナウイルス感染症の発生に伴う保育所等の人員基準の取扱いについて	厚生労働省	
11	令和 2 年 2 月26日	保育所等の卒園式・入園式等の開催に関する考え方について（2 月26日時点）	厚生労働省	
12	令和 2 年 2 月27日	保育所等における新型コロナウイルスへの対応について（令和 2 年 2 月27日現在）	厚生労働省	廃止21へ
13	令和 2 年 2 月27日	新型コロナウイルス感染症により保育所等が臨時休園等した場合の「利用者負担額」及び「子育てのための施設等利用給付」等の取扱いについて	内閣府ほか	
14	令和 2 年 2 月27日	新型コロナウイルス感染症防止のための学校の臨時休業に関連しての保育所等の対応について	厚生労働省	
15	令和 2 年 2 月28日	新型コロナウイルス感染症防止のための学校の臨時休業に関連しての医療機関、社会福祉施設等の対応について	厚生労働省	
16	令和 2 年 3 月 2 日	新型コロナウイルス感染症の発生に伴う指定保育士養成施設の対応について	厚生労働省	
17	令和 2 年 3 月 4 日	「新型コロナウイルス感染症により保育所等が臨時休園した場合の「利用者負担額」及び「子育てのための施設等利用給付」等の取扱いについて（事務連絡）」にかかる FAQ	内閣府ほか	旧版20へ

18	令和 2 年 3 月 4 日	新型コロナウイルス感染症防止のための学校の臨時休業に関連しての放課後児童健全育成事業の優先利用に関する留意事項について	厚生労働省	
19	令和 2 年 3 月 5 日	保育所等における新型コロナウイルスへの対応にかかる Q&A について（令和 2 年 3 月 5 日現在）	厚生労働省	
20	令和 2 年 3 月 6 日	「新型コロナウイルス感染症により保育所等が臨時休園した場合の「利用者負担額」及び「子育てのための施設等利用給付」等の取扱いについて（事務連絡）」にかかる FAQ	内閣府ほか	旧版28へ
21	令和 2 年 3 月 7 日	保育所等における新型コロナウイルスへの対応について（令和 2 年 3 月 7 日現在）	厚生労働省	廃止27へ
22	令和 2 年 3 月 9 日	社会福祉施設等職員に対する「新型コロナウイルスの集団感染を防ぐために」の周知について	厚生労働省	
23	令和 2 年 3 月 9 日	新型コロナウイルス感染症の発生に伴う社会福祉法人の運営に関する取扱いについて	厚生労働省	参考
24-1	令和 2 年 3 月10日	保育所等におけるマスク購入等の感染拡大防止対策に係る支援（緊急対応策第 2 弾関係）	厚生労働省	
24-2	令和 2 年 3 月10日	保育所等におけるマスク購入等の感染拡大防止対策に係る支援（緊急対応策第 2 弾関係）参考 FAQ	厚生労働省	
25	令和 2 年 3 月10日	新型コロナウイルス感染症の発生に伴う消毒用エタノールの取扱いについて	厚生労働省	
26	令和 2 年 3 月10日	新型コロナウイルス感染症に関する緊急対応策―第 2 弾―について	厚生労働省	
27	令和 2 年 3 月11日	保育所等における新型コロナウイルスへの対応について（令和 2 年 3 月11日現在）	厚生労働省	
28	令和 2 年 3 月12日（13日一部修正）	「新型コロナウイルス感染症により保育所等が臨時休園した場合の「利用者負担額」及び「子育てのための施設等利用給付」等の取扱いについて（事務連絡）」にかかる FAQ	内閣府ほか	廃止41へ
29	令和 2 年 3 月13日	加藤大臣 閣議後会見（令和 2 年 3 月13日）での発言	厚生労働省	
30	令和 2 年 3 月13日	都道府県等におけるマスク・消毒用アルコール等の備蓄の積極的放出について	厚生労働省	
31	令和 2 年 3 月17日	新型コロナウイルス感染症の発生及び感染拡大による影響を踏まえた社会福祉施設等を運営する中小企業・小規模事業者への対応について	厚生労働省	
32	令和 2 年 3 月18日	介護施設等に対する布製マスクの配布について	厚生労働省ほか	
33	令和 2 年 3 月19日	保育所等における新型コロナウイルスへの対応について	厚生労働省	

34	令和 2 年 3 月23日	保育対策総合支援事業費補助金（保育所等におけるマスク購入等の感染拡大防止対策に係る支援）に関する翌債手続等について	厚生労働省	
35	令和 2 年 3 月25日	社会福祉施設等職員に対する新型コロナウイルス集団発生防止に係る注意喚起の周知について	厚生労働省	
36	令和 2 年 3 月25日	「布製マスクの配布に関する電話相談窓口」の設置等について	厚生労働省ほか	
37	令和 2 年 3 月27日	「新型コロナウイルス感染症による小学校休業等対応支援金（委託を受けて個人で仕事をする方向け）の創設」に係る保育所等の保護者に向けた周知について	厚生労働省	参考資料あり
38	令和 2 年 3 月31日	社会福祉施設等に対する「新型コロナウイルス対策 身のまわりを清潔にしましょう。」の周知について	厚生労働省	
39	令和 2 年 4 月 1 日	新型コロナウイルス感染症防止のための学校の臨時休業に関連しての保育所等の対応について（第二報）	厚生労働省	
40	令和 2 年 4 月 7 日	緊急事態宣言後の保育所等の対応について	厚生労働省	
41	令和 2 年 4 月 7 日	「新型コロナウイルス感染症により保育所等が臨時休園した場合の「利用者負担額」及び「子育てのための施設等利用給付」等の取扱いについて（事務連絡）」にかかる FAQ	内閣府ほか	廃止44へ
42	令和 2 年 4 月 9 日	保育所等における新型コロナウイルスへの対応にかかる Q&A について（第二報）（令和 2 年 4 月 9 日現在）	厚生労働省	
43	令和 2 年 4 月10日	加藤大臣 閣議後会見（令和 2 年 4 月10日）での発言	厚生労働省	
44	令和 2 年 4 月14日	「新型コロナウイルス感染症により保育所等が臨時休園した場合の「利用者負担額」及び「子育てのための施設等利用給付」等の取扱いについて（事務連絡）」にかかる FAQ	内閣府ほか	廃止55へ
45	令和 2 年 4 月17日	子どもや職員が新型コロナウイルス感染症に罹患した場合の保育所等の対応について（再周知）	厚生労働省	再周知
46	令和 2 年 4 月17日	医療従事者等の子どもに対する保育所等における新型コロナウイルスへの対応について	厚生労働省	
47	令和 2 年 4 月17日	新型コロナウイルス感染症拡大に伴う子ども・子育て支援交付金の取扱いについて	内閣府ほか	
48	令和 2 年 4 月24日	保育所等における差別・偏見の禁止に関する政府広報について	厚生労働省	
49	令和 2 年 4 月24日	新型コロナウイルス感染症対策のために保育所において登園自粛や臨時休園を行う場合の配慮が必要な園児への対応について	厚生労働省	

50	令和 2 年 4 月24日	学事日程等の取扱い及び遠隔授業の活用に係る Q&A 等の情報提供について	厚生労働省	
51	令和 2 年 4 月27日	「社会福祉施設における衛生管理について（平成 9 年 3 月31日付け社援施設第65号厚生省大臣官房障害保健福祉部企画課長・社会・援護局施設人材課長・老人保健福祉局老人福祉計画課長・児童家庭局企画課長連名通知)」等に関する Q&A について	厚生労働省	
52	令和 2 年 4 月30日	保育所等におけるマスク購入等の感染拡大防止対策に係る支援（第一次補正予算）	厚生労働省	
53	令和 2 年 5 月 1 日	緊急事態宣言が継続された場合の保育所等の対応について	厚生労働省	
54	令和 2 年 5 月 1 日	保育所等における新型コロナウイルスへの対応にかかる Q&A について（第三報）（令和 2 年 5 月 1 日現在）	厚生労働省	
55	令和 2 年 4 月28日	「新型コロナウイルス感染症により保育所等が臨時休園した場合の「利用者負担額」及び「子育てのための施設等利用給付」等の取扱いについて（事務連絡)」にかかる FAQ	内閣府ほか	廃止 60へ
56	令和 2 年 5 月11日	「新型コロナウイルス感染症についての相談・受診の目安」の改訂について	厚生労働省	
57	令和 2 年 5 月14日	緊急事態措置を実施すべき区域の指定の解除に伴う保育所等の対応について	厚生労働省	
58	令和 2 年 5 月14日	保育所等における感染拡大防止のための留意点について（第二報）	厚生労働省	
59	令和 2 年 5 月14日	保育所等における新型コロナウイルスへの対応にかかる Q&A について（第四報）（令和 2 年 5 月14日現在）	厚生労働省	
60	令和 2 年 5 月15日	「新型コロナウイルス感染症により保育所等が臨時休園した場合の「利用者負担額」及び「子育てのための施設等利用給付」等の取扱いについて（事務連絡)」にかかる FAQ	内閣府ほか	廃止 63へ
61	令和 2 年 5 月29日	保育所等における新型コロナウイルスへの対応にかかる QA について（第五報）（令和 2 年 5 月29日現在）	厚生労働省	
62	令和 2 年 5 月29日	保育所等における保育の提供の縮小等の実施に当たっての職員の賃金及び年次有給休暇等の取扱いについて	厚生労働省ほか	
63	令和 2 年 5 月29日	「新型コロナウイルス感染症により保育所等が臨時休園した場合の「利用者負担額」及び「子育てのための施設等利用給付」等の取扱いについて（事務連絡)」にかかる FAQ	内閣府ほか	

64	令和 2 年 6 月12日	保育所等におけるマスク購入等の感染拡大防止対策に係る支援（第二次補正予算）	厚生労働省	
65	令和 2 年 6 月15日	新型コロナウイルス感染症の発生に伴う指定保育士養成施設の対応について	厚生労働省	
66	令和 2 年 6 月16日	保育所等における新型コロナウイルスへの対応にかかる Q&A について（第六報）（令和 2 年 6 月16日現在）	厚生労働省	
67	令和 2 年 6 月17日	新型コロナウイルス感染症により保育所等が臨時休園等を行う場合の公定価格等の取扱いについて	内閣府ほか	
68	令和 2 年 6 月19日	新型コロナウイルス感染症緊急包括支援事業（児童福祉施設等分）の実施について	厚生労働省	
69	令和 2 年 6 月23日	介護施設等に対する布製マスクの配布について	厚生労働省ほか	
70	令和 2 年 6 月29日	新型コロナウイルス感染症に伴う子ども・子育て支援法等に基づく「求職活動」の事由に係る教育・保育給付認定等の有効期間の取扱いについて	内閣府ほか	
71	令和 2 年 7 月10日	新型コロナウイルス感染症拡大に伴う子ども・子育て支援交付金における病児保育事業の取扱いについて（令和 2 年度）	内閣府ほか	
72	令和 2 年 9 月15日	保育所等における新型コロナウイルスへの対応にかかる Q&A について（第七報）（令和 2 年 9 月15日現在）	厚生労働省	
73	令和 2 年 9 月30日	新型コロナウイルス感染症拡大に伴う子ども・子育て支援交付金における病児保育事業の取扱いについて（令和 2 年度）	内閣府ほか	

（令和 2 年 9 月30日現在の厚生労働省ホームページを参考に作成）

2　保育所における感染症対策ガイドライン（2018年改訂版）

　感染症ガイドラインでは、保育所における感染症対策として次の項目を挙げています。

・乳幼児が長時間にわたり集団で生活する保育所では、一人一人の子どもと集団全体の両方について、健康と安全を確保する必要がある。

> ・保育所では、乳幼児の生活や行動の特徴、生理的特性を踏まえ、感染症に対する正しい知識や情報に基づいた感染症対策を行うことが重要である。

　そして、保育所における乳幼児の生活と行動の特徴から、次の点に留意することが求められています。

> ・集団での午睡や食事、遊び等では子ども同士が濃厚に接触することが多いため、飛沫感染や接触感染が生じやすいということに留意が必要である。
> ・特に乳児は、床をはい、また、手に触れるものを何でも舐めるといった行動上の特徴があるため、接触感染には十分に留意する。
> ・乳幼児が自ら正しいマスクの着用、適切な手洗いの実施、物品の衛生的な取扱い等の基本的な衛生対策を十分に行うことは難しいため、大人からの援助や配慮が必要である。

　また、特に乳児に関しては、①感染症にかかりやすい、②呼吸困難になりやすい、③脱水症をおこしやすいなどの生理的特徴から、十分な配慮が求められています。さらに、これまで発生したことがない新しい感染症が国内に侵入・流行した場合に、保育所に対しては、児童福祉施設として社会機能の維持に重要な役割を担うとともに、乳幼児の集団生活施設として子どもたちの健康と安全の維持を図るという重要な役割を担うことが求められています。

3　留意すべき通知及び事務連絡

① 保育所等における新型コロナウイルスへの対応について

　〔No. 27、33〕（No. は図表1-5-1の No. を指します。以下、同様です。）
　当該事務連絡において、新型コロナウイルスへの対応に係る留意事項が

示されています。具体的には、感染予防方法や児童への対応方法、保健所等との連携、利用者への情報提供・相談対応、偏見防止等に関して記載されています。

② 新型コロナウイルス感染症発生時の対応等

i　保育所等において子ども等に新型コロナウイルス感染症が発生した場合の対応について

〔No. 7、8、45〕

ⅱ　新型コロナウイルス感染症防止のための学校の臨時休業に関連しての保育所等の対応について（第二報）

〔No. 39〕

これらの事務連絡において、児童やその家族、また職員等に新型コロナウイルス感染症が発生した場合に、当面の間の登園回避及び保育所等の臨時休園の措置に関する方針等に関して記載されています。原則的には、子どもの保護者が働いていることから、保育所を開所することを求めていますが、各自治体がその地域の状況に応じて対応することを求めるものです。

③ 保育所等における感染拡大防止のための留意点について

〔No. 9、58〕

当該事務連絡において、保育所等における感染拡大防止のために、職員等及び子どもに対してどのように対応するべきか、留意点が記載されています。職員等における対象としては、子どもに直接サービスを提供する職員だけでなく、事務職や送迎を行う職員等、当該事業所の全ての職員やボランティア等を含むものとされています。また、委託業者等についても、接触する場所を限定するなどの制限が記載されています。

④ 新型コロナウイルス感染症の発生に伴う保育所等の人員基準の取扱いについて

〔No. 10〕

当該事務連絡において、新型コロナウイルス感染症の対応に伴い、保育

所等において保育士等が一時的に不足し、人員等の基準を充足しない場合に対して、人員、設備等の基準の適用について、利用児童の保育に可能な限り影響が生じない範囲において配慮することが地方自治体等に要請されています。

⑤ 「新型コロナウイルス感染症により保育所等が臨時休園した場合の「利用者負担額」及び「子育てのための施設等利用給付」等の取扱いについて」及び同事務連絡にかかる FAQ

〔事務連絡　No.13〕〔FAQ　No.63〕

当該事務連絡において、新型コロナウイルス感染症のために臨時休園した特定教育・保育施設等に対して、保育の実施が継続されているものとして、施設型給付等を支給することについて記載されています。また、利用者負担額については、日割り計算を行い、休園した日数分の利用料を地方自治体が徴取しないことが記載されています。

上記と同様に、特定子ども・子育て支援施設等が臨時休園した場合においても、施設等利用費の支給を行うことが記載されています。ただし、臨時休園期間中の利用料を減算し、認定保護者に利用料の減額又は返金を行った場合には、当該減額又は返金後の利用料が施設等利用費の支給対象となります。

⑥ 保育所等におけるマスク購入等の感染拡大防止対策に係る支援（令和元年度及び同2年度補正予算並びに同年度2次補正予算）

〔No.24、52、64〕

保育所、幼保連携型認定こども園、地域型保育事業所及び認可外保育施設において、新型コロナウイルスの感染拡大を防止する観点から、市区町村等が保育所等に配布する子ども用マスク、消毒液等の卸・販社からの一括購入等や保育所等の消毒に必要となる経費を補助することが記載されています。ここで、対象となる施設は、保育所、幼保連携型認定こども園、地域型保育事業所及び認可外保育施設であり、居宅訪問型保育事業は除かれます。1施設当たり50万円以内の費用が対象であり、全額補助されま

す。

⑦「新型コロナウイルス感染症による小学校休業等対応支援金（委託を受けて個人で仕事をする方向け）の創設」に係る保育所等の保護者に向けた周知について

〔No. 37〕

当該事務連絡において、保育所等の臨時休業等に伴い、就業することを予定していた仕事ができなくなった場合に、一定の要件を満たす「委託を受けて個人で仕事をする、子どもの保護者」に対して、就業できなかった日について１日当たり定額（4,100円）を支給することに関して、周知を行うものです。当該支援金について、令和２年３月18日から「学校等休業助成金・支援金受付センター」において、申請書の受付を開始しています。

⑧ 緊急事態宣言後の保育所等の対応について

〔No. 40〕

新型インフルエンザ等対策特別措置法第32条第１項第２号で指定された都道府県内の市区町村に対して、認可外保育施設を含めて、次の項目が要請されています。

i　都道府県知事から保育所の使用の制限等が要請されていない場合には、保育の提供を縮小して実施することを検討すること。

ii　都道府県知事から施設管理者等に対して保育所の使用の制限等が要請された場合には、その要請を踏まえた対応を行うこと。

上記のどちらの場合においても、医療従事者や社会の機能を維持するために就業を継続することが必要な者、ひとり親家庭などで仕事を休むことが困難な者の子ども等の保育が必要な場合の対応について、検討することが求められています。

なお、新型インフルエンザ等対策特別措置法第32条第１項第２号で指定された区域以外の市区町村においては、これまで事務連絡等で要請されている対応を継続して要請されています。

⑨ 新型コロナウイルス感染症拡大に伴う子ども・子育て支援交付金の取扱いについて

〔No. 47〕

　延長保育事業、一時預かり事業及び病児保育事業について、新型コロナウイルス感染症拡大の状況においても、民間事業者等ができる限りの支援の提供を行ったと市町村が認める場合は、通常提供しているサービスと同等のサービスをしているものとして、交付金の対象とし、既に交付決定した費用の返還を求めないと記載されています。また、子育て短期支援事業、乳児家庭全戸訪問事業、養育支援訪問事業及び子どもを守る地域ネットワーク機能強化事業について、実際に事業者の負担が発生する経費（他制度により助成されるものを除く。）については、市町村が必要と認める場合は交付金の対象とし、既に交付決定した費用については、返還を求めないと記載されています。

　なお、休業に至った経緯等を事業の歳入歳出に係る証拠書類として整理し保管することが事業者等には求められています。

⑩ 新型コロナウイルス感染症により保育所等が臨時休園等を行う場合の公定価格等の取扱いについて

〔No. 67〕

　当該事務連絡において、公定価格及び委託費について、新型コロナウイルス感染症により臨時休園（一部休園を含む。）や保育の提供の縮小等を行っている状況下でも、教育及び保育の提供体制を維持するため、通常どおり支給することが記載されています。また、臨時休園等に伴う人件費について、休ませた職員についても通常どおりの賃金や賞与等を支払うことなどが求められています。

⑪ 新型コロナウイルス感染症緊急包括支援事業（児童福祉施設等分）の実施について

〔No. 68〕

　当該通知において、新型コロナウイルス感染症への対応として緊急に必

要となる感染拡大防止や児童福祉施設等の職員の支援等について、都道府県の取組みを包括的に支援するため、「新型コロナウイルス感染症緊急包括支援事業（児童福祉施設等分）」が制定され、令和2年4月1日から適用することが記載されています。

　新型コロナウイルス感染症緊急包括支援事業（児童福祉施設等分）では、新型コロナウイルス感染症への対応として緊急に必要となる感染拡大防止や児童福祉施設等の職員の支援等について、地域の実情に応じて、柔軟かつ機動的に実施することができるよう、都道府県の取組を包括的に支援することを目的とし、次の事業に取り組むことが記載されています。

ⅰ　児童福祉施設等の感染防止対策のための相談・支援事業

ⅱ　新型コロナウイルスの感染拡大防止対策事業

ⅲ　一時保護所及び児童養護施設等における医療連携体制強化事業

　なお、これらの事業の補助基準額は、次のとおりです。

ⅰ　児童福祉施設等の感染防止対策のための相談・支援事業

　・1都道府県当たり　22,396千円

　・1市町村当たり　　16,797千円

ⅱ　新型コロナウイルスの感染拡大防止対策事業

　・1か所等当たり　500千円

ⅲ　一時保護所及び児童養護施設等における医療連携体制強化事業

　・1自治体当たり　13,308千円

第2章

会計上の
留意点

第1節　社会福祉法人の会計

POINT
- ・適用される会計基準等
- ・社会福祉法人が作成する計算書類等
- ・社会福祉法人会計の留意事項

　社会福祉法人は、社会福祉事業を行うことを目的として、社会福祉法に定めるところにより設立される法人（社会福祉法22）です。社会福祉法人は、「社会福祉事業の主たる担い手としてふさわしい事業を確実、効果的かつ適正に行うため、自主的にその経営基盤の強化を図るとともに、その提供する福祉サービスの質の向上及び事業経営の透明性の確保を図らなければならない」（社会福祉法24①）、また、「社会福祉事業及び第26条第1項に規定する公益事業を行うに当たつては、日常生活又は社会生活上の支援を必要とする者に対して、無料又は低額な料金で、福祉サービスを積極的に提供するよう努めなければならない」（社会福祉法24②）とされています。

　社会福祉事業とは、社会福祉法第2条に定められている第1種社会福祉事業及び第2種社会福祉事業のことをいいます。第1種社会福祉事業には、特別養護老人ホーム、児童養護施設、障害者支援施設及び救護施設等が該当します。第2種社会福祉事業には、保育所、訪問介護、デイサービス及びショートステイ等の事業が該当します。したがって、社会福祉法人である保育所の事業は第2種社会福祉事業に該当します。なお、社会福祉法人は、社会福祉事業の他に公益事業や収益事業も行うことができることとなっています。

【図表 2-1-1　第 1 種社会福祉事業と第 2 種社会福祉事業】

・第 1 種社会福祉事業とは 　利用者への影響が大きいため、経営安定を通じた利用者の保護の必要性が高い事業（主として入所施設サービス）です。	
経営主体	行政及び社会福祉法人が原則です。施設を設置して第 1 種社会福祉事業を経営しようとするときは、都道府県知事等への届出が必要になります。 その他の者が第 1 種社会福祉事業を経営しようとするときは、都道府県知事等の許可を得ることが必要になります。 ただし、生活保護法、老人福祉法、介護保険法などの個別法により、保護施設並びに養護老人ホーム及び特別養護老人ホームの経営主体については、行政及び社会福祉法人に限定されています。
種類	・児童福祉法に規定する乳児院、母子生活支援施設、児童養護施設、障害児入所施設、児童心理治療施設又は児童自立支援施設を経営する事業 第 1 種社会福祉事業には児童福祉法に規定する事業のほか、生活保護法に規定する事業、老人福祉法に規定する事業、障害者総合支援法に規定する事業があります。
・第 2 種社会福祉事業とは 　比較的利用者への影響が小さいため、公的規制の必要性が低い事業（主として在宅サービス）です。	
経営主体	制限はありません。全ての主体が都道府県知事へ届出をすることにより事業経営が可能となります。
種類	・児童福祉法に規定する障害児通所支援事業、障害児相談支援事業、児童自立生活援助事業、放課後児童健全育成事業、子育て短期支援事業、乳児家庭全戸訪問事業、養育支援訪問事業、地域子育て支援拠点事業、一時預かり事業、小規模住居型児童養育事業、小規模保育事業、病児保育事業又は子育て援助活動支援事業、同法に規定する助産施設、保育所、児童厚生施設又は児童家庭支援センターを経営する事業及び児童の福祉の増進について相談に応ずる事業 ・就学前の子どもに関する教育、保育等の総合的な提供の推進に関する法律に規定する幼保連携型認定こども園を経営する事業 第 2 種社会福祉事業には児童福祉法に規定する事業のほか、社会福祉法に規定する事業、老人福祉法に規定する事業、母子及び父子並びに寡婦福祉法に規定する事業等があります。

1　適用される会計基準等

　社会福祉法上、全ての社会福祉法人は、社会福祉法人会計基準省令に従い、また一般に公正妥当と認められる社会福祉法人会計の慣行を斟酌し

て、会計処理を行うことが義務付けられています（社会福祉法45の23、会計基準1②）。そのため、保育所の設置主体が社会福祉法人である場合は、これらに従って、計算書類を作成することとなります。

(1) 社会福祉法人会計基準等の構成

社会福祉法人会計基準は、「社会福祉法人会計基準省令」と一般に公正妥当と認められる社会福祉法人会計の慣行を記載した通知（「社会福祉法人会計基準の制定に伴う会計処理等に関する運用上の取扱いについて（局長通知）」、「社会福祉法人会計基準の制定に伴う会計処理等に関する運用上の留意事項について（課長通知）」）によって構成されています。

【図表2-1-2　社会福祉法人会計基準の構成】

社会福祉法人会計基準省令
・会計基準の目的や一般原則等、会計ルールの基本原則を定めるもの。 ・計算書類の様式、勘定科目を規定
社会福祉法人会計基準の制定に伴う会計処理等に関する運用上の取扱いについて（局長通知）
・基準省令の解説 ・附属明細書及び財産目録の様式を規定
社会福祉法人会計基準の制定に伴う会計処理等に関する運用上の留意事項について（課長通知）
・基準省令及び運用上の留意事項では定めていない一般に公正妥当と認められる 　社会福祉法人会計の慣行 ・各勘定科目の説明を規定

（出典：厚生労働省ホームページ「社会福祉法人会計基準の構成と作成する計算書類等について」）

また、社会福祉法人会計基準が制定された際に、同基準の運用上の取扱いに係るQ&Aをまとめたものとして、「社会福祉法人会計基準の運用上の取扱いについて（Q&A）」（厚生労働省）が公表されています。

このほか、日本公認会計士協会から、この会計基準を適用する場合の実務上の留意事項をまとめたものとして「社会福祉法人会計基準に関する実務上のQ&A」が公表されています。

　　それでは、以下で各省令、通知等の内容について詳細を説明します。

(2)「社会福祉法人会計基準」（平成28年厚生労働省令第79号。改正　令和
　　2年9月11日厚生労働省令第157号）（以下、「会計基準」といいます。）

　　平成24年度以前の社会福祉法人の会計処理は、法人が実施する事業の
種類ごとに様々な会計ルールが併存しており、事務処理が煩雑であった
り、法人全体の経営状態が見にくくなるといった問題点がありました。

　　そこで、会計ルールの統一化を図ることで法人全体の財務状況を明ら
かにし、経営分析を可能にするとともに、比較可能性を高め外部への情
報公開の効果を高めることを目的として、厚生労働省雇用均等・児童家
庭局長、厚生労働省社会・援護局長、厚生労働省老健局長ら連名で通知
された「社会福祉法人会計基準の制定について」（平成23年7月27日雇
児発0727第1号ほか）により、社会福祉法に規定する財産目録、貸借対
照表及び収支計算書の作成の基準として、法的拘束力のない社会福祉法
人会計基準を新たに定め、平成24年4月1日から適用することになりま
した。

　　その後、社会福祉法人会計基準は、法的な拘束力がある省令として平
成28年3月31日に公布され、平成28年4月1日に施行されました。

　　社会福祉法人は、社会福祉法により法人全体、事業区分別、拠点区分
別に、資金収支計算書、事業活動計算書及び貸借対照表の作成が義務付
けられています。認可保育所、認可外保育施設は、これらの計算書類を
作成するにあたって、会計基準によって定められた目的、一般原則等、
会計ルールの基本原則、計算書類の様式及び勘定科目に従う必要があり
ます。

(3)「社会福祉法人会計基準の制定に伴う会計処理等に関する運用上の取扱
　　いについて」（平成28年3月31日雇児発0331第15号ほか。改正　令和2
　　年9月11日子発0911第1号ほか）（以下、「運用上の取扱い」といいま
　　す。）

　　運用上の取扱いは、会計基準をより具体的に規定したものです。その

ため、会計基準に記載された内容について、具体的な実務上の取扱いを知りたい場合に参照すると有効です。特に運用上の取扱い第 1 条にある重要性の原則の記載例は、社会福祉法人の会計処理にあたって参考となります。

　また、会計基準で作成することが規定されている計算書類に対する注記、附属明細書及び財産目録の様式が示されています。

⑷「社会福祉法人会計基準の制定に伴う会計処理等に関する運用上の留意事項について」（平成28年 3 月31日雇児総発0331第 7 号ほか。改正　平成31年 3 月29日子総発0329第 1 号ほか）（以下、「留意事項」といいます。）

　留意事項では、会計基準及び運用上の取扱いでは定められていない一般に公正妥当と認められる社会福祉法人会計における慣行や各勘定科目の内容について説明しています。内容は、管理組織の確立から固定資産管理台帳についての27項目が記載されています。

　また、別添の資料において、①具体的な科目及び配分方法、②減価償却資産の償却率、改定償却率及び保証率表、及び③勘定科目説明が記載されており、会計基準及び運用上の取扱いより詳細に規定されています。

⑸「社会福祉法人会計基準の運用上の取扱いについて（Q&A）」（平成23年 7 月27日厚生労働省事務連絡）（以下、「Q&A」といいます。）

　この Q&A は、「社会福祉法人会計基準の制定について」（平成23年 7 月27日雇児発0727第 1 号ほか）の取扱いについてまとめたものです。

　この Q&A では、社会福祉法人会計の一元化の目的や新会計基準が適用される事業等の範囲、また内部取引消去を導入した理由等「会計基準」の具体的な内容項目の採用事由や具体的な解釈等が説明されており、会計基準の理解に役立ちます。

⑹「社会福祉法人会計基準に関する実務上の Q&A」（日本公認会計士協会非営利法人委員会研究資料第 5 号）

　(2)から(5)の会計基準等に加えて、日本公認会計士協会から「社会福祉法人会計基準に関する実務上の Q&A」(2012年 7 月18日公表、2019年 3 月27日改正) が、公表されています。

　この Q&A は、(2)から(5)までの会計基準等よりさらに実務的な内容となっており、金融商品の時価会計、リース会計、退職給付会計、減損会計、税効果会計、関連当事者間取引及びその他の項目といった、運用上の取扱い等では規定されていない内容が取り扱われています。

2　社会福祉法人が作成する計算書類等

　社会福祉法人は、毎会計年度終了後 3 か月以内に、厚生労働省令（会計基準 7 の 2 、30、社会福祉法施行規則 2 の25）に定めるところにより、各会計年度に係る会計帳簿、計算書類及び事業報告並びにその附属明細書を作成する必要があります（社会福祉法45の24、45の27）。それらの書類については、作成した時から10年間保存することが必要となります（社会福祉法45の27④）。また、毎会計年度終了後 3 か月以内に（社会福祉法人が成立した日の属する会計年度については、成立した日以後遅滞なく）、厚生労働省令で定めるところにより、財産目録、報酬等の支給の基準を記載した書類、事業の概要その他の厚生労働省令で定める事項を記載した書類を作成して、当該書類を 5 年間その主たる事務所に、その写しを 3 年間その従たる事務所に備え置くことが必要となります（社会福祉法45の34）。

（1）計算書類の体系

① 貸借対照表及び収支計算書

　社会福祉法における計算書類は、貸借対照表及び収支計算書をいいます。

　貸借対照表は、会計年度末現在における全ての資産、負債及び純資産の状態を示す書類です。会計基準では、前事業年度と対比して記載してお

り、法人の財政状態の動向を示しています。

　収支計算書は、資金収支計算書及び事業活動計算書をいいます。資金収支計算書は、当該会計年度における支払資金増加及び減少の状況を示す書類です。会計基準では、予算と対比して予算の執行状況を明確にすることとなっています。資金収支計算書における支払資金は、「流動資産及び流動負債（経常的な取引以外の取引によって生じた債権又は債務のうち貸借対照表日の翌日から起算して1年以内に入金又は支払の期限が到来するものとして固定資産又は固定負債から振り替えられた流動資産又は流動負債、引当金及び棚卸資産（貯蔵品を除く。）を除く。）」（会計基準13）とされています。したがって、支払資金の残高は当該流動資産と流動負債の差額となります。

【図表 2-1-3　支払資金残高】

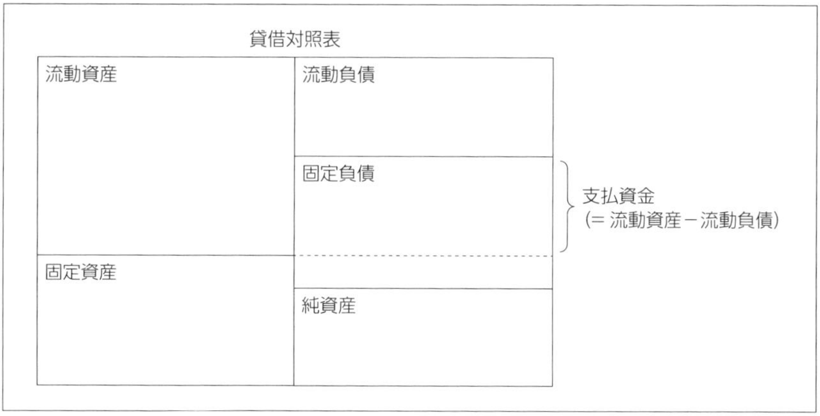

　また、この支払資金の定義については、運用上の取扱いにおいて詳細に記載されています。

　一方、事業活動計算書は、当該会計期間における純資産の増減額である純資産増減差額の状況を示す書類です。純資産増減差額は企業会計でいうところの「損益」に該当します。

② 法人全体、事業区分別、拠点区分別及びサービス区分別

　社会福祉法人においては、①で説明した計算書類を、それぞれ法人全体、事業区分別、拠点区分別及びサービス区分別に作成します。具体的には、法人全体の計算書類として、事業区分別の計算書類合計から事業区分間の内部取引を消去した法人全体の貸借対照表及び収支計算書を作成します。事業区分別の計算書類は、社会福祉法で規定されている社会福祉事業、公益事業及び収益事業に区分して作成します。図表2-1-9のとおり社会福祉事業、公益事業及び収益事業に区分した計算書類の合計から、内部取引を消去することにより、法人全体の金額になる様式になっています。

　拠点区分別の計算書類については、原則として予算管理の単位とし、一体として運営される施設、事業所又は事務所を1つの拠点区分として認識します（運用上の取扱い2）。

　サービス区分別の計算書類については、拠点で実施されている複数の事業について、法令等の要請により会計を区分して把握すべきものとされているものについてサービス区分として設定するものです（運用上の取扱い3）。運用上の取扱いにおいては、サービス区分として、「子ども・子育て支援法に基づく特定教育・保育施設及び特定地域型保育事業の運営に関する基準における会計の区分」が例示されており、保育所はこの会計区分に含まれます。また、本部会計については、法人の自主的な決定により拠点区分又はサービス区分とすることができます。この法人本部に係る経費については、理事会、評議員会の運営に係る経費、法人役員の報酬等その他の拠点区分又はサービス区分に属さないものであって、法人本部の帰属とすることが妥当なものとされています（留意事項6）。

（2）貸借対照表

　貸借対照表は、会計年度末現在における全ての資産、負債及び純資産の状態を表し、さらに資産の部は流動資産及び固定資産に、負債の部は流動負債及び固定負債に区分します。貸借対照表で用いられる主な勘定科目及

【図表2-1-4　主要な勘定科目と貸借対照表価額】

勘定科目	貸借対照表価額
① 受取手形、未収金、貸付金等の債権	取得価額から徴収不能引当金を控除した額をもって貸借対照表価額とします。
② 棚卸資産	取得価額をもって貸借対照表価額とします。ただし、時価が取得価額よりも下落した場合には、時価をもって貸借対照表価額とします。
③ 有形固定資産及び無形固定資産	その取得価額から減価償却累計額を控除した価額をもって貸借対照表価額とします。
④ 資産の時価が著しく下落したとき	回復の見込みがあると認められる場合を除き、時価をもって貸借対照表価額とします。
⑤ 引当金として計上すべきものがある場合	当該内容を示す科目を付して、残高を負債に計上又は資産の部の控除項目として記載します。
⑥ 純資産	基本金、国庫補助金等特別積立金、その他の積立金及び次期繰越活動増減差額に区分します。
⑦ 基本金	社会福祉法人が事業開始等にあたって財源として受け取った寄附金の額を計上します。国庫補助金等特別積立金には、施設及び設備の整備のために国又は地方公共団体等から受領した補助金、助成金及び交付金等の額を計上します。
⑧ 国庫補助金等	施設整備事業に対する補助金等、取得して固定資産の取得に充てられることを目的として、国及び地方公共団体等から受領した補助金、助成金及び交付金をいいます。国庫補助金等として受け入れるとともに、各拠点区分として国庫補助金等特別積立金として積み立てます。また、減価償却などによる取崩及び特別積立金の対象となった基本財産等の廃棄又は売却された場合など取崩にあたっては各拠点で取り崩しを行います。

び貸借対照表価額は上の表のとおりです。

　表中③の有形固定資産及び無形固定資産については、「社会福祉法人モデル経理規程」（全国社会福祉法人経営者協議会　平成29年3月15日）第47条第1項において「固定資産とは取得日後1年を超えて使用又は保有する有形固定資産及び無形固定資産（土地、建設仮勘定及び権利を含む。）並びに経常的な取引以外の取引によって発生した貸付金等の債権のうち回収期間が1年を超える債権、特定の目的のために積み立てた積立資産、長期保有を目的とする預貯金及び投資有価証券をいう。」と、また、同条第3項において「1年を超えて使用する有形固定資産又は無形固定資産であっても、1個もしくは1組の金額が10万円未満の資産は、第1項の規定

にかかわらず、これを固定資産に含めないものとする。」と、有形固定資産及び無形固定資産として計上する基準が参考資料として例示されています。そして、複数の会計単位又は経理区分で共通で使用する資産の減価償却費については、合理的な基準に基づき、各会計単位又は経理区分に按分します（日本公認会計士協会近畿会「社会福祉法人の計算書類作成上のチェックポイント NO.1」（平成15年3月））。

　また、表中⑦の基本金については、基本金として計上する額として「留意事項14」において次のように規定されています。

【図表 2-1-5　基本金計上額】

基本金とする寄附金	規定等	基本金として計上する額
社会福祉法人の設立並びに施設の創設及び増築等のために基本財産等を取得すべきものとして指定された寄附金の額	運用上の取扱い第11(1)	土地、施設の創設、増築、増改築における増築分、拡張における面積増加分及び施設の創設及び増築時等における初度設備整備、非常通報装置設備整備、屋内消火栓設備整備等の基本財産等の取得に係る寄附金の額（設備の更新、改築等にあたっての寄附金は基本金としない）
資産の取得等に係る借入金の元金償還に充てるものとして指定された寄附金の額	運用上の取扱い第11(2)	施設の創設及び増築等のために基本財産等を取得するにあたって、借入金が生じた場合にその借入金の返済を目的として収受した寄附金の総額
施設の創設及び増築時等に運転資金に充てるために収受した寄附金の額	運用上の取扱い第11(3)	「社会福祉法人の認可について」別紙　社会福祉法人審査要領第2(3)に規定する当該法人の年間事業費の12分の1以上に相当する寄附金の額及び増築等の際に運転資金に充てるために収受した寄附金の額

　法人単位貸借対照表、貸借対照表内訳表、事業区分貸借対照表及び拠点区分貸借対照表の全てにおいて、「留意事項」別添3に記載されている中区分の勘定科目を用いて作成することが規定されています。

　事業区分貸借対照表及び拠点区分貸借対照表の様式は、次のとおりです。

【図表 2-1-6　事業区分別の貸借対照表様式】

貸借対照表内訳表						
令和○年○月○日現在						
勘定科目	社会福祉事業	公共事業	収益事業	合計	内部取引消去	法人全体
資産の部						
流動資産 　現金預金 　…						

【図表 2-1-7　拠点区分別の貸借対照表様式】

貸借対照表内訳表							
令和○年○月○日現在							
勘定科目	本部	保育園	学童クラブ	…	合計	内部取引消去	法人全体
資産の部							
流動資産 　現金預金 　…							

（3）事業活動計算書

　事業活動計算書は、当該会計年度における純資産の全ての増減内容を表したもので、サービス活動増減の部、サービス活動外増減の部、特別増減の部及び繰越活動増減差額の部に区分します（会計基準19、21）。

　サービス活動増減の部には、サービス活動による収益及び費用を記載し、サービス活動増減差額を記載します。続いて、サービス活動外増減の部には、受取利息配当金、支払利息、有価証券売却損益並びにその他サー

ビス活動以外の原因による収益及び費用であって経常的に発生するものを記載します。さらに、特別増減の部には、寄附金、国庫補助金等の収益、固定資産売却等に係る損益、事業区分間又は拠点区分間の繰入れ及びその他の臨時的な損益を記載した後に、基本金の繰入額、国庫補助金等特別積立金の積立額を減算して、特別増減差額を記載します。

　また、事業活動計算書は、法人単位事業活動計算書、事業活動内訳表、事業区分事業活動内訳表及び拠点区分事業活動計算書の4種類で構成されます。法人単位事業活動計算書は法人全体の事業活動の情報を、拠点区分事業活動計算書は拠点ごとの事業活動の情報を表示します。そして、法人単位事業活動計算書の事業別の内訳が事業活動内訳表に、また、事業活動内訳表の各事業における拠点別の内訳が事業区分事業活動内訳表になります。なお、事業活動計算書を構成する計算書及び内訳表は次のとおりです。

【図表2-1-8　法人単位事業活動計算書】

法人単位事業活動計算書
(自) 令和○年○月○日　 (至) 令和○年○月○日

		勘定科目	当年度決算	前年度決算	増減
サービス活動増減の部	収益	介護保険事業収益			
		老人福祉事業収益			
		児童福祉事業収益			
		保育事業収益			
		○○事業収益			
		経常経費寄附金収益			
		その他の収益			
		サービス活動収益計			
	費用	人件費			
		事業費			
		事務費			
		○○事業費用			
		利用者負担軽減額			
		減価償却費			

	国庫補助金等特別積立金取崩額			
	徴収不能額			
	その他の費用			
	サービス活動費用計			
繰越活動増減差額の部	前期繰越活動増減差額			
	当期末繰越活動増減差額			
	基本金取崩額			
	その他の積立金取崩額			
	その他の積立金積立額			
	次期繰越活動増減差額			

【図表 2-1-9　事業活動内訳表】

事業活動内訳表

（自）令和○年○月○日　（至）令和○年○月○日

（単位：円）

		勘定科目	社会福祉事業	公益事業	収益事業	合計	内部取引消去	法人合計
サービス活動増減の部	収益	介護保険事業収益						
		老人福祉事業収益						
		児童福祉事業収益						
		保育事業収益						
		○○事業収益						
		…						
		経常経費寄附金収益						
		その他の収益						
		サービス活動収益計（1）						
	費用	人件費						
		事業費						
		事務費						
		○○事業費用						
		利用者負担軽減額						
		減価償却費						
		国庫補助金等特別積立金取崩額						

		徴収不能額						
		その他の費用						
		サービス活動費用計（2）						
	サービス活動増減差額（3）＝（1）－（2）							
サービス活動外増減の部	収益							
	費用							
	サービス活動外増減差額							
経常増減差額								
特別増減の部	収益							
	費用							
	特別増減差額							
当期活動増減差額								
繰越活動増減差額の部	前期繰越活動増減差額							
	当期末繰越活動増減差額							
	基本金取崩額							
	その他の積立金取崩額							
	その他の積立金積立額							
	次期繰越活動増減差額							

【図表 2-1-10　事業区分事業活動内訳表】

(何) 事業区分　事業活動内訳表

(自) 令和○年○月○日　(至) 令和○年○月○日

勘定科目		(何) 拠点	(何) 拠点	(何) 拠点	合計	内部取引消去	事業区分合計
サービス活動増減の部	収益	介護保険事業収益 老人福祉事業収益 児童福祉事業収益 保育事業収益 就労支援事業収益 障害福祉サービス等 事業収益 その他の収益					
		サービス活動収益計					
	費用	人件費 事業費 事務費 就労支援事業費用 利用者負担軽減額 減価償却費 その他の費用					
		サービス活動費用計					

【図表 2-1-11　拠点区分事業活動計算書】

(何) 拠点区分　事業活動計算書

(自) 令和○年○月○日　(至) 令和○年○月○日

(単位：円)

勘定科目		当年度決算 (A)	前年度決算 (B)	増減 (A) − (B)
サービス活動増減の部	収益	保育事業収益 　施設型給付費収益 　　施設型給付費収益 　　利用者負担金収益 　特例施設型給付費収益 　地域型保育給付費収益 　特例地域型保育給付費収益 　委託費収益 　利用者等利用料収益 　私的契約利用料収益 　その他の事業収益 　○○事業収益 　　… 経常経費寄附金収益			

	その他の収益			
	サービス活動収益計（1）			
費用	人件費 　役員報酬 　… 事業費 　給食費 　… 事務費 　福利厚生費 　… 〇〇事業費用 利用者負担軽減額 減価償却費 国庫補助金等特別積立金取崩額 徴収不能額 その他の費用			
	サービス活動費用計（2）			
サービス活動増減差額（3）＝(1)－(2)				

　ここで、法人単位事業活動計算書、事業活動内訳表及び事業区分事業活動内訳表の勘定科目については、「留意事項」別添 3 に定める大区分の勘定科目を用いて作成することとなります。

　一方、拠点区分事業活動計算書については、勘定科目として「留意事項」別添 3 の小区分まで記載することとされています。たとえば、保育事業収益については次のとおりに区分した勘定科目を用いて作成する必要があります。

【図表 2-1-12　保育事業収益】

大区分	中区分	小区分
保育事業収益	施設型給付費収益	施設型給付費収益
		利用者負担金収益
	特例施設型給付費収益	特例施設型給付費収益
		利用者負担金収益

地域型保育給付費収益	地域型保育給付費収益
	利用者負担金収益
特例地域型保育給付費収益	特例地域型保育給付費収益
	利用者負担金収益
委託費収益	
利用者等利用料収益	利用者等利用料収益（公費）
	利用者等利用料収益（一般）
私的契約利用料収益	
その他の事業収益	補助金事業収益（公費）
	補助金事業収益（一般）
	受託事業収益（公費）
	受託事業収益（一般）
	その他の事業収益

　これら保育事業収益に係る勘定科目の内容と、小区分における内容は次のとおりです。

【図表 2-1-13　拠点区分事業活動計算書における勘定科目とその内容】

勘定科目	内容
① 施設型給付費収益、特例施設型給付費収益、地域型保育給付費収益及び特例地域型保育給付費収益	施設型給付費収益は認定こども園、幼稚園及び公立の保育所においてサービス提供が行われた場合の収益、特例施設型給付費収益は、施設型給付費収益のうち、特例で設置された施設でサービス提供が行われた場合の収益をいいます。市町村の認可事業として行われる小規模保育事業、家庭的保育事業、居宅訪問型保育事業又は事業所内保育事業についての地域型保育給付費にかかわる収益については、「地域型保育給付費収益」勘定で、地域型保育のうち特例によって行われた事業にかかわる収益については「特例地域型保育給付費収益」勘定を用いてそれぞれ計上します。
② 委託費収益	委託費収益は、市町村等から私立認可保育所に対して支払われる保育の実施等に関して発生する運営費収益のことをいいます。
③ 利用者等利用料収益	利用者が支払うべき日用品、文房具等の購入に要する費用等にかかわる収益のことをいいますが、公費が負担するものと利用者が負担するものに区分されます。
④ 私的契約利用料収益	保育料として保育所等における私的契約に基づく利用料収益のことをいいます。
⑤ 補助金事業収益	保育所等に関連する事業において、地方公共団体等から受けた補助金を計上します。

　市町村からの施設型給付、地域型保育給付について、公立保育所が受領した場合には、施設型給付費収益又は地域型保育給付費収益として計上しますが、私立保育所が受領した場合には、委託費収益として計上します。なお、私立保育所における利用者負担分は、市町村が徴収し、公費負担分と合わせて給付するため、委託費収益として計上されます。また、施設型給付費収益、特例施設型給付費収益、地域型保育給付費収益及び特例地域型保育給付費収益は、確実に学校教育・保育に要する費用に充当されるように、施設又は事業が市町村から法定代理受領する仕組みとなっています。給付される金額は、「内閣総理大臣が定める基準により算定した費用の額」（公定価格）から「政令で定める額を限度として市町村が定める額」（利用者負担）を控除した額となっています。

（4）資金収支計算書

　資金収支計算書は、当該会計年度における全ての支払資金の増加及び減少の状況を表している計算書類です。また、資金収支計算書は、法人単位資金収支計算書、資金収支内訳表、事業区分資金収支内訳表及び拠点区分資金収支計算書の4種類で構成されます。法人単位資金収支計算書は法人全体の資金収支の情報を、拠点区分資金収支計算書は拠点ごとの資金収支の情報を表示します。そして、法人単位資金収支計算書の事業別の内訳が資金収支内訳表に、また、資金収支内訳表の各事業における拠点別の内訳が事業区分資金収支内訳表になります。なお、資金収支計算書を構成する計算書及び内訳表は次のとおりです。

【図表 2-1-14　法人単位資金収支計算書】

法人単位資金収支計算書
(自) 令和○年 4 月 1 日　(至) 令和△年 3 月31日

		勘定科目	予算 (A)	決算 (B)	差異 (A) − (B)	備考
事業活動による収支	収入	介護保険事業収入				
		借入金利息補助金収入				
		経常経費寄附金収入				
		受取利息配当金収入				
		その他の収入				
		事業活動収入計				
	支出	人件費支出				
		事業費支出				
		事務費支出				
		利用者負担軽減額				
		支払利息支出				
		その他の収入支出				
		事業活動支出計				
		事業活動資金収支差額				
当期資金収支差額合計						

【図表 2-1-15　資金収支内訳表】

資金収支内訳表
(自) 令和○年○月○日　(至) 令和○年○月○日

		勘定科目	社会福祉事業	公益事業	収益事業	合計	内部取引消去	法人合計
事業活動による収支	収入	介護保険事業収入 老人福祉事業収入 保育事業収入 借入金経費副金 経常経費寄附金収入 受取利息配当金収入 その他の収入						
		事業活動収入計						

支出	人件費支出 事業費支出 事務費支出 その他の支出 流動資産評価損等に よる資金減少額						
	事業活動支出計						

【図表 2-1-16　事業区分資金収支内訳表】

（何）事業区分　資金収支内訳表
（自）令和○年○月○日　（至）令和○年○月○日

（単位：円）

勘定科目			（何）拠点	（何）拠点	（何）拠点	合計	内部取引 消去	事業区分 合計
事業活動による収支	収入	介護保険事業収入 老人福祉事業収入 児童福祉事業収入 保育事業収入 就労支援事業収入 障害福祉サービス等 事業収入 その他の収入						
		事業活動収入計（1）						
	支出	人件費支出 事業費支出 事務費支出 就労支援事業支出 利用者負担軽減額 支払利息支出 その他の支出						
		事業活動支出計（2）						
	事業活動資金収支差額 （3）＝（1）－（2）							

【図表 2-1-17　拠点区分資金収支計算書】

（何）拠点区分　資金収支計算書

（自）令和○年○月○日　（至）令和○年○月○日

（単位：円）

勘定科目		予算（A）	予算（B）	差異（A）−（B）	備考
事業活動による収支	収入	介護保険事業収入 老人福祉事業収入 児童福祉事業収入 保育事業収入 　施設型給付費収入 　　施設型給付費収入 　　利用者負担金収入 　特例施設型給付費収入 　　特例施設型給付費収入 　　利用者負担金収入 　地域型保育給付費収入 　特例地域型保育給付費収入 　委託費収入 　利用者等利用料収入 　私的契約利用料収入 　その他の事業収入 就労支援事業収入 　　… その他の収入 流動資産評価益等による資金増加額				
		事業活動収入計（1）			
	支出	人件費支出 事業費支出 事務費支出 就労支援事業支出 　　… その他の支出 流動資産評価損等による資金減少額				
		事業活動支出計（2）			
	事業活動資金収支差額（3）＝（1）−（2）				

　法人単位資金収支計算書、資金収支内訳表及び事業区分資金収支内訳表の勘定科目については、「留意事項」別添３に定める大区分の勘定科目を

用いて作成します。

　一方、拠点区分資金収支計算書については、「留意事項」別添3の小区分まで記載することとされており、例えば、収益については次のように区分した勘定科目を用いて作成する必要があります。

【図表 2-1-18　保育事業収入】

大区分	中区分	小区分
保育事業収入	施設型給付費収入	施設型給付費収入
		利用者負担金収入
	特例施設型給付費収入	特例施設型給付費収入
		利用者負担金収入
	地域型保育給付費収入	地域型保育給付費収入
		利用者負担金収入
	特例地域型保育給付費収入	特例地域型保育給付費収入
		利用者負担金収入
	委託費収入	
	利用者等利用料収入	利用者等利用料収入（公費）
		利用者等利用料収入（一般）
		その他の利用料収入
	私的契約利用料収入	
	その他の事業収入	補助金事業収入（公費）
		補助金事業収入（一般）
		受託事業収入（公費）
		受託事業収入（一般）
		その他の事業収入

（5）注記

　注記は、計算書類を作成するにあたって採用した会計方針や当該会計年度末日後に発生した事象で翌会計年度以後の社会福祉法人の財政及び活動の状況に影響を及ぼすもの（いわゆる「後発事象」）など計算書類の付加的な情報を提供することが要求されています（会計基準29）。具体的には以下のとおりです（運用上の取扱い25）。

【図表2-1-19　注記　法人全体】

1．継続事業の前提に関する注記	9．有形固定資産の取得価額、減価償却累計額及び当期末残高
2．重要な会計方針	10．債権額、徴収不能引当金の当期末残高、債権の当期末残高
3．重要な会計方針の変更	11．満期保有目的の債券の内訳並びに帳簿価額、時価及び評価損益
4．法人で採用する退職給付制度	12．関連当事者との取引の内容
5．法人が作成する計算書類並びに拠点区分及びサービス区分	13．重要な偶発債務
6．基本財産の増減の内容及び金額	14．重要な後発事象
7．基本金又は固定資産の売却若しくは処分に係る国庫補助金等特別積立金の取崩し	15．合併及び事業の譲渡若しくは事業の譲受け
8．担保に供している資産	16．その他社会福祉法人の資金収支及び純資産増減の状況並びに資産、負債及び純資産の状態を明らかにするために必要な事項

（6）附属明細書

　当該会計年度における資金収支計算書、事業活動計算書及び貸借対照表の状況を記載した附属明細書を作成する必要があります。附属明細書は、法人全体及び拠点区分別でそれぞれ作成することとなりますが、その様式については、「運用上の取扱い」別紙3に記載されています。

【図表2-1-20　附属明細書　法人全体】

別紙3	（①）	借入金明細書
	（②）	寄附金収益明細書
	（③）	補助金事業等収益明細書
	（④）	事業区分間及び拠点区分間繰入金明細書
	（⑤）	事業区分間及び拠点区分間貸付金（借入金）残高明細書
	（⑥）	基本金明細書
	（⑦）	国庫補助金等特別積立金明細書

【図表 2-1-21　附属明細書　拠点区分別】

別紙 3	⑧	基本財産及びその他の固定資産（有形・無形固定資産）の明細書
	⑨	引当金明細書
	⑩	拠点区分資金収支明細書
	⑪	拠点区分事業活動明細書
	⑫	積立金・積立資産明細書
	⑬	サービス区分間繰入金明細書
	⑭	サービス区分間貸付金（借入金）残高明細書

　このうち、子どものための教育・保育給付費、措置費による事業を実施する拠点については、拠点区分資金収支明細書を作成することで拠点区分事業活動明細書の作成は省略できます。また、サービス区分が 1 つの拠点区分は拠点区分資金収支明細書及び拠点区分事業活動明細書の作成は省略できます。この場合には、計算書類に対する拠点区分用の注記「4．拠点が作成する計算書類とサービス区分」にその旨を記載する必要があります（運用上の取扱い26（2）ウ）。

（7）財産目録

　財産目録には、当該会計年度末現在における法人全体の資産及び負債について、その名称、数量、金額等を詳細に表示する必要があります（会計基準31）。その作成の様式は、「運用上の取扱い」別紙 4 に例示されています。

【図表 2-1-22　財産目録】

貸借対照表科目	場所・物量等	取得年度	使用目的等	取得価額	減価償却累計額	貸借対照表価額
I　資産の部						
1　流動資産						

┃ 3　留意事項

　社会福祉法人の会計処理において特に注意する必要がある事項は次のとおりです。

（1）支払資金について

① 支払資金について

　社会福祉法人会計の特徴として支払資金勘定があげられます。支払資金は、会計基準第13条第1項において、次のとおり規定されています。

> 　支払資金は、流動資産及び流動負債（経常的な取引以外の取引によって生じた債権又は債務のうち貸借対照表日の翌日から起算して1年以内に入金又は支払の期限が到来するものとして固定資産又は固定負債から振り替えられた流動資産又は流動負債、引当金及び棚卸資産（貯蔵品を除く。）を除く。）とし、支払資金残高は、当該流動資産と流動負債との差額とする。

　また、会計基準第14条第1項において、「資金収支計算は、当該会計年度における支払資金の増加及び減少に基づいて行うものとする。」と規定されています。

② 支払資金勘定使用の意義（一取引二仕訳）

　社会福祉法人においては、計算書類として資金収支計算書、事業活動計算書及び貸借対照表の3つを作成することとなります。資産、負債及び純資産が増減する1つの取引において支払資金の増減が伴う場合、複式簿記の仕訳に加えて支払資金の増減を計上するための仕訳を起こすことで、それぞれの計算書類の数値を関連づけることができるようになります。1つの取引について、通常の複式簿記の仕訳と支払資金関係の仕訳の2つの仕訳をきることから「一取引二仕訳」といいます。支払資金の増加・減少を

伴わない取引においては資金収支計算書に影響を与えないため、一取引二仕訳にはなりません。この一取引二仕訳となる事例としては、次のような取引があります。

【図表 2-1-23　資産の購入取引】

法人用で利用するために送迎用バスを10,000,000円で購入し、現金で支払った。			
（借方）		（貸方）	（単位：円）
車輌運搬具	10,000,000	現金	10,000,000
車輌運搬具取得支出	10,000,000	支払資金	10,000,000

【図表 2-1-24　費用の発生取引】

消耗品を90,000円で購入し、現金で支払った。			
（借方）		（貸方）	（単位：円）
消耗品費	90,000	現金	90,000
消耗品費支出	90,000	支払資金	90,000

　上記の両取引は流動資産、流動負債の増加・減少を伴う取引であるため、一取引二仕訳となります。

　一方、一取引二仕訳とならない事例として、流動資産、流動負債ではなく、固定資産、固定負債の増加・減少を伴う取引があります。例えば次のような取引があります。

【図表 2-1-25　非資金取引】

購入した車輌運搬具について減価償却費1,800,000円を計上した。			
（借方）		（貸方）	（単位：円）
減価償却費	1,800,000	車輌運搬具減価償却累計額	1,800,000

【図表 2-1-26　未払金の支払】

未払金90,000円を支払った。			
（借方）		（貸方）	（単位：円）
未払金	90,000	現金	90,000

　なお、実務上は、減価償却費等の特定の科目を除き、事業活動計算書と資金収支計算書に共通する科目については、会計ソフトで「一取引一仕

訳」により自動で転記されます。

（2）引当金について

引当金について、会計基準上では、「会計年度の末日において、将来の費用の発生に備えて、その合理的な見積額のうち当該会計年度の負担に属する金額を費用として繰り入れることにより計上した額を付さなければならない」（会計基準5②）とされており、保育事業を行う際においても、賞与引当金、退職給付引当金や役員退職慰労引当金等が引当金として計上される可能性があります。

その他、会計年度の末日における事業未収金について、徴収不能が生じると合理的に見積もることができる場合には、徴収不能引当金を設定します。

保育所では、保育所利用者に対する事業未収金は徴収不能になる可能性があるため、徴収不能引当金の対象となります。一方、施設型給付費収益、委託費収益から生じる自治体などに対する事業未収金については、一般的に徴収不能となる可能性は低く、引当金の設定対象とすることは少ないと思われます。

（3）保育種別における収益の会計処理について

保育事業では、収益を以下のように区分しています（「留意事項」別添3）。

間違えやすい項目としては、延長保育や、延長保育の保育所利用者から直接収受している利用料が挙げられます。これらは、「補助金事業収入」として会計処理を行う場合と「受託事業収入」として会計処理を行う場合の2通りが考えられます。例えば、財源が国からの補助金であることから、補助金事業収入として計上する場合もあれば、市町村からの受託事業として受託事業収入とする場合もあります。どちらにあたるのかは、市町村からの書類等を確認のうえ判断してください。

【図表 2-1-27　保育事業の収益の区分】

大区分	中区分	小区分	説明
保育事業収入	施設型給付費収入	施設型給付費収入	施設型給付費の代理受領分をいう。
		利用者負担金収入	施設型給付費における利用者等からの利用者負担金（保育料）収入をいう。
	特例施設型給付費収入	特例施設型給付費収入	特例施設型給付費の代理受領分をいう。
		利用者負担金収入	特例施設型給付費における利用者等からの利用者負担金（保育料）収入をいう。
	地域型保育給付費収入	地域型保育給付費収入	地域型保育給付費の代理受領分をいう。
		利用者負担金収入	地域型保育給付費における利用者等からの利用者負担金（保育料）収入をいう。
	特例地域型保育給付費収入	特例地域型保育給付費収入	特例地域型保育給付費の代理受領分をいう。
		利用者負担金収入	特例地域型保育給付費における利用者等からの利用者負担金（保育料）収入をいう。
	委託費収入		子ども・子育て支援法附則 6 条に規定する委託費収入（私立認可保育所における保育の実施等に関する運営費収入）をいう。
	利用者等利用料収入	利用者等利用料収入（公費）	実費徴収額（保護者が支払うべき日用品、文房具等の購入に要する費用又は行事への参加に要する費用等）にかかる補足給付収入をいう。
		利用者等利用料収入（一般）	実費徴収額（保護者が支払うべき日用品、文房具等の購入に要する費用又は行事への参加に要する費用等）のうち補足給付収入以外の収入をいう。
		その他の利用料収入	特定負担額（教育・保育の質の向上を図る上で特に必要であると認められる対価）など上記に属さない利用者からの収入をいう。
	私的契約利用料収入		保育所等における私的契約に基づく利用料収入をいう。
	その他の事業収入	補助金事業収入（公費）	保育所等に関連する事業に対して、国及び地方公共団体から交付される補助金事業に係る収入をいう。
		補助金事業収入（一般）	保育所等に関連する事業に対して、国及び地方公共団体以外から交付される補助金事業に係る収入をいう（共同募金からの配分金（受配者指定寄附金を除く）及び助成金を含む）。保育所等に関連する補助金事業に係る利用者からの収入も含む。

		受託事業収入（公費）	保育所等に関連する、地方公共団体から委託された事業に係る収入をいう。
		受託事業収入（一般）	保育所等に関連する、受託事業に係る利用者からの収入をいう。
		その他の事業収入	上記に属さないその他の事業収入をいう。

第2節　株式会社の会計

POINT
・適用される会計基準
・株式会社が作成する計算書類等
・留意事項

　保育所は設置主体の制限が2000年に緩和されたことにより、社会福祉法人、学校法人、NPO法人等の非営利法人のほかに営利法人である株式会社も設置することが可能になりました。

　なお、保育事業を運営する株式会社の会計においては、保育事業を行っていない他の営利法人と同様、企業会計原則等の一般に公正妥当と認められる会計基準に基づいて会計処理が行われます。

1　適用される会計基準

　日本の会計は、一般に公正妥当と認められる「公正なる会計慣行」を規範としています。「公正なる会計慣行」とは、1949年（昭和24年）に定められた「企業会計原則」を中心とし、以後、経済・社会の変化にあわせて設定してきた会計基準と、2001年（平成13年）以降、企業会計基準委員会が設定してきた会計基準を合わせたものを指します。企業会計の基準は、これらの基準に準拠して作成されています。実際には、会社法、会社法施行規則及び会社計算規則等により計算書類を作成します。会社法下においては、法人への出資者は出資額を限度として責任を負うこととなります（会社法104）。

2　株式会社が作成する計算書類

　株式会社は、会社法において、会計帳簿の閉鎖の時から10年間、その会計帳簿及びその事業に関する重要な資料を保存しなければならないと規定されています（会社法432②）。また、各事業年度に係る計算書類（貸借対照表、損益計算書その他株式会社の財産及び損益の状況を示すために必要かつ適当なものとして法務省令で定めるもの）及び事業報告並びにこれらの附属明細書を作成しなければならないと規定されています（会社法435）。当該計算書類、事業報告及び附属明細書についても、計算書類を作成した時から10年間保存しなければなりません（会社法435④）。

　貸借対照表、損益計算書及び株主資本等変動計算書の作成例は次のとおりです。

【図表2-2-1　貸借対照表】

	貸借対照表	
	令和×年××月××日　現在	
資産の部		
流動資産		××
固定資産		××
繰延資産		××
資産合計		××
負債の部		
流動負債	××	
固定負債	××	
負債の部		××
純資産の部		
株主資本	××	
評価・換算差額等	××	
新株予約権	××	
純資産の部		××
負債・純資産合計		××

【図表 2-2-2　損益計算書】

損益計算書

自　令和×年×月×日
至　令和○年○月○日

売上高	××	
売上原価	××	
売上総利益（又は売上総損失）		××
販売費及び一般管理費		××
営業利益		××
営業外収益	××	
営業外費用	××	
経常利益		××
特別利益	××	
特別損失	××	
税引前当期純損益		××
法人税、住民税及び事業税	××	
法人税等調整額	××	××
当期純損益		××

【図表 2-2-3　株主資本等変動計算書】

株主資本等変動計算書

自　令和　　　年　　　月　　　日
至　令和　　　年　　　月　　　日

(単位：　　)

	株　主　資　本									自己株式	株主資本合計
	資本金	資　本　剰　余　金			利　益　剰　余　金						
		資本準備金	その他資本剰余金	資本剰余金合計	利益準備金	その他利益剰余金		利益剰余金合計			
						積立金	繰越利益剰余金				
当期首残高										△	
当期変動額											
新株の発行											
剰余金の配当					△		△				△
当期純利益											
自己株式の処分											
○○○○											
株主資本以外の項目の当期変動額（純額）											
当期変動額合計											
当期末残高										△	

（単位：　）

| | 評価・換算差額等 | | | | 新株予約権 | 純資産合計 |
	その他有価証券評価差額金	繰越ヘッジ損益	土地再評価差額金	評価・換算差額等合計		
当期首残高						
当期変動額						
新株の発行						
剰余金の配当						
当期純利益						
自己株式の処分						
○○○○						
株主資本以外の項目の当期変動額（純額）						
当期変動額合計						
当期末残高						

　また、会社法では、個別注記表として次の項目を記載することが規定されています（会社計算規則98）。

【図表 2-2-4　個別注記表】

1．　継続企業の前提に関する注記
2．　重要な会計方針に係る事項に関する注記
3．　会計方針の変更に関する注記
4．　表示方法の変更に関する注記
4の2．　会計上の見積りに関する注記
5．　会計上の見積りの変更に関する注記
6．　誤謬の訂正に関する注記
7．　貸借対照表などに関する注記
8．　損益計算書に関する注記
9．　株主資本等変動計算書に関する注記
10．　税効果会計に関する注記
11．　リースにより使用する固定資産に関する注記
12．　金融商品に関する注記
13．　賃貸等不動産に関する注記
14．　持分法損益等に関する注記
15．　関連当事者との取引に関する注記

16．　1株当たり情報に関する注記
17．　重要な後発事象に関する注記
18．　連結配当規制適用会社に関する注記
19．　収益認識に関する注記
20．　その他の注記

　株式会社は、当該事業年度の会社の状況を報告するために事業報告書を作成することが定められています。事業報告で記載する内容は次のとおりです（会社法施行規則118）。なお、公開会社については、その他の事項についても追加的に記載する内容が定められています（会社法施行規則119）。

【図表2-2-5　事業報告】

1．　株式会社の状況に関する重要な事項（計算書類及びその附属明細書並びに連結計算書類の内容となる事項以外のもの）
2．　業務の適正を確保するための体制の整備についての決定又は決議があるときは、その決定又は決議の内容の概要及び当該体制の運用状況の概要
3．　株式会社の財務及び事業の方針の決定を支配する者の在り方に関する基本方針を定めているときは、その概要等
4．　当該株式会社に特定完全子会社がある場合には、当該特定完全子会社の名称及び住所等の事項
5．　当該株式会社とその親会社等との間の取引（当該株式会社と第三者との間の取引で当該株式会社とその親会社等との間の利益が相反するものを含む。）であって、当該株式会社の当該事業年度に係る個別注記表において会社計算規則第112条第1項に規定する注記を要するもの（同項ただし書の規定により同項第4号から第6号まで及び第8号に掲げる事項を省略するものを除く。）があるときの取引等の記載

　会社計算規則第117条において、株式会社は計算書類に係る附属明細書として、貸借対照表、損益計算書、株主資本等変動計算書及び個別注記表の内容を補足する重要な事項を記載した情報の開示が必要となることが規定されています。その作成する明細は次のとおりです。附属明細書の記載にあたっては、会計制度委員会研究報告第9号「計算書類に係る附属明細

書のひな型」にその作成方法、記載上の注意事項等が定められています。

【図表 2-2-6　附属明細書】

1．有形固定資産及び無形固定資産の明細
2．引当金の明細
3．販売費及び一般管理費の明細
4．注記表で関連当事者との取引等の記載を省略した時には、当該事項

3　留意事項

（1）損益計算書関係

① 売上高

　売上高については、保育事業という事業目的に応じた役務提供を行った時点で実現するものと考えられます。したがって、保育事業で提供したサービスの対価として市町村若しくは利用者（保護者）から得られる収益が、売上高として計上されるものと考えられます。

② 売上原価

　売上原価はサービスの提供に紐づけて把握される費用項目です。保育所の運営を主な業とする株式会社においては、地代家賃、減価償却費及び支払手数料等の主な経費に加えて、保育士に係る人件費等も原価として認識します。なお本部に係る人件費は、販売費及び一般管理費になります。

③ 補助金等

　保育所では、市町村等からの補助金や助成金が支給されるケースが多くみられます。補助金は、国や地方自治体等公的な機関から支給され、多くは返済義務がなく、制度の目的に該当することが必要となるものです。補助金支給にあたっては審査が必要であるのに対し、助成金は、支給要件を満たすことで支給がなされます。

　補助金収入及び助成金収入の計上区分は、交付の目的及び事業の目的に

直結するか等を勘案し、売上高若しくは営業外収益に計上されることとなるため、その十分な検討が必要となります。

　例えば、保育士の業務負担軽減を図るために業務の一部を ICT 化した際の費用を一部補助する補助金の交付があった時には、補助金収入を売上に計上します。

　一方、中小企業雇用安定助成金などの費用を補てんするための助成金の交付があった時には、助成金収入を営業外収益として計上します。

（2）貸借対照表関係

補助金等

　地方自治体からの補助金、助成金について、事業年度末までに入金されず、翌事業年度に入金される場合がみられます。この場合には発生基準により計上することが必要となるため、翌事業年度に入金される補助金等については、未収金として計上します。また、設備投資のために支給される国庫補助金については、取得した固定資産を圧縮記帳し、収益・圧縮損を計上する方法を採用することが可能となります。

　税法上の規定である圧縮記帳には、損金経理により帳簿価額を減額する直接減額方式と、確定した決算において積立金として積み立てる方法及び決算の確定の日までに剰余金の処分により積立金として積み立てる方法である積立金方式があります。会計上は、税法上と同様、積立金方式だけでなく、直接減額方式も認められています。

第3節　学校法人の会計

POINT
・適用される会計基準
・保育事業を行う学校法人が作成する計算書類

1　適用される会計基準

　2000年（平成12年）3月30日に厚生労働省が通知した「保育所の設置認可等について」（児発第295号）を受け、学校法人においても保育所の運営が認められるようになりました。その後、2015年（平成27年）4月からの「子ども・子育て支援新制度」（以下、「新制度」といいます。）の始まりを受けて、学校法人が運営する保育所は、①保育所のまま新制度へ移行する、②幼保連携型認定こども園へ移行する、③保育所型認定こども園へ移行するという3つの形態のいずれかを選択することになりました。

　この節では、主に学校法人会計を適用している認定こども園（幼保連携型・保育所型）の会計について説明します。

2　保育事業を行う学校法人が作成する計算書類

　学校法人は、法人組織・会計・補助金等についての規律として学校法人の設立、管理運営等を規定している「私立学校法」又は私立大学の経常的経費の補助等を規定している「私立学校振興助成法」に基づき計算書類を作成します。

　私立学校法では、第47条第1項において、学校法人は、毎会計年度終了後2か月以内に財産目録、貸借対照表、収支計算書及び事業報告書を作成しなければならないことを規定しています。また、私立学校振興助成法では、第14条第1項において、経常的経費に対する補助金の交付を受ける学

校法人については、文部科学大臣の定める基準に従い、会計処理を行い、貸借対照表、収支計算書その他の財務計算に関する書類を作成しなければならないことを規定しています。つまり、計算書類の作成においては、認定こども園のうち経常的経費に対する補助金の交付を受ける学校法人には私立学校振興助成法が適用され、補助金の交付を受けない認定こども園には私立学校法が適用されるということです。

　その結果、私立学校振興助成法の適用を受ける学校法人は「学校法人会

コラム　**認定こども園について**

　認定こども園には、幼保連携型、幼稚園型、保育所型、地方裁量型の4タイプがありますが、認定こども園に適用される会計基準は、その運営母体の法人種別によって異なります。例えば、社会福祉法人が運営する幼保連携型認定こども園では、社会福祉法人会計基準を基に計算書類が作成されます。

　つまり、学校法人が運営する施設や事業においては「学校法人会計基準」、社会福祉法人が運営する施設や事業では「社会福祉法人会計基準」、株式会社が運営する施設や事業では「企業会計基準」が適用されます。

　NPO法人、財団法人、社団法人などが運営する場合においても、それぞれの会計基準によって会計処理を行っても差し支えありません。

　ただし、個人立や宗教法人立の幼稚園等において公的な会計基準が設けられていない施設が施設型給付費を受ける場合には、「学校法人会計基準」に準じた会計基準が適用されます。

計基準」に則り、会計処理を行い、計算書類を作成しなければなりません
が、それ以外の学校法人については、私立学校法施行規則第4条の4で
「一般に公正妥当と認められる学校法人会計の基準その他の学校法人会計
の慣行に従つて行わなければならない」と規定されているのみで、それ以
外の特段の定めは記載されていません。しかし、補助金の交付を受ける学
校法人以外においても、「学校法人会計基準」に則り会計処理を行い、計
算書類を作成することが望まれます。

【図表2-3-1　法律と会計基準との関係】

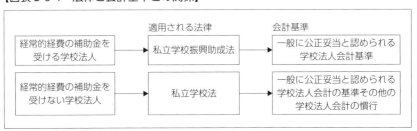

従来、保育所は「保育所の設置認可等について」（児発第295号　平成12
年3月30日）通知に従い社会福祉法人会計基準による資金収支計算書等の
作成か、それに代えて、資金収支計算分析表の作成が必要とされていまし
たが、同通知の改正（「「保育所の設置認可等について」の一部改正につい
て」雇児発1212第5号　平成26年12月12日）により作成の必要はなくなり
ました。そのため現在は、学校法人が保育所を設置した場合は、学校法人
会計基準に基づく計算書類のほか、社会福祉法人会計基準による計算書類
を作成する必要はありません。ただし、積立金・積立資産明細書について
は作成し所轄の都道府県知事に提出する必要があることは従前と変わりは
ありません。

【図表 2-3-2　学校法人会計基準における財務 3 表】

（1）資金収支計算書
　　　資金収支内訳表
　　　人件費支出内訳表
　　　活動区分資金収支計算書
（2）事業活動収支計算書
　　　事業活動収支内訳表
（3）貸借対照表
　　　固定資産明細表
　　　借入金明細表
　　　基本金明細表
【保育所を設置した者が追加で作成を要する書類】
　　　積立金・積立資産明細書

（1）資金収支計算書

　資金収支計算書は、当該会計年度の諸活動に対応する全ての収入及び支出の内容並びに、当該会計年度における支払資金（現金預金）の収入及び支出の顛末を明らかにするために作成する書類です。この書類を作成することにより、補助金の適正な配分と効果を可視化することが可能となります。

（2）事業活動収支計算書

　事業活動収支計算書は、当該会計年度の活動に対応する事業活動収入及び事業活動支出の内容及び基本金組入後の均衡の状態を明らかにするために作成する書類です。企業会計でいえば損益計算書に相当する書類ですが、学校法人会計では、営利目的ではなく、収支均衡と永続性を目的として作成します。大まかに、事業活動収入が「帰属収入」であり、事業活動支出が「消費支出」となっています。

（3）貸借対照表

　貸借対照表は、当該会計年度末の財政状態（運用形態と調達源泉）を明らかにするために作成されます。つまり、年度末における学校法人の財政状態を明らかにすることが目的です。

（4）各書類の体系図

　企業会計と対比させた学校法人会計の体系は以下のとおりです。

【図表 2-3-3　企業会計と学校法人会計の体系図】

【学校法人会計】	【企業会計（財務諸表の概要）】
資金収支計算書	キャッシュ・フロー計算書
資金収支内訳表	
人件費支出内訳表	
活動区分資金収支計算書	
事業活動収支計算書	損益計算書
事業活動収支内訳表	
貸借対照表	貸借対照表
固定資産明細表	
借入金明細表	
基本金明細表	
第2号基本金の組入れに係る計画表	
第3号基本金の組入れに係る計画表	
該当なし	株主資本等変動計算書

（「学校法人会計基準について」文部科学省高等教育局私学部参事官付　平成29年8月28日を加工して作成）

（5）勘定科目

　学校法人会計基準では、各計算書類について、以下のとおり勘定科目を設定しています。

① 資金収支計算書

　資金収支計算書においては、大科目、小科目を記載します。なお、大科目は、学校法人において任意に設定することが認められませんが、小科目については、適当な科目を追加し、又は細分することができます。さらに、大科目と小科目の間に適当な中科目を設けることができるとされています（学校法人会計基準別表第一）。保育所の場合には、以下のように各大科目に分類します。

【図表2-3-4　資金収支計算書の勘定科目】

収入の部

科目		備考
大科目	小科目	
学生生徒等納付金収入	授業料収入	聴講料、補講料等を含みます。
	入学金収入	
	実験実習料収入	教員資格その他の資格を取得するための実習料を含みます。
	施設設備資金収入	施設拡充費その他施設・設備の拡充等のための資金として徴収する収入をいいます。
手数料収入	入学検定料収入	その会計年度に実施する入学試験のために徴収する収入をいいます。
	試験料収入	編入学、追試験等のために徴収する収入をいいます。
	証明手数料収入	在学証明、成績証明等の証明のために徴収する収入をいいます。
寄付金収入		土地、建物等の現物寄付金を除きます。
	特別寄付金収入	用途指定のある寄付金をいいます。
	一般寄付金収入	用途指定のない寄付金をいいます。
補助金収入	国庫補助金収入	日本私立学校振興・共済事業団からの補助金を含みます。
	地方公共団体補助金収入	
資産売却収入		固定資産に含まれない物品の売却収入を除きます。
	施設売却収入	
	設備売却収入	
	有価証券売却収入	

付随事業・収益事業収入	補助活動収入	食堂、売店、寄宿舎等教育活動に付随する活動に係る事業の収入をいいます。
	附属事業収入	附属機関（病院、農場、研究所等）の事業の収入をいいます。
	受託事業収入	外部から委託を受けた試験、研究等による収入をいいます。
	収益事業収入	収益事業会計からの繰入収入をいいます。
受取利息・配当金収入	第3号基本金引当特定資産運用収入	第3号基本金引当特定資産の運用により生ずる収入をいいます。
	その他の受取利息・配当金収入	預金、貸付金等の利息、株式の配当金等をいい、第3号基本金引当特定資産運用収入を除きます。
雑収入		施設設備利用料収入、廃品売却収入その他学校法人の負債とならない上記の各収入以外の収入をいいます。
	施設設備利用料収入	
	廃品売却収入	
借入金等収入	長期借入金収入	その期限が貸借対照表日後1年を超えて到来するものをいいます。
	短期借入金収入	その期限が貸借対照表日後1年以内に到来するものをいいます。
	学校債収入	
前受金収入		翌年度入学の学生、生徒等に係る学生生徒等納付金収入その他の前受金収入をいいます。
	授業料前受金収入	
	入学金前受金収入	
	実験実習料前受金収入	
	施設設備資金前受金収入	
その他の収入		上記の各収入以外の収入をいいます。
	第2号基本金引当特定資産取崩収入	
	第3号基本金引当特定資産取崩収入	
	（何）引当特定資産取崩収入	
	前期末未収入金収入	前会計年度末における未収入金の当該会計年度における収入をいいます。
	貸付金回収収入	
	預り金受入収入	

支出の部

科目		備考
大科目	小科目	
人件費支出	教員人件費支出	教員（学長、校長又は園長を含みます。以下同じです。）に支給する本俸、期末手当及びその他の手当並びに所定福利費をいいます。
	職員人件費支出	教員以外の職員に支給する本俸、期末手当及びその他の手当並びに所定福利費をいいます。
	役員報酬支出	理事及び監事に支払う報酬をいいます。
	退職金支出	
教育研究経費支出		教育研究のために支出する経費（学生、生徒等を募集するために支出する経費を除きます。）をいいます。
	消耗品費支出	
	光熱水費支出	電気、ガス又は水の供給を受けるために支出する経費をいいます。
	旅費交通費支出	
	奨学費支出	貸与の奨学金を除きます。
管理経費支出	消耗品費支出	
	光熱水費支出	
	旅費交通費支出	
借入金等利息支出	借入金利息支出	
	学校債利息支出	
借入金等返済支出	借入金返済支出	
	学校債返済支出	
施設関係支出		整地費、周旋料等の施設の取得に伴う支出を含みます。
	土地支出	
	建物支出	建物に附属する電気、給排水、暖房等の設備のための支出を含みます。
	構築物支出	プール、競技場、庭園等の土木設備又は工作物のための支出をいいます。
	建設仮勘定支出	建物及び構築物等が完成するまでの支出をいいます。
設備関係支出	教育研究用機器備品支出	標本及び模型の取得のための支出を含みます。
	管理用機器備品支出	
	図書支出	
	車両支出	
	ソフトウエア支出	ソフトウエアに係る支出のうち資産計上されるものをいいます。

	有価証券購入支出	
資産運用支出	第2号基本金引当特定資産繰入支出	
	第3号基本金引当特定資産繰入支出	
	(何) 引当特定資産繰入支出	
	収益事業元入金支出	収益事業に対する元入額の支出をいいます。
その他の支出	貸付金支払支出	収益事業に対する貸付金の支出を含みます。
	手形債務支払支出	
	前期末未払金支払支出	
	預り金支払支出	
	前払金支払支出	

② 事業活動収支計算書

　事業活動収支計算書では、大科目、小科目を記載します。なお、大科目は、学校法人において任意に設定することが認められませんが、小科目については、適当な科目を追加し、又は細分することができます。さらに、大科目と小科目の間に適当な中科目を設けることができるとされています（学校法人会計基準別表第二）。

【図表2-3-5　事業活動収支計算書の勘定科目】

		科目		備考
		大科目	小科目	
教育活動収支	事業活動収入の部	学生生徒等納付金	授業料	聴講料、補講料等を含みます。
			入学金	
			実験実習料	教員資格その他の資格を取得するための実習料を含みます。
			施設設備資金	施設拡充費その他施設・設備の拡充等のための資金として徴収する収入をいいます。
		手数料	入学検定料	その会計年度に実施する入学試験のために徴収する収入をいいます。
			試験料	編入学、追試験等のために徴収する収入をいいます。

			証明手数料	在学証明、成績証明等の証明のために徴収する収入をいいます。
教育活動収支	事業活動収入の部	寄付金	特別寄付金	施設設備寄付金以外の寄付金をいいます。
			一般寄付金	用途指定のない寄付金をいいます。
			現物寄付	施設設備以外の現物資産等の受贈額をいいます。
		経常費等補助金		施設設備補助金以外の補助金をいいます。
			国庫補助金	日本私立学校振興・共済事業団からの補助金を含みます。
			地方公共団体補助金	
		付随事業収入	補助活動収入	食堂、売店、寄宿舎等教育活動に付随する活動に係る事業の収入をいいます。
			附属事業収入	附属機関（病院、農場、研究所等）の事業の収入をいいます。
			受託事業収入	外部から委託を受けた試験、研究等による収入をいいます。
		雑収入		施設設備利用料、廃品売却収入その他学校法人の負債とならない上記の各収入以外の収入をいいます。
			施設設備利用料	
		雑収入	廃品売却収入	売却する物品に帳簿残高がある場合には、売却収入が帳簿残高を超える額をいいます。

		科目		備考
		大科目	小科目	
	事業活動支出の部	人件費	教員人件費	教員（学長、校長又は園長を含みます。以下同じです。）に支給する本俸、期末手当及びその他の手当並びに所定福利費をいいます。
			職員人件費	教員以外の職員に支給する本俸、期末手当及びその他の手当並びに所定福利費をいいます。
			役員報酬	理事及び監事に支払う報酬をいいます。
			退職給与引当金繰入額	
			退職金	退職給与引当金への繰入れが不足していた場合には、当該会計年度における退職金支払額と退職給与引当金計上額との差額を退職金として記載します。

教育活動収支	事業活動支出の部	教育研究経費		教育研究のために支出する経費（学生、生徒等を募集するために支出する経費を除きます。）をいいます。
			消耗品費	
			光熱水費	電気、ガス又は水の供給を受けるために支出する経費をいいます。
			旅費交通費	
			奨学費	貸与の奨学金を除きます。
			減価償却額	教育研究用減価償却資産に係る当該会計年度分の減価償却額をいいます。
		管理経費	消耗品費	
			光熱水費	
			旅費交通費	
			減価償却額	管理用減価償却資産に係る当該会計年度分の減価償却額をいいます。
		徴収不能額等	徴収不能引当金繰入額	
			徴収不能額	徴収不能引当金への繰入れが不足していた場合には、当該会計年度において徴収不能となった金額と徴収不能引当金計上額との差額を徴収不能額として記載します。

		科目		備考
		大科目	小科目	
教育活動外収支	事業活動収入の部	受取利息・配当金	第3号基本金引当特定資産運用収入	第3号基本金引当特定資産の運用により生ずる収入をいいます。
			その他の受取利息・配当金	預金、貸付金等の利息、株式の配当金等をいい、第3号基本金引当特定資産運用収入を除きます。
		その他の教育活動外収入	収益事業収入	収益事業会計からの繰入収入をいいます。

		科目		備考
		大科目	小科目	
	事業活動支出の部	借入金等利息	借入金利息	
			学校債利息	
		その他の教育活動外支出		

科目			備考
大科目	小科目		
事業活動収入の部	資産売却差額		資産売却収入が当該資産の帳簿残高を超える場合のその超過額をいいます。
	その他の特別収入	施設設備寄付金	施設設備の拡充等のための寄付金をいいます。
		現物寄付	施設設備の受贈額をいいます。
		施設設備補助金	施設設備の拡充等のための補助金をいいます。
		過年度修正額	前年度以前に計上した収入又は支出の修正額で当年度の収入となるものをいいます。

科目			備考
大科目	小科目		
事業活動支出の部	資産処分差額		資産の帳簿残高が当該資産の売却収入金額を超える場合のその超過額をいい、除却損又は廃棄損を含みます。
	その他の特別支出	災害損失	
		過年度修正額	前年度以前に計上した収入又は支出の修正額で当年度の支出となるものをいいます。

③ 貸借対照表

　貸借対照表では、大科目、中科目、小科目を記載します。なお、大科目、中科目は、学校法人において任意に設定することは認められませんが、小科目については、適当な科目を追加し、又は細分することができます（学校法人会計基準別表第三）。

【図表2-3-6　貸借対照表の勘定科目】

資産の部

科目			備考
大科目	中科目	小科目	
固定資産	有形固定資産		貸借対照表日後1年を超えて使用される資産をいいます。耐用年数が1年未満になっているものであっても使用中のものを含みます。
		土地	
		建物	建物に附属する電気、給排水、暖房等の設備を含みます。

固定資産	有形固定資産	構築物	プール、競技場、庭園等の土木設備又は工作物をいいます。
		教育研究用機器備品	標本及び模型を含みます。
		管理用機器備品	
		図書	
		車両	
		建設仮勘定	建設中又は製作中の有形固定資産をいい、工事前払金、手付金等を含みます。
	特定資産		使途が特定された預金等をいいます。
		第 2 号基本金引当特定資産	
		第 3 号基本金引当特定資産	
		（何）引当特定資産	
	その他の固定資産	借地権	地上権を含みます。
		電話加入権	専用電話、加入電話等の設備に要する負担金額をいいます。
		施設利用権	
		ソフトウエア	
		有価証券	長期に保有する有価証券をいいます。
		収益事業元入金	収益事業に対する元入額をいいます。
		長期貸付金	その期限が貸借対照表日後 1 年を超えて到来するものをいいます。
流動資産		現金預金	
		未収入金	学生生徒等納付金、補助金等の貸借対照表日における未収額をいいます。
		貯蔵品	減価償却の対象となる長期的な使用資産を除きます。
		短期貸付金	その期限が貸借対照表日後 1 年以内に到来するものをいいます。
		有価証券	一時的に保有する有価証券をいいます。

負債の部

科目		備考
大科目	小科目	
固定負債	長期借入金	その期限が貸借対照表日後1年を超えて到来するものをいいます。
	学校債	同上
	長期未払金	同上
	退職給与引当金	退職給与規程等による計算に基づく退職給与引当額をいいます。
流動負債	短期借入金	その期限が貸借対照表日後1年以内に到来するものをいい、資金借入れのために振り出した手形上の債務を含みます。
	1年以内償還予定学校債	その期限が貸借対照表日後1年以内に到来するものをいいます。
	手形債務	物品の購入のために振り出した手形上の債務に限ります。
	未払金	
	前受金	
	預り金	教職員の源泉所得税、社会保険料等の預り金をいいます。

純資産の部

科目		備考
大科目	小科目	
基本金	第1号基本金	第30条第1項第1号に掲げる額に係る基本金をいいます。
	第2号基本金	第30条第1項第2号に掲げる額に係る基本金をいいます。
	第3号基本金	第30条第1項第3号に掲げる額に係る基本金をいいます。
	第4号基本金	第30条第1項第4号に掲げる額に係る基本金をいいます。
繰越収支差額	翌年度繰越収支差額	

（6）資金収支計算書

　資金収支計算書では、資金の実際の収入及び支出を記録し、計算することで、支払資金の収入及び支出の顛末を明らかにし、それに資金収入及び資金支出の調整処理を行うことによって、当該年度中の活動に対応する収入及び支出を明らかにします。保育所事業を運営する学校法人における作成ポイントとしては、以下のようなことが挙げられます。

① 学生生徒等納付金収入

　毎月の基本保育料として生じる「利用者負担額」は、「基本保育料収入」に算入しますが、毎月の基本保育料に加えて、教育・保育の質の向上を図る上で特に必要であると認められる対価について保護者に負担させる「特定負担額」、また、費用の性質が、教育・保育の対価の場合の「入園料」については、「特定保育料収入」に算入します。

② 手数料収入

　入学の際の検定料は、「入学検定料収入」に算入しますが、費用の性質が、入園やその準備、選考などに係る事務手続に要する費用の対価の場合の入園料は「入学受入準備費収入」に算入します。

③ 補助金収入

　施設型給付を補助金として収受した場合には、「施設型給付費収入」として補助金収入に算入します。

【図表 2-3-7　資金収支計算書　提出様式】

第一号様式（第12条関係）

資　金　収　支　計　算　書

年　　　　月　　　　日から
年　　　　月　　　　日まで

（単位　　円）

収入の部

科目	予算	決算	差異
学生生徒等納付金収入	（　　　　　）	（　　　　　）	（　　　　　）

科目	予算	決算	差異
授業料収入			
入学金収入			
基本保育料収入			
特定保育料収入			
手数料収入	(　　　　　)	(　　　　　)	(　　　　　)
入学検定料収入			
試験料収入			
証明手数料収入			
入学受入準備費収入			
寄付金収入	(　　　　　)	(　　　　　)	(　　　　　)
補助金収入	(　　　　　)	(　　　　　)	(　　　　　)
資産売却収入	(　　　　　)	(　　　　　)	(　　　　　)
付随事業・収益事業収入	(　　　　　)	(　　　　　)	(　　　　　)
受取利息・配当金収入			
雑収入			
借入金等収入	(　　　　　)	(　　　　　)	(　　　　　)
前受金収入	(　　　　　)	(　　　　　)	(　　　　　)
授業料前受金収入			
入学金前受金収入			
その他の収入	(　　　　　)	(　　　　　)	(　　　　　)
資金収入調整勘定	△	△	
期末未収入金	△	△	
前期末前受金	△	△	
前年度繰越支払資金			
収入の部合計			

支出の部

科目	予算	決算	差異
人件費支出	(　　　　　)	(　　　　　)	(　　　　　)
教育研究経費支出	(　　　　　)	(　　　　　)	(　　　　　)
管理経費支出	(　　　　　)	(　　　　　)	(　　　　　)
借入金等利息支出	(　　　　　)	(　　　　　)	(　　　　　)
借入金等返済支出	(　　　　　)	(　　　　　)	(　　　　　)
施設関係支出	(　　　　　)	(　　　　　)	(　　　　　)
資産運用支出	(　　　　　)	(　　　　　)	(　　　　　)

その他の支出	(	)	(	)	(	)
[予備費]	(	)				
資金支出調整勘定	(	)	(	)	(	)
期末未払金	△		△			
前期末前払金	△		△			
翌年度繰越支払資金						
支出の部合計						

（7）事業活動収支計算書

　事業活動収支計算書では、収入と支出を「教育活動収支」、「教育活動外収支」と「特別収支」の3つに分けて記載します。

【図表 2-3-8　事業活動収支計算書　提出様式】

第五号様式（第23条関係）

事 業 活 動 収 支 計 算 書

年　　　月　　　日から
年　　　月　　　日まで

（単位　円）

		科　　目	予　　算	決　　算	差　　異
教育活動収支	事業活動収入の部	学生生徒等納付金			
		手数料			
		寄付金			
		付随事業収入			
		雑収入			
		教育活動収入計			
		科　　目	予　　算	決　　算	差　　異
	事業活動支出の部	人件費			
		教育研究経費			
		管理経費			
		徴収不能額等			
		教育活動支出計			
	教育活動収支差額				

		科　目	予　算	決　算	差　異
教育活動外収支	事業活動収入の部	受取利息・配当金			
		その他の教育活動外収入			
		教育活動外収入計			
		科　目	予　算	決　算	差　異
	事業活動支出の部	借入金等利息			
		その他の教育活動外支出			
		教育活動外支出計			
	教育活動外収支差額				
経常収支差額					
特別収支	事業活動収入の部	科　目	予　算	決　算	差　異
		資産売却差額			
		その他の特別収入			
		特別収入計			
		科　目	予　算	決　算	差　異
	事業活動支出の部	資産処分差額			
		その他の特別支出			
		特別支出計			
	特別収支差額				
〔予備費〕			（　　　　　）		
基本金組入前当年度収支差額					
基本金組入額合計			△	△	
当年度収支差額					
前年度繰越収支差額					
基本金取崩額					
翌年度繰越収支差額					

（8）貸借対照表

　貸借対照表は、当該会計年度末時点における財政状態を表すもので、企業会計も学校法人会計も構造的には同様です。ただし、企業会計では、資産及び負債の項目の配列は、一般的に、流動性配列法となっていますが、学校法人会計では、固定性配列法となります。

【図表 2-3-9　貸借対照表　提出様式】

第七号様式 （第35条関係）

貸 借 対 照 表

年　　月　　日

(単位　円)

資産の部

科　　　　目	本年度末	前年度末	増減
固定資産			
有形固定資産			
特定資産			
その他の固定資産			
流動資産			
資産の部合計			

負債の部

科　　　　目	本年度末	前年度末	増減
固定負債			
流動負債			
負債の部合計			

純資産の部

科　　　　目	本年度末	前年度末	増減
基本金			
第 1 号基本金			
第 2 号基本金			
第 3 号基本金			
第 4 号基本金			
繰越収支差額			
翌年度繰越収支差額			
純資産の部合計			
負債及び純資産の部合計			

（9）注記

　学校法人会計基準第34条に記載されている次の注記は、貸借対照表の末

尾に一括して記載します。その他の事項については、関係する計算書類の末尾に記載することが適当とされています。なお、次に掲げる注記については、該当がない場合であってもその項目と該当がない旨の記載をしなければなりません。

【図表 2-3-10　注記の記載内容】

（1）重要な会計方針
　①　引当金の計上基準（徴収不能引当金及び退職給与引当金等）
　②　その他の重要な会計方針
　・有価証券の評価基準及び評価方法
　・たな卸資産の評価基準及び評価方法
　・外貨建資産・負債等の本邦通貨への換算基準
　・預り金その他経過項目に係る収支の表示方法
　・食堂その他教育研究活動に付随する活動に係る収支の表示方法、等
（2）重要な会計方針の変更等
（3）減価償却額の累計額の合計額
（4）徴収不能引当金の合計額
（5）担保に供されている資産の種類及び額
（6）翌会計年度以後の会計年度において基本金への組入れを行うこととなる金額
（7）当該会計年度の末日において第4号基本金に相当する資金を有していない場合のその旨と対策
（8）その他財政及び経営の状況を正確に判断するために必要な事項
　①　有価証券の時価情報
　②　デリバティブ取引
　③　学校法人の出資による会社に係る事項
　④　主な外貨建資産・負債
　⑤　偶発債務
　⑥　通常の賃貸借取引に係る方法に準じた会計処理を行っている所有権移転外ファイナンス・リース取引
　⑦　純額で表示した補助活動に係る収支
　⑧　関連当事者との取引
　⑨　後発事象
　⑩　学校法人間の取引 等

（「学校法人会計基準の一部改正に伴う計算書類の作成について（通知）」を参考に作成）

（10）附属明細

　学校法人会計基準では、固定資産明細表、借入金明細表及び基本金明細表には、当該会計年度における固定資産、借入金及び基本金の増減の状況及び事由等を記載するものとされています（学校法人会計基準36）。附属明細の様式は次のとおりです。

① 固定資産明細表（第八号様式）

　固定資産明細表は、有形固定資産と特定資産、その他の固定資産に分類した上で記載します。

【図表 2-3-11　固定資産明細表　提出様式】

固定資産明細表

　　　年　　月　　日から
　　　年　　月　　日まで

（単位　円）

科　　　　目		期　首残　高	当　期増加額	当　期減少額	期　末残　高	減価償却額の累計額	差引期末残高	摘　要
有形固定資産	土　　　　地							
	建　　　物							
	構　築　物							
	教育研究用機器備品							
	その他の機器備品							
	図　　　書							
	計							
特定資産	第2号基本金引当特定資産							
	第3号基本金引当特定資産							
	○○引当特定資産							
	計							
その他の固定資産	電　話　加　入　権							
	退職給与引当特定資産							
	差　入　保　証　金							
	計							

合　　計								

注1．建物の当期増加額は校舎改修他によるものである。
注2．構築物の当期増加額は中庭整備他によるものである。
注3．教育研究用機器備品の当期減少額は耐用年数経過による除却である。

② 借入金明細表（第九号様式）

　借入金明細表は、長期借入金と短期借入金に分類した上で記載します。その際、同一の借入先について複数の契約口数がある場合には、借入先別に一括し、利率、返済期限、借入金の使途及び担保物件の種類について要約して記載することができます。

【図表 2-3-12　借入金明細表　提出様式】

借 入 金 明 細 表

年　　月　　日から
年　　月　　日まで

（単位　円）

借　入　先		期首残高	当期増加額	当期減少額	期末残高	利率	返済期限	摘要
長期借入金	公的金融機関							
	小　計							
	市中金融機関							
	小　計							
	その他							
	小　計							
	計							
短期借入金	公的金融機関							
	小　計							
	市中金融機関							
	小　計							

短期借入金	その他						
	小　　計						
	返済期限が1年以内の長期借入金						
	計						
合　　計							

③ 基本金明細表 (第十号様式)

　基本金明細表は、各号の基本金について、当期組入高や当期取崩高の状況や組入れ及び取崩しの原因となる事実を明らかにするために作成する明細表です。

【図表 2-3-13　基本金明細表　提出様式】

基 本 金 明 細 表

年　　月　　日から
年　　月　　日まで

(単位：円)

事　　　　項	要 組 入 高	組 入 高	未 組 入 高	摘　　　　　要
第1号基本金 前期繰越高 当期組入高 当期末残高				
第4号基本金 前期繰越高 当期組入高 当期末残高				
合　　計 前期繰越高 当期組入高 当期末残高				

④ 積立金・積立資産明細書

　上記のほかに、学校法人が保育所を経営する場合には、保育所を経営する事業に係る前会計年度末における積立金・積立資産明細書の作成及び提

出が必要となります。

【図表 2-3-14　積立金・積立資産明細書　提出様式】

積立金・積立資産明細書

自　　　年　　　　月　　　　　日
至　　　年　　　　月　　　　　日

区分　_____

(単位：円)

区分	前期末残高	当期増加額	当期減少額	期末残高	適用
○○積立金					
△△積立金					
××積立金					
合計					

(単位：円)

区分	前期末残高	当期増加額	当期減少額	期末残高	適用
○○積立資産					
△△積立資産					
××積立資産					
合計					

3　留意事項

① 知事所轄学校法人に関する特例

i　計算書類における特例

　　都道府県知事を所轄庁とする学校法人（以下「知事所轄学校法人」といいます。）は、活動区分資金収支計算書又は基本金明細表（高等学校を設置するものにあっては、活動区分資金収支計算書に限ります。）を作成しないことができます（学校法人会計基準37）。

ii 徴収不能引当ての特例

　　知事所轄学校法人（高等学校を設置するものを除きます。）は、貸借対照表において、徴収不能の見込額を徴収不能引当金に繰り入れないことができます（学校法人会計基準38）。

iii 基本金組入れに関する特例

　　知事所轄学校法人（高等学校を設置するものを除きます。）は、貸借対照表において、第4号基本金（学校法人会計基準第30条第1項第4号に掲げる金額）の全部又は一部を基本金に組み入れないことができます（学校法人会計基準39）。

② 幼保連携型認定こども園を設置する社会福祉法人に関する特例

　　私立学校振興助成法第14条第1項に規定する学校法人（同法附則第2条第1項に規定する学校法人以外の私立の学校の設置者であって、同条第3項の規定による特別の会計の経理をするものに限ります。）のうち、幼保連携型認定こども園を設置する社会福祉法人については、学校法人会計基準第1条第1項及び第2項の規定にかかわらず、一般に公正妥当と認められる社会福祉法人会計の基準に従うことができます（学校法人会計基準40）。

第4節 一般社団法人の会計

POINT

・適用される会計基準
・一般社団法人が作成する財務諸表等
・公益法人会計基準を採用した場合の財務諸表等
・企業会計基準を採用した場合の財務諸表等

1 適用される会計基準

（1）一般社団法人が運営する保育所

　一般社団法人が保育所を設立した場合には、「一般社団法人及び一般財団法人に関する法律」（平成18年法律第48号）（以下、「一般社団・財団法人法」といいます。）に基づき計算書類を作成することになります。つまり、設立時には、その成立の日における貸借対照表を作成しなければなりません。また、各事業年度において、各事業年度に係る計算書類（貸借対照表及び損益計算書）及び事業報告並びにこれらの附属明細書を作成しなければなりません。

　なお、非営利法人として挙げられる主な法人として、社会福祉法人、NPO法人、一般社団法人等があります。社会福祉法人もNPO法人も各事業年度において財務諸表を作成しなければならないことは類似しています。しかし、社会福祉法人、NPO法人は、各事業年度における財務諸表を所轄庁（都道府県、市町村など）に提出しなければなりませんが、一般社団法人においては、そのような規定が定められていない点で異なります。

（2）会計基準等

　一般社団法人は、法令によって特定の会計基準の適用が強制されていま

せん。そのため、一般に公正妥当と認められる会計基準その他の会計の慣行により決定することになります。

　いずれの会計基準を選択するかは、各法人が事業実態等に応じて自ら判断することになりますが、一般社団法人は、利潤の獲得と分配を目的としない非営利法人であることから、適用する会計基準は、「通常は、公益法人会計基準を企業会計基準より優先して適用することになる」とされています（内閣府「公益法人制度等に関するよくある質問（FAQ）」問Ⅵ-4-①）。このことから、通常は、公益法人会計基準を選択適用している法人が多いと思われます。

　公益法人会計基準を適用した場合は、「「公益法人会計基準」の運用指針」（平成20年４月11日　内閣府公益認定等委員会）（以下「運用指針」といいます。）及び「公益法人会計基準に関する実務指針」（2016年３月22日日本公認会計士協会）（以下「実務指針」といいます。）を基に会計処理を行います。

　運用指針は、「公益法人会計基準の改正等について」（平成16年10月14日公益法人等の指導監督等に関する関係省庁連絡会議申合せ）に基づき、公益法人会計基準の適用に当たって特に必要となる事項について記載をしたものです。また、実務指針は、公益法人会計基準及び運用指針の２．①から④に定める公益法人に関する会計基準の会計処理等についての実務上の指針を Q&A 方式で提供するものです。

　そのほか、「貸借対照表内訳表及び正味財産増減計算書内訳表の作成と会計処理について」（平成23年５月13日　日本公認会計士協会）及び「公益法人制度に関するよくある質問（FAQ）（令和２年３月版）」（内閣府）などが会計処理を行うにあたり参考になります。

（3）公益法人会計基準

　保育所事業を行っている一般社団法人が公益法人会計基準を選択適用している場合、「平成16年改正基準」又は「平成20年改正基準」の２通りの

選択適用が考えられます。

　「平成16年改正基準」は、2006年（平成18年）の公益法人制度改革関連三法が成立する前に、公益法人が会計帳簿及び計算書類を作成するための基準として活用されてきた会計基準です。公益法人制度改革関連三法が成立した後には、これらの新制度を踏まえた会計基準を整備する必要が生じたため、改めて公益法人会計基準が定められました。これを「平成20年改正基準」といいます。現在は、「平成20年改正基準」を選択適用している法人が多いと思われます。その理由としては、「平成20年改正基準」が現行公益法人制度を踏まえた内容で定められた基準であることから、制度との関連性が強いこと、また、社会的な環境変化に対応するように見直された項目があること、また、平成20年改正基準及びその運用指針は、会計基準の適用範囲を公益法人としていることなどが挙げられます。さらに、平成16年改正基準が「公益法人等の指導監督等に関する関係省庁連絡会議申合せ」として作成されたものであることから、改正等が行われないのが実態となっていることも要因の1つです。ただし、現在、「平成16年改正基準」を選択適用している法人も存在しています。そのため、この節では、保育所事業を行っている一般社団法人を見る際の1つのポイントとして、「平成16年改正基準」と比較しつつ「平成20年改正基準」を説明します。なお、両基準の異なる点は以下のとおりです。

【図表 2-4-1　公益法人会計基準の比較】

	平成16年改正基準	平成20年改正基準
会計基準の体系	「公益法人会計基準」 ・会計基準及び注解 ・別表及び様式	「公益法人会計基準」 ・会計基準及び注解の部分 「公益法人会計基準」の運用指針 ・別表及び様式
財務諸表の定義 （会計基準上で取り扱う書類）	・貸借対照表 ・正味財産増減計算書 ・財産目録 ・キャッシュ・フロー計算書	・貸借対照表 ・正味財産増減計算書 ・キャッシュ・フロー計算書
附属明細書	規定なし	附属明細書に関する内容を規定

基金	規定なし	基金に関する内容を規定
会計区分	会計区分ごとに貸借対照表及び正味財産増減計算書を作成し、法人全体は総括表として作成	法人全体での財務諸表及び附属明細書並びに財産目録を基本とする。 会計区分の情報は、財務諸表の一部として、内訳表で作成

（内閣府公益認定等委員会「公益法人会計基準について」を参考に作成）

① 会計基準の体系

「平成16年改正基準」は、会計基準及び注解の部分と別表及び様式の部分から構成されていましたが、「平成20年改正基準」では、制度運用上の便宜の観点から、両者を切り離し、会計基準及び注解の部分を公益法人会計基準とし、別表及び様式の部分は運用指針として取り扱うこととなりました。

② 財務諸表の定義

「平成16年改正基準」は、財務諸表を会計基準上で取り扱う書類と定め、貸借対照表、正味財産増減計算書、財産目録及びキャッシュ・フロー計算書を含めていましたが、公益法人制度改革関連三法における会計に関する書類の定めとの整合性を図った結果、「平成20年改正基準」では、財産目録は財務諸表の範囲から除かれました。

③ 附属明細書

附属明細書は、一般社団・財団法人法において作成することが定められ、「一般社団法人及び一般財団法人に関する法律施行規則」（以下、「一般社団・財団法人法施行規則」といいます。）及び「一般社団法人及び一般財団法人に関する法律及び公益社団法人及び公益財団法人の認定等に関する法律の施行に伴う関係法律の整備等に関する法律施行規則」（以下、「整備規則」といいます。）において、附属明細書の記載項目が定められています。「平成16年改正基準」においては、附属明細書に関する規定が設けられていなかったため、「平成20年改正基準」では、附属明細書に関する規定が設けられました。

④ **基金**

　一般社団・財団法人法において、一般社団法人は基金を設定可能であり、かつ、一般社団・財団法人法施行規則、「公益社団法人及び公益財団法人の認定等に関する法律施行規則」及び整備規則において、基金は純資産の部に記載する旨の定めがあります。「平成16年改正基準」には基金に関する規定が設けられていなかったため、「平成20年改正基準」では基金

コラム　**特別会計とは？**

　平成16年改正基準「第1　総則　4会計区分」において、公益法人は、「特定の目的のために特別会計を設けることができる。」と規定されています。一般会計とは別に収支計算及び財産計算を行う特別会計を設ける場合には、定款で定めるか、理事会、総会の決議が必要となります。

　特別会計は、1つの法人において会計単位を複数に区分する場合の一般会計に対する呼び名であり、特定の目的のために設けられた会計単位です。一般会計が法人の中心的な会計単位であるのに対し、特別会計は「退職給与積立特別会計」、「記念事業特別会計」のように、その設定も目的を表す名称を冠して他の会計と区分経理します。特別会計を設けることにより、その設定目的ごとの収支及び財産の状況が明らかになるため、設定目的の遂行状況や財産の状況を把握することができます。

　なお、「平成20年改正基準」においては、事業単位で区分することになりますので、特別会計は設けずに、「実施事業等会計」、「その他会計」、「法人会計」の3区分に区分して経理されます。

に関する規定が設けられました。

⑤　会計区分

　「平成16年改正基準」では、特別会計を設けている場合、会計区分ごとに貸借対照表及び正味財産増減計算書を作成し、総括表により法人全体のものを表示していました。一方、「平成20年改正基準」では、法人全体の財務諸表及び附属明細書並びに財産目録を基本とし、会計区分ごとの情報は、財務諸表の一部として貸借対照表内訳表及び正味財産増減計算書内訳表において、それぞれに準じた様式で表示するものとしています。

（4）企業会計基準

　保育所事業を行っている一般社団法人の多くが公益法人会計基準を適用していると考えられるものの、企業会計基準を選択適用することも可能です。企業会計基準については、第2節を参照してください。

2　一般社団法人が作成する計算書類等

　一般社団法人が公益法人会計基準又は企業会計基準を採用した時に作成する財務諸表及びその附属明細書としては、それぞれ以下の書類が考えられます。

【図表2-4-2　一般社団法人が作成する計算書類について】

一般社団法人が「公益法人会計」を採用した場合の財務諸表及びその附属明細書	① 財務諸表 ・貸借対照表 ・損益計算書（正味財産増減計算書）（※1） ・キャッシュ・フロー計算書（※2） ② 附属明細書
一般社団法人が「企業会計」を採用した場合の財務諸表及びその附属明細書	① 財務諸表 ・貸借対照表 ・損益計算書 ② 附属明細書

（参考：経済団体連絡会「一般社団・財団法人法施行規則による一般社団法人の各種書類のひな型（改訂版）」（2015年5月7日））

※1　公益法人会計基準では、損益計算書に相当するものを正味財産増減計算書としています。
※2　公益社団法人及び公益財団法人の認定等に関する法律第5条第12号により会計監査人を設置しなければならない公益社団法人及び公益財団法人以外の法人はキャッシュ・フロー計算書を作成しないことができることとされています（公益社団法人及び公益財団法人の認定等に関する法律施行規則第28条第1項第1号参照）。

3　公益法人会計基準を採用した場合の財務諸表等

　公益法人会計基準は、公益法人の財務諸表及び附属明細書並びに財産目録（以下、「財務諸表等」といいます。）の作成の基準を定め、公益法人の健全なる運営に資することを目的として設定された会計基準です。そのため、公益法人が作成する財務諸表等は企業会計の基準で作成される財務諸表等とはいくつかの点で異なります。ここでは、公益法人会計基準（平成20年改正基準）に基づいて作成される財務諸表等について説明します。

（1）勘定科目

　計算書類で使用される勘定科目は、運用指針において定められています。ただし、運用指針に記載されている勘定科目は、一般的、標準的なものであり、事業の種類、規模等に応じて科目を追加することができ、また、科目及び金額の重要性が乏しい場合にはその他科目に集約することができるとされており、弾力的な運用ができる設定となっています。なお、必要に応じて小科目を設定することが望ましいとされています。

【図表2-4-3　勘定科目】
（1）　貸借対照表に係る科目及び取扱要領
（資産の部）

科目		取扱要領
大科目	中科目	
流動資産 固定資産 　基本財産 　特定資産 　その他固定資産		 定款において基本財産と定められた資産 特定の目的のために使途等に制約を課した資産

(負債の部)

科目		取扱要領
大科目	中科目	
流動負債 固定負債		

(正味財産の部)

科目		取扱要領
大科目	中科目	
基金		一般社団・財団法人法第131条に規定する基金
	基金	
	(うち基本財産への充当額)	基金のうち基本財産への充当額
	(うち特定資産への充当額)	基金のうち特定資産への充当額
指定正味財産		寄付者等（会員等を含む）によりその使途に制約が課されている資産の受入額
	国庫補助金 地方公共団体補助金 民間補助金 寄付金	
	(うち基本財産への充当額)	指定正味財産合計のうち基本財産への充当額
	(うち特定資産への充当額)	指定正味財産合計のうち特定資産への充当額
一般正味財産	代替基金	一般社団・財団法人法第144条により計上された額
	一般正味財産	正味財産から指定正味財産及び代替基金を控除した額
	(うち基本財産への充当額)	一般正味財産合計のうち基本財産への充当額
	(うち特定資産への充当額)	一般正味財産合計のうち特定資産への充当額

（2）貸借対照表

　貸借対照表は、資産の部、負債の部及び正味財産の部に分け、さらに資産の部を流動資産及び固定資産に、負債の部を流動負債及び固定負債に、正味財産の部を指定正味財産及び一般正味財産に区分します。なお、正味財産の部には、指定正味財産及び一般正味財産のそれぞれについて、基本財産への充当額及び特定資産への充当額を内書きとして記載します。

【図表 2-4-4　貸借対照表　提出様式】

貸借対照表

令和　年　月　日現在

(単位：円)

科目	当年度	前年度	増減
Ⅰ　資産の部			
1．流動資産			
流動資産合計			
2．固定資産			
(1)　基本財産			
基本財産合計			
(2)　特定資産			
特定資産合計			
(3)　その他固定資産			
その他固定資産合計			
固定資産合計			
資産合計			
Ⅱ　負債の部			
1．流動負債			
流動負債合計			
2．固定負債			
固定負債合計			
負債合計			
Ⅲ　正味財産の部			
1．基金			
基金			
（うち基本財産への充当額）	(　　　　)	(　　　　)	(　　　　)
（うち特定資産への充当額）	(　　　　)	(　　　　)	(　　　　)
2．指定正味財産			
国庫補助金			
指定正味財産合計			
（うち基本財産への充当額）	(　　　　)	(　　　　)	(　　　　)
（うち特定資産への充当額）	(　　　　)	(　　　　)	(　　　　)
3．一般正味財産			
(1)　代替基金			
(2)　その他一般正味財産			
一般正味財産合計			
（うち基本財産への充当額）	(　　　　)	(　　　　)	(　　　　)
（うち特定資産への充当額）	(　　　　)	(　　　　)	(　　　　)
正味財産合計			
負債及び正味財産合計			

（3）正味財産増減計算書

① 正味財産増減計算書の区分

　正味財産増減計算書は、一般正味財産増減の部及び指定正味財産増減の部に分け、さらに一般正味財産増減の部を経常増減の部及び経常外増減の部に区分します。

② 正味財産増減計算書の構成

　一般正味財産増減の部は、経常収益及び経常費用を記載して当期経常増減額を表示し、これに経常外増減の部に属する項目を加減して当期一般正味財産増減額を表示するとともに、さらにこれに一般正味財産期首残高を加算して一般正味財産期末残高を表示します。指定正味財産増減の部は、指定正味財産増減額を発生原因別に表示し、これに指定正味財産期首残高を加算して指定正味財産期末残高を表示します。

　一般社団・財団法人法第131条により基金を設けた場合を含めた正味財産増減計算書は以下のとおりです。

【図表 2-4-5　正味財産増減計算書　提出様式】

正味財産増減計算書

令和　年　月　日から令和　年　月　日まで

（単位：円）

科目	当年度	前年度	増減
Ⅰ　一般正味財産増減の部			
1．経常増減の部			
(1) 経常収益			
基本財産運用益			
特定資産運用益			
受取会費			
受取補助金等			
受取負担金			
受取寄付金			
経常収益計			
(2) 経常費用			
事業費			
給与手当			
管理費			

役員報酬			
経常費用計			
評価損益等調整前当期経常増減額			
基本財産評価損益等			
特定資産評価損益等			
投資有価証券評価損益等			
評価損益等計			
当期経常増減額			
2．経常外増減の部			
(1) 経常外収益			
固定資産売却益			
経常外収益計			
(2) 経常外費用			
固定資産売却損			
経常外費用計			
当期経常外増減額			
当期一般正味財産増減額			
一般正味財産期首残高			
一般正味財産期末残高			
Ⅱ　指定正味財産増減の部			
受取補助金等			
一般正味財産への振替額			
当期指定正味財産増減額			
指定正味財産期首残高			
指定正味財産期末残高			
Ⅲ　基金増減の部			
基金受入額			
基金返還額			
当期基金増減額			
基金期首残高			
基金期末残高			
Ⅳ　正味財産期末残高			

（4）キャッシュ・フロー計算書

　キャッシュ・フロー計算書は、当該事業年度におけるキャッシュ・フローの状況について、事業活動によるキャッシュ・フロー、投資活動によるキャッシュ・フロー及び財務活動によるキャッシュ・フローに区分して記載します。事業活動によるキャッシュ・フローを間接法により記載する場合かつ一般社団・財団法人法第131条により基金を設けた場合の例は次

のとおりです。

【図表 2-4-6　キャッシュ・フロー計算書　提出様式】

キャッシュ・フロー計算書

令和　年　月　日から令和　年　月　日まで

（単位：円）

科目	当年度	前年度	増減
Ⅰ　事業活動によるキャッシュ・フロー			
1．当期一般正味財産増減額			
2．キャッシュ・フローへの調整額			
減価償却費			
基本財産の増減額			
退職給付引当金の増減額			
未収金の増減額			
貯蔵品の増減額			
指定正味財産からの振替額			
・・・・			
小計			
3．指定正味財産増加収入			
補助金等収入			
・・・・・			
指定正味財産増加収入計			
事業活動によるキャッシュ・フロー			
Ⅱ　投資活動によるキャッシュ・フロー			
1．投資活動収入			
固定資産売却収入			
・・・・・・			
投資活動収入計			
2．投資活動支出			
固定資産取得支出			
投資活動支出計			
投資活動によるキャッシュ・フロー			
Ⅲ　財務活動によるキャッシュ・フロー			
1．財務活動収入			
借入金収入			
基金受入収入			
財務活動収入計			
2．財務活動支出			
借入金返済支出			
財務活動支出計			

財務活動によるキャッシュ・フロー			
Ⅳ　現金及び現金同等物に係る換算差額			
Ⅴ　現金及び現金同等物の増減額			
Ⅵ　現金及び現金同等物の期首残高			
Ⅶ　現金及び現金同等物の期末残高			

（5）注記

　財務諸表には、次の事項を注記します（公益法人会計基準第5）。

① 継続組織の前提に関する注記

② 資産の評価基準及び評価方法、固定資産の減価償却方法、引当金の計上基準等財務諸表の作成に関する重要な会計方針

③ 重要な会計方針を変更したときは、その旨、変更の理由及び当該変更による影響額

④ 基本財産及び特定資産の増減額及びその残高

⑤ 基本財産及び特定資産の財源等の内訳

⑥ 担保に供している資産

⑦ 固定資産について減価償却累計額を直接控除した残額のみを記載した場合には、当該資産の取得価額、減価償却累計額及び当期末残高

⑧ 債権について貸倒引当金を直接控除した残額のみを記載した場合には、当該債権の債権金額、貸倒引当金の当期末残高及び当該債権の当期末残高

⑨ 保証債務（債務の保証を主たる目的事業とする公益法人の場合を除く。）等の偶発債務

⑩ 満期保有目的の債券の内訳並びに帳簿価額、時価及び評価損益

⑪ 補助金等の内訳並びに交付者、当期の増減額及び残高

⑫ 基金及び代替基金の増減額及びその残高

⑬ 指定正味財産から一般正味財産への振替額の内訳

⑭ 関連当事者との取引の内容

144

⑮ キャッシュ・フロー計算書における資金の範囲及び重要な非資金取引

⑯ 重要な後発事象

⑰ その他一般財団法人又は一般社団法人の資産、負債及び正味財産の状態並びに正味財産増減の状況を明らかにするために必要な事項

（6）附属明細書

附属明細書は、以下に掲げる事項の他、貸借対照表及び正味財産増減計算書の内容を補足する重要な事項を表示します（公益法人会計基準第6）。

① 基本財産及び特定資産の明細

② 引当金の明細

それぞれの項目について、以下にひな型と注意事項を記載します。

① 基本財産及び特定資産の明細

【図表 2-4-7　基本財産及び特定資産の明細　提出様式】

（単位：円）

区分	資産の種類	期首帳簿価額	当期増加額	当期減少額	期末帳簿価額
基本財産	土地 建物 … …				
	基本財産計				
特定資産	退職給付引当資産 ○○積立資産 … …				
	特定資産				

基本財産・特定資産について、財務諸表の注記に記載をしている場合には、その旨を記載し、内容の記載を省略することができます。また、重要な増減がある場合には、その理由、資産の種類の具体的な内容及び金額を脚注します。

② 引当金の明細

【図表 2-4-8　引当金の明細　提出様式】

（単位：円）

科目	期首残高	当期増加額	当期減少額		期末残高
			目的使用	その他	
賞与引当金	×××	×××		×××	×××
…	×××	×××		×××	×××

　引当金の明細は、期首又は期末のいずれかに残高がある場合にのみ作成します。当期増加額と当期減少額は相殺せずに、それぞれ総額で表示します。また、「当期減少額」欄のうち、「その他」の欄には、目的使用以外の理由による減少額を記載します。

　引当金について、財務諸表の注記に記載をしている場合には、その旨を記載し、内容の記載を省略することができます。

（7）財産目録

① 財産目録の内容

　財産目録は、当該事業年度末現在における全ての資産及び負債につき、その名称、数量、使用目的、価額等を詳細に表示するものです。

② 財産目録の区分

　財産目録は、貸借対照表の区分に準じ、資産の部と負債の部に分け、正味財産の額を示します。

③ 財産目録の価額

　財産目録の価額は、貸借対照表記載の価額と同一の金額を記載します。

（8）会計処理の留意事項

　以下に保育事業に関する会計処理の際に注意が必要な事項を記載しま

す。

① 受取寄付金

使途指定の保育事業に係る建物の新築、改築及び改修、又は保育所内の設備整備、遊具の新設などのために保護者から寄付金を収受した場合には、保育事業に係る受取寄付金として一般正味財産の部に計上します。つまり、他の事業の受取寄付金として計上することは認められません。

寄付金の会計処理に際して、複数の施設を運営している場合で、複数の施設経理区分に共通して受け入れた寄付金については、寄付金の目的、性質を勘案し合理的に各施設経理区分に配分しなければなりません。

② 収益の認識時期

補助金に係る収入は、その補助金の交付目的に応じて、関連する経理区分において計上しなければなりません。また、補助金交付の決定が3月で、補助金収入は翌期の4月入金である場合には、発生主義により当年度の収入として未収計上をする必要があります。

③ 費用区分

保育所施設の土地や建物を法人外部から賃借している場合には、保育所経理区分でその賃借料を支出し、事務費区分には、中区分として「土地・建物賃借料」の科目を設けて処理する必要があります。つまり、管理費の中に設けられている賃借料と区別して会計処理することになります。なお、同一の建物に管理部門と保育所施設が存在する場合は、面積比など合理的な按分基準に基づき按分します。

④ 基本財産

保育所の設立又は保育事業を開始する際に、寄付者等が、基本財産とすることを条件として出捐した部分は、指定正味財産を財源とすることとされています。また、法人が自らの意思で自己資金等を基本財産とした部分は一般正味財産を財源とします（実務指針Q25）。

⑤ 特定財産

実務指針のQ24において、「特定資産は、特定の目的のために使途、保

有又は運用方法等に制約が存在する資産であり、特定資産には、預金や有価証券等の金融資産のみならず、土地や建物等も含まれる。」とされています。具体的には、保育所の修繕のために積み立てた資金を保育所等修繕積立資産として特定資産に計上するだけでなく、園庭購入を目的とした寄付で購入した土地についても特定資産として計上する必要があります。

▎4　企業会計基準を採用した場合の財務諸表等

　一般社団法人が企業会計の基準を採用した場合には、株式会社で行う会計処理と同様に処理を行います。計算書類については、経済団体連絡会から「一般社団・財団法人法施行規則による一般社団法人の各種書類のひな型（改訂版）」（以下、「ひな型」といいます。）が開示されており、当ひな型を参考に財務諸表を作成するのが一般的です。

（1）貸借対照表

　一般社団法人は、法人設立時に財産の拠出が必要となる株式会社と異なり、資本金制度をとっていません。そのため、一般社団法人が活動するための資金調達手段として「基金」制度が採用されています。

　「基金」とは、一般社団法人に拠出された金銭その他の財産であって、当該一般社団法人が拠出者に対して一般社団・財団法人法及び当該一般社団法人と当該拠出者との間の合意の定めるところに従い返還義務を負うものとされています（一般社団・財団法人法131）。株式会社と違う点としては、基金を拠出した人が一般社団法人の社員となるわけではないことから、社員総会等の議決権がないことが挙げられます。「基金」制度を採用した場合には、貸借対照表上、純資産の部に記載することになります。なお、「代替基金」とは、基金の返還をする場合に、返還をする基金に相当する金額を意味しています（一般社団・財団法人法144①）。これらを基に貸借対照表を作成すると以下のとおりとなります。

【図表 2-4-9　貸借対照表　提出様式】

貸借対照表

（○年○月○日現在）

（単位：百万円）

科　　目	金　額	科　　目	金　額
（資産の部）		（負債の部）	
流動資産	×××	流動負債	×××
		固定負債	×××
固定資産	×××	負債合計	×××
有形固定資産	×××	（純資産の部）	×××
		基金	×××
無形固定資産	×××	代替基金	×××
		その他有価証券評価差額金	×××
投資その他の資産	×××	その他	×××
		純資産合計	×××
資産合計	×××	負債・純資産合計	×××

（経済団体連絡会「一般社団・財団法人法施行規則による一般社団法人の各種書類のひな型
（改訂版）」（2015 年 5 月 7 日）より抜粋）

（２）損益計算書

　損益計算書では、収益及び費用を「経常損益の部」及び「経常外損益の部」に区分して表示している点が株式会社と異なります。

　また、正味財産増減計算書では、一般正味財産増減の部及び指定正味財産増減の部に分けて記載していましたが、損益計算書においては、一般正味財産増減の部及び指定正味財産増減の部に分けず、「経常収益」を、「事業収益」及び「財務収益」に区分し、「経常費用」を「事業費用」、「管理費用」及び「財務費用」に区分しています。

【図表 2-4-10　損益計算書　提出様式】

損益計算書

(自○年○月○日　至○年○月○日)

(単位：百万円)

科　　目	金　額	
(経常損益の部)		
経常収益		
事業収益	×××	
○○事業収益	×××	
財務収益		
受取利息	×××	
	×××	×××
経常費用		
事業費用		
給与手当	×××	
・・・	×××	
管理費用		
役員報酬	×××	
・・・	×××	
	×××	
財務費用		
	×××	×××
経常利益		×××
(経常外損益の部)		
経常外収益		
土地売却益	×××	×××
経常外費用		
建物減損損失	×××	×××
税引前当期純利益		×××
法人税、住民税及び事業税	×××	
法人税等調整額	×××	×××
当期純利益		×××

(経済団体連絡会「一般社団・財団法人法施行規則による一般社団法人の各種書類のひな型
(改訂版)」(2015年 5 月 7 日) より抜粋)

（3）注記

　注記は、「注記表」といった表題を付ける必要はありません。また、独立した一表とする必要はなく、脚注方式で記載することができるとされています。さらに、該当事項がない場合は、記載を要しないとされています。つまり、各項目において該当がない場合は、項目を削除します。

　また、ひな型に記載の「⑧基金及び代替基金」に係る注記が株式会社と異なる点です。当注記においては、基金及び代替基金の当事業年度における増減の金額を記載します。

【図表 2-4-11　注記の記載内容】

1．継続企業の前提に関する注記
2．重要な会計方針に係る事項に関する注記
　①　計算書類及びその附属明細書の作成基準
　　　一般に公正妥当と認められる企業会計の基準に準拠して作成している。
　②　資産の評価基準及び評価方法
　　　(1)　有価証券の評価基準及び評価方法
　　　(2)　棚卸資産の評価基準及び評価方法
　③　固定資産の減価償却の方法
　　　(1)　有形固定資産（リース資産を除く）
　　　(2)　無形固定資産
　　　(3)　リース資産
　④　引当金の計上基準
　　　(1)　貸倒引当金
　　　(2)　賞与引当金
　　　(3)　退職給付引当金
　　　(4)　役員退職慰労引当金
　⑤　収益及び費用の計上基準
　⑥　その他計算書類の作成のための基本となる重要な事項
3．会計方針の変更に関する注記
4．表示方法の変更に関する注記
5．会計上の見積りの変更に関する注記
6．誤謬の訂正に関する注記
7．貸借対照表に関する注記
　①　担保に供している資産及び担保に係る債務
　②　資産から直接控除した引当金
　③　資産に係る減価償却累計額
　④　資産に係る減損損失累計額
　⑤　保証債務
　⑥　関係会社に対する金銭債権及び金銭債務

⑦ 理事及び監事に対する金銭債権及び金銭債務
⑧ 基金及び代替基金
　　基金は一般社団法人及び一般財団法人に関する法律第131条に規定する基金であり、代替基金は同法第144条第1項の規定により計上された代替基金である。
　　基金及び代替基金の増減額及びその残高

(単位：百万円)

科目	期首残高	当期増加額	当期減少額	期末残高
基金				
代替基金				

8. 損益計算書に関する注記
　　関係会社との取引高
9. 税効果会計に関する注記
10. リースにより使用する固定資産に関する注記
11. 金融商品に関する注記
12. 賃貸等不動産に関する注記
13. 関連当事者との取引に関する注記
14. 重要な後発事象に関する注記
15. その他の注記

(経済団体連絡会「一般社団・財団法人法施行規則による一般社団法人の各種書類のひな型
(改訂版)」(2015年5月7日)より抜粋)

（4）附属明細書

　法人税法施行規則第33条に規定されている附属明細書の記載項目は、必須項目であるため、法人は、その他の情報について社員等にとって有用であると判断した項目については適宜追加して記載することが求められています。また、注記と同様、該当事項がない場合は、記載を要しないとされています。

　ひな型では、以下の附属明細書が記載されています。

① 重要な固定資産の明細

② 引当金の明細

③ その他の重要な事項

第 5 節　NPO 法人の会計

POINT
・適用される会計基準
・NPO 法人が作成する計算書類等

　特定非営利活動法人（以下、「NPO 法人」といいます。）は、毎事業年度初めの３か月以内に、都道府県又は指定都市の条例で定めるところにより、前事業年度の事業報告書、計算書類及び財産目録並びに年間役員名簿並びに前事業年度の末日における社員のうち10人以上の者の氏名及び住所又は居所を記載した書面を作成し、それらを、毎事業年度１回、原則としてその事務所が所在する都道府県の知事に提出しなければならないこととされています（NPO 法28①、29）。そのため、NPO 法人が保育所を運営する際においても計算書類を作成し提出しなければなりません。これらの計算書類を作成する際の会計基準について、この節で説明します。

1　適用される会計基準、Q&A

　NPO 法人に適用する会計基準としては、NPO 法人会計基準協議会が公表した「NPO 法人会計基準」が考えられます。NPO 法人会計基準は、民間の NPO 法人の関係者が集まり作った会計基準であり、社会福祉法人会計基準や学校法人会計基準などのように法令で定められた会計基準ではありません。そのため、法的な強制力はなく、NPO 法人が作成する計算書類に強制的に適用されるものではありません。しかしながら、内閣府が2011年（平成23年）11月に公表した「特定非営利活動法人の会計の明確化に関する研究会報告書」で、「現段階において「NPO 法人会計基準」は特活法人の望ましい会計基準であると考える」としていることから、行政においても、一定程度認められた会計基準といえます。

　以上から、NPO 法人会計基準は広く普及しており、保育所を運営する NPO 法人でも一般的に当会計基準が適用されていると考えられます。

　また、「NPO 法人会計基準」以外に、同基準に対応する形で「NPO 法人会計基準の Q&A」（以下、「Q&A」といいます。）が作成されています。Q&A は NPO 法人会計基準の補足資料のため、会計処理を行う際には、Q&A も併せて確認してください。

コラム　**NPO 法人会計基準協議会とは？**

　NPO 法人会計基準協議会は、2009年 3 月に NPO 法人会計基準の策定を行うために、全国の NPO 支援センターによって結成された任意団体です。2010年 7 月20日の「NPO 法人会計基準」公表後も、会計基準の普及と著作権管理を目的として活動を続けています。

コラム　**NPO 法人会計基準の作成目的**

　NPO 法人会計基準では、「Ⅰ　NPO 法人会計基準の目的」に、その作成目的と留意事項が示されています。

【目的】

1．この会計基準は、以下の目的を達成するため、NPO 法人の財務諸表及び財産目録（以下、「財務諸表等」という）の作成並びに表示の基準を定めたものである。

（1）NPO法人の会計報告の質を高め、NPO法人の健全な運営に資すること。

（2）財務の視点から、NPO法人の活動を適正に把握し、NPO法人の継続可能性を示すこと。

（3）NPO法人を運営する者が、受託した責任を適切に果たしたか否かを明らかにすること。

（4）NPO法人の財務諸表等の信頼性を高め、比較可能にし、理解を容易にすること。

（5）NPO法人の財務諸表等の作成責任者に会計の指針を提供すること。

【他の法令による規定への留意】

2．本基準は、NPO法人が行うすべての活動分野に適用することができる。

　　ただし、法令等によって別の会計基準が定められている事業を行う場合には、当該法令等に留意する。

2　NPO法人が作成する計算書類等

　NPO法人は、事業年度終了後3か月以内に、事業報告書、財務諸表（活動計算書・貸借対照表及び計算書類に対する注記）及び財産目録（以下、「財務諸表等」といいます。）を作成し、その事業所が所在する都道府県知事等の所轄庁に提出することが義務付けられています。しかし、法令等では財務諸表等の記載内容や記載例が公表されていません。ただし、事業報告書については、各市町村のホームページにおいて、ひな型が掲載されています。また、財務諸表等については、NPO法人会計基準に基づき作成することが可能です。

（1）事業報告書

事業報告書には、1年における「1　事業の成果」と「2　事業の実施に関する事項」を記載します。

「1　事業の成果」には、前事業年度の成果を具体的に記載します。

「2　事業の実施に関する事項」は「（1）特定非営利活動に係る事業」と「（2）その他の事業」に分かれており、「（1）特定非営利活動に係る事業」には、事業の実施日時、場所、従事者の人数、受益対象者の範囲、受益対象者の人数を漏れなく記載する必要があります。事業費（支出額）については、活動計算書で事業費を事業別に区分している場合に記載します。区分していない場合、記載は任意となっています。

「（2）その他の事業」は、その他の事業を行う場合のみ記載します。（1）の事業内容と（2）の事業内容とは、相違点を明らかにして記載します。（1）と同様、日時、場所、従事者の人数は、必ず記載します。なお、事業費（支出額）に金額を記載する場合には、活動計算書の「事業費合計額」と全体の合計額を一致させる必要があります。

定款上「その他の事業」に関する事項を定めているものの、前事業年度に実施しなかった場合には、その旨を記載します。

事業報告書の様式及び記載例については、各自治体のホームページ等をご参照ください。

（2）財務諸表等

財務諸表等は一般的にNPO法人会計基準に則り作成することになります。同会計基準では、各書類の様式も記載されており、多くのNPO法人は、当様式に沿って財務諸表を作成します。

① 活動計算書

活動計算書は、「当該事業年度に発生した収益、費用及び損失を計上することにより、NPO法人のすべての正味財産の増減の状況を明瞭に表示し、NPO法人の活動の状況を表すものでなければならない。」とされてい

ます（NPO法人会計基準Ⅲ9.）。様式では、経常収益、経常費用、経常外収益及び経常外費用に区分して作成することとされています（NPO法人会計基準注解（注1））。

　経常収益における注意すべきポイントの1つとして、保育料収入と助成金の取扱いが挙げられます。保育所が助成金を収受した際には、「3.受取助成金等」に目的ごとに収受した助成金を計上します。また、保育料として入手した金額は、保育事業収入として「4.事業収益」に記載します。

　経常費用における注意すべきポイントとしては、費用を分けて管理することが挙げられます。活動計算書では、経常費用を事業費及び管理費に分けて表示することはもちろん、保育所以外に事業を展開しているNPO法人は、それぞれの事業ごとに事業支出を表示することもあります。そのため、費用においては、それぞれの事業ごとに分けて管理する必要があります。

【図表 2-5-1　活動計算書　提出様式】

様式4：その他の事業がある場合の活動計算書

活動計算書
××年×月×日から××年×月×日まで

（単位：円）

科　　目	特定非営利活動に係る事業	その他の事業	合　　計
Ⅰ　経常収益			
1．受取会費			
2．受取寄付金			
3．受取助成金等			
4．事業収益			
5．その他収益			
経常収益計	×××	×××	×××
Ⅱ　経常費用			
1．事業費			
(1) 人件費			
(2) その他経費			
事業費計	×××	×××	×××

2．管理費			
(1)　人件費			
(2)　その他経費			
管理費計	×××	×××	×××
経常費用計	×××	×××	×××
当期経常増減額	×××	×××	×××
Ⅲ　経常外収益			
経常外収益計	×××	×××	×××
Ⅳ　経常外費用			
経常外費用計	×××	×××	×××
経理区分振替額	×××	×××	×××
当期正味財産増減額	×××	×××	×××
前期繰越正味財産額			×××
次期繰越正味財産額			×××
次期繰越正味財産額			×××

（「NPO 法人会計基準」様式 4 より抜粋）

②　貸借対照表

　貸借対照表は、「当該事業年度末現在におけるすべての資産、負債及び正味財産の状態を明瞭に表示するものでなければならない。」とされています（NPO 法人会計基準Ⅲ10.）。貸借対照表で注意すべき点は、寄付や無償で資産を受け入れた場合です。寄付や無償で資産を受け入れた場合には、資産を公正な評価額で評価して計上しますが、公正な評価額は、新品については市場での店頭価格などを参考に計上し、また、中古品についてはリサイクルショップやネットオークションでの取引価格を参考として計上します。

　NPO 法人会計基準による貸借対照表の様式は次のとおりです。（詳細な勘定科目名については省略しています。）

【図表 2-5-2　貸借対照表　提出様式】

様式 2：貸借対照表

貸借対照表
××年×月×日現在

(単位：円)

科　目	金　額		
Ⅰ　資産の部			
1．流動資産			
流動資産合計		×××	
2．固定資産			
固定資産合計		×××	
資産合計			×××
Ⅱ　負債の部			
1．流動負債			
流動負債合計		×××	
2．固定負債			
固定負債合計		×××	
負債合計			×××
Ⅲ　正味財産の部			
前期繰越正味財産		×××	
当期正味財産増減額		×××	
正味財産合計			×××
負債及び正味財産合計			×××

（「NPO 法人会計基準」様式 2 より抜粋）

③ 注記

　NPO 法人会計基準においては、財務諸表の注記を行うことが規定されています。注記する項目としては、以下のものが同基準「Ⅷ　財務諸表の注記」31. に挙げられています。

1．重要な会計方針
2．重要な会計方針を変更したときは、その旨、変更の理由及び当該変更による影響額
3．事業費の内訳又は事業別損益の状況を注記する場合には、その内容

4．施設の提供等の物的サービスを受けたことを財務諸表に記載する場合には、受入れたサービスの明細及び計算方法

5．ボランティアとして、活動に必要な役務の提供を受けたことを財務諸表に記載する場合には、受入れたボランティアの明細及び計算方法

6．使途等が制約された寄付等の内訳

7．固定資産の増減の内訳

8．借入金の増減の内訳

9．役員及びその近親者との取引の内容

10．その他NPO法人の資産、負債及び正味財産の状態並びに正味財産の増減の状況を明らかにするために必要な事項

④ 財産目録

財産目録は、「当該事業年度末現在におけるすべての資産及び負債につき、その名称、数量、価額等を詳細に表示するものでなければならない。」とされています（NPO法人会計基準Ⅲ11.）。

NPO法人会計基準による財産目録の様式は次のとおりです。（詳細な勘定科目名については省略しています。）

【図表 2-5-3　財産目録　提出様式】

様式5：財産目録

財産目録
××年×月×日現在

(単位：円)

科　　目	金　　額	
Ⅰ　資産の部		
1．流動資産		
流動資産合計	×××	
2．固定資産		
固定資産合計	×××	
資産合計		×××
Ⅱ　負債の部		

1．流動負債		
流動負債合計	×××	
2．固定負債		
固定負債合計	×××	
負債合計		×××
正味財産		×××

（「NPO法人会計基準」様式5より抜粋）

▌3　留意事項

　保育事業を運営するNPO法人については、以下の会計処理について留意が必要となります。

①　収益

　NPO法人では、会員より会費を徴収することが多く、会費収入を取得した場合には、「受取会費」として会計処理を行います。

　会費については、「受取会費は、確実に入金されることが明らかな場合を除き、実際に入金したときに収益として計上する。」（NPO法人会計基準Ⅳ12.）と規定されているため、入金時に収益として計上します。ここで、注意すべき事項として、当期に帰属すべき受取会費の未収額のうち確実に回収できる額については、未収会費を計上する必要があるという点が挙げられます（NPO法人会計基準Ⅳ13.）。その際には、当該金額を資産の部の流動資産区分に「未収会費」として計上します（Q&A12-1）。

②　費用（事業ごとの経費）

　保育事業を運営するNPO法人では、経費の内容から判断して、明らかに保育事業の費用として特定できる費用は事業費、明らかに管理部門に係る費用として特定できるものは管理費になります。また、保育事業以外に事業を行う法人は、財務諸表等を作成する際には、事業ごとに事業費を分ける必要があります。

③　費用（共通経費）

　保育事業などの事業部門と管理部門に共通する経費や、複数の事業に共通する経費は共通経費といいます。共通経費は人件費、地代家賃、水道光熱費、通信運搬費、消耗品費、減価償却費等があります。具体的には、1人の人が事業部門と管理部門の両方の仕事をしている場合のその人の人件費、1つの建物において複数の事業を行っている場合の地代家賃や水道光熱費、通信運搬費等が該当します。

　これらの共通経費は、財務諸表等を作成するにあたり、勘定科目別に合理的と考えられる方法により按分しなければなりません。

　按分の方法は、Q&A22-2に以下のように記載されています。ただし、同 Q&A では「※按分の対象となる共通経費の内容や金額の大小に応じて、按分計算にかける事務作業量は各法人で加減してください。たとえば比率が年間を通して一定であると予想される場合には、上記の方法で一定の期間の比率を計算し、それを通年使用しても構いません。」と記載されているように、按分計算については、その計算の手間を考慮して方法を決定することが認められています。

【図表 2-5-4　共通経費の按分方法】

按分の方法	比率の求め方の例
従事割合	［1］日報等をもとに算出した各事業に従事した時間数（日数）と管理業務に従事した時間数（日数）の比
	［2］業務ごとの標準的な従事時間（日数）を定めておいて、それ以外の例外的な従事時間（日数）のみを記録して算出した比
	［3］管理業務のみ（各事業のみ）の従事時間（日数）を記録し、それ以外の時間（日数）を各事業（管理部門）に従事したものとして算出した比
	［4］各事業や管理部門への従事者の延べ人数の比
使用割合	［1］通信記録、車両の走行距離数等の使用記録により算出した各事業または管理部門の使用量の比
	［2］管理業務のみ（各事業のみ）の標準的な使用量（時間）を定めておいて、それ以外を各事業（管理部門）の使用量（時間）として算出した比
	［3］延べ利用者数等の比
建物面積比	各事業や管理業務に使用している面積の比

職員数比	各事業や管理業務に従事している職員数の比

（出典：「NPO法人会計基準のQ&A」22-2表1）

④ NPO法人に特有の取引等（ボランティアについて）

　NPO法人は、ボランティアによる無償や著しく低い賃金による労働力の提供などにより、その活動が支えられていることが非常に多く、営利企業などには見られない特色となっています。保育事業を行っているNPO法人においても、行政主導により、子ども達を見守るボランティアが推進されています。

【図表2-5-5　ボランティアによる役務提供の扱い】

［1］　ボランティアによる役務の提供については、特に会計上の処理や財務諸表への表示は行わない。
　（※しかし、事業報告書等にボランティア参加の事実や恩恵等を表示することでより活動の様子を伝えることができます）

但し

［2］財務諸表への表示を行うことができる。
　［2］-1【ステップ1】：そのボランティアによる役務の提供が「活動の原価の算定に必要な受入額である場合」か？

必要な受入額である場合

必要な受入額でない場合

　［2］-2【ステップ2】：そのボランティアによる役務の提供の金額を「合理的に算定できる場合」には「財務諸表に注記」することができる。
　（※注記するか、しないか、を選択できる）

さらに

　［2］-3【ステップ3】：そのボランティアによる役務の提供の金額を「客観的に把握できる場合」には、注記をした上で「活動計算書に計上」することができる。
　（※活動計算書に計上するか、しないか、を選択できる。もちろん、注記だけにすることも選択できる）

（出典：「NPO法人会計基準のQ&A」26-1）

　ボランティアは、NPO法人の特色である一方で、無償や著しく低い賃金による労働力の提供であることから、営利企業と比較し、人件費の金額が低くなる傾向があります。そのため、営利企業とNPO法人の財務情報を単純に比較できないという問題点がありました。そこで、NPO法人会計基準においては、労働力の提供を金銭換算して財務諸表でも公表することを可能にしています。ただし、労働力の提供を金銭換算することについては、「公表したいと望む団体の任意であり、望まない団体は、従来どおり、事業報告書で事実や恩恵等を表示するだけでかまいません。」（Q&A26-1）とされており、各法人の判断に委ねられています。

　Q&Aでは、ボランティアを財務諸表に記載するかどうかの検討は図表2-5-5のように考えています。財務諸表に記載する場合には、金額を合理的に算定できる場合及び客観的に把握できる場合があり、それらについては、具体例がQ&A26-2（「活動の原価の算定に必要な受入額である場合」）、Q&A26-3（「合理的に算定できる場合」や「客観的に把握できる場合」）に記載されています。

第6節　宗教法人の会計

> **POINT**
> ・適用される会計基準
> ・宗教法人が作成する計算書類等

　宗教法人は、宗教法人法により、毎会計年度終了後3か月以内に財産目録及び収支計算書を作成しなければならないとされています（宗教法人法25①）。また、宗教法人は、毎会計年度終了後4か月以内に①役員名簿、②財産目録及び収支計算書並びに貸借対照表を作成している場合には貸借対照表、③境内建物（財産目録に記載されているものを除きます。）に関する書類、④公益事業及びその他の事業を行う場合にはその事業に関する書類を所轄庁（都道府県知事等）へ提出しなければなりません（宗教法人法25④）。文化庁ホームページでは、法人が作成し備え付けるべき書類、所轄庁に提出すべき書類を公開しています。

【図表 2-6-1　備え付けるべき書類、所轄庁に提出すべき書類一覧】

作成し、備え付けるべき書類	提出すべき書類
規則及び認証書	
役員名簿	役員名簿
財産目録	財産目録
収支計算書	収支計算書
次のうちのいずれかに該当する法人 [1] 収益事業を行っている法人 [2] 年収が8千万円を超える法人 [3] 収支計算書を作成している法人	次のうちのいずれかに該当する法人 [1] 収益事業を行っている法人 [2] 年収が8千万円を超える法人 [3] 収支計算書を作成している法人
貸借対照表（作成している場合のみ）	貸借対照表（作成している場合のみ）
境内建物に関する書類 （財産目録に記載されていない境内建物がある場合のみ）	境内建物に関する書類 （財産目録に記載されていない境内建物がある場合のみ）
責任役員会等の議事録	
事務処理簿	

事業に関する書類 （公益事業や収益事業を行っている場合のみ）	事業に関する書類 （公益事業や収益事業を行っている場合のみ）

（出典：文化庁ホームページ　所轄庁へ提出する書類とは）

　財産目録及び収支計算書並びに貸借対照表（以下、「財務諸表等」といいます。）を作成する際の会計基準について、この節で説明します。

1　適用される会計基準

　宗教法人は、文化庁ホームページによると、「教義をひろめ、儀式行事を行い、及び信者を教化育成することを主たる目的とする団体、つまり「宗教団体」が都道府県知事若しくは文部科学大臣の認証を経て法人格を取得したもの」をいいます。宗教法人では、その主たる目的以外にも、公益事業及びその他の事業を行うことができ、その中の1つとして、保育所の運営をすることが挙げられます。なお、宗教法人は、2000年（平成12年）3月の保育所設置の規制緩和を受けて、保育所を運営することが認められました。

　宗教法人においては、法人の規模や内容も様々であり、また、宗教法人の運営の自主性と自律性を重んじる宗教法人法の趣旨に照らして、会計処理の方法や計算書類の作成方法について一律の基準を示すことは困難な面があります。その中で、現下の制約に捕らわれず、将来に向けて、宗教法人に会計処理及び計算書類作成の指針を提案するものとして、日本公認会計士協会が2001年（平成13年）5月に「宗教法人会計の指針」を公表しました。宗教法人においては、この会計の指針に則り財務諸表等を作成することになります。

2　宗教法人における財務諸表等

　宗教法人は、貸借対照表（作成している場合のみ）、収支計算書（収益

事業を行っている宗教法人、年収8,000万円を超える宗教法人、収支計算書を作成している宗教法人のみ）及び財産目録を作成します。収支計算書及び財産目録の様式例は、文化庁ホームページに掲載されています。

　なお、「宗教法人会計の指針」には、文化庁ホームページに記載されている書類以外に「正味財産増減計算書」の作成に関する提案があります。同指針では、宗教法人が作成すべき会計書類は、財産目録、貸借対照表及び収支計算書であると宗教法人法で明示されており、また、これらの書類は正規の簿記の原則に従って網羅性、検証性及び秩序性を保ち、誘導的に作成されなければならないとされていることから、一取引二仕訳と呼ばれる会計処理を行い、収支計算書、正味財産増減計算書及び貸借対照表を仕訳により誘導的に作成する会計処理を行うことが適当であると考えています。つまり、一取引二仕訳の会計処理を行った結果、計算書類として、正味財産増減計算書の作成を提案しています。なお、宗教法人法では、第12条第1項第8号において「基本財産、宝物その他の財産の設定、管理及び処分（第二十三条但書の規定の適用を受ける場合に関する事項を定めた場合には、その事項を含む。）、予算、決算及び会計その他の財務に関する事項」につき、所轄庁の認証を受けなければならないとしており、予算準拠主義が取られています。そのため、一取引二仕訳の会計処理を行うことで、予算執行の状況が適時に判明するというメリットがあると考えられます。

　この一取引二仕訳は、社会福祉法人会計や学校法人会計でも適用されている会計処理です。詳しくは、第1節3をご参照ください。

（1）収支計算書

　保育所を運営する宗教法人においては、保育事業は公益事業であり、収益事業には当たりませんが、管理の観点から特別会計を設定し、収支計算書上は「繰入金収入」の小科目に記載することが考えられます。特別会計とは、特別な目的のため、一般会計と別に収支計算を行う会計単位をいい

ます。

【図表 2-6-2　収支計算書　提出様式】

平成　　年度収支計算書

(収入の部)　　　　　　　　　　　　　　　(平成　　年 月 日〜平成　　年 月 日)

科　　目	予　算　額	決　算　額	差　異	備　考
1．宗教活動収入				
2．資産管理収入				
3．雑収入				
4．繰入金収入				
5．貸付金回収収入				
6．借入金収入				
7．特別預金取崩収入				
8．預り金収入				
当年度収入合計　　　(A)				
前年度末現金預金　　(B)				
収入合計　　(C)=(A)+(B)				

(支出の部)　　　　　　　　　　　　　　　(平成　　年 月 日〜平成　　年 月 日)

科　　目	予　算　額	決　算　額	差　異	備　考
1．宗教活動支出				
2．人件費				
3．繰入金支出				
4．資産取得支出				
5．借入金償還支出				
6．特別預金支出				
7．預り金支出				
8．予備費				
当年度支出合計　　　(D)				
当年度末現金預金　　(E)				
支出合計　　(F)=(D)+(E)				

(出典：文化庁ホームページ　収支計算書について)

（2）財産目録

　財産目録は、資産の部を特別財産、基本財産、普通財産に分けて記載します。財産目録中の基本財産とは、宗教活動を行っていく上で必要な財政的基礎となるもので、境内地や境内建物、定期預金のほか、基本財産として設定されている一定の基金がある場合などがあります。また、普通財産には、法人の通常の活動に要する費用に充当すべき土地、建物、什器備品、図書、未収金などの財産があります。

【図表 2-6-3　財産目録　提出様式】

財産目録

（平成　　年　　月　　日現在）

区分・種類		数量	金額	備考
(資産の部)				
特別財産				
	特別財産計			
基本財産				
	基本財産計			
普通財産				
	普通財産計			
	資産合計（A）			
(負債の部)				
負債				
	負債合計（B）			
正味財産　（C）＝（A）－（B）				

（出典：文化庁ホームページ　財産目録について）

（3）事業に関する書類

　事業に関する書類は、公益事業や収益事業を行っている場合にのみ作成します。保育所を運営する宗教法人は公益事業を行う法人となるため、事業に関する書類を作成します。事業に関する書類の様式は文化庁ホームページに掲載されています。

【図表 2-6-4　事業に関する書類　提出様式】

事業に関する書類

平成　年　月　日　現在

1　名称

2　事業所の所在地

3　事業の内容

4　法令による許認可等
　　許認可等行政庁名
　　許認可等年月日

5　責任者氏名

6　従業員数

7　前年度の収支決算額

　　収入額（益金）
　　支出額（損金）
　　剰余金（純利益）

8　収益の使途

（出典：文化庁ホームページ　事業に関する書類について）

【参考文献】

「学校法人の設置する認可保育所等に係る会計処理に関する Q&A（学校法人委員会研究報告第21号）」（日本公認会計士協会、平成14年7月29日、最終改正：平成29年1月18日）

「子ども・子育て支援新制度における学校法人立の幼稚園、認定こども園に係る会計処理」（内閣府、平成27年3月10日）

第3章

税務上の
留意点

第1節 法人税

POINT
・法人税法における収益・非収益事業の判定
・区分経理
・みなし寄附金制度

　保育事業に関しては、多くの場合が法人税は非課税となると認識されていますが、それは保育事業が法人税法上の収益事業ではないためです。しかし、一定のケースでは収益事業と判定されることがあり、その場合には法人税が課税されます。本節では、保育事業に関連する収益事業について解説したうえで、課税所得の算出方法、税率、各所届出等の手続について説明します。

1　納税義務・課税方法（収益事業課税）

　法人税法によって、法人税の納税義務者は、収益事業を行っている公益法人等又は人格のない社団等及び、一定の外国法人を除いた内国法人とされています（法法4①③）。そのため、収益事業を行わない公益法人等では法人税そのものの納税義務が発生しませんが、株式会社等の内国法人であれば行っている事業が収益事業であるかどうかを問わず法人税の納税義務が発生します。換言すると、まずはその法人形態によって納税義務の有無が変わってきます。

　以上より、法人税の納税義務について論点となるのは、基本的に法人税の納税義務がない公益法人等が保育事業を行った場合、それが収益事業に該当するのか否か、ということになります。保育事業を行っている公益法人等に該当する法人形態のよくある例及び根拠法は以下のとおりです。

【図表 3-1-1　法人形態と根拠法】

公益法人等に含まれる法人形態	根拠法
一般財団法人（非営利型法人に該当するものに限る。）	一般社団法人及び一般財団法人に関する法律
一般社団法人（非営利型法人に該当するものに限る。）	
社会医療法人	医療法
学校法人	私立学校法
社会福祉法人	社会福祉法
宗教法人	宗教法人法
NPO 法人	特定非営利活動促進法

▎2　収益事業の範囲・付随事業

　収益事業の範囲は、法人税法施行令第 5 条第 1 項で定める34事業（その事業に付随して行われる行為を含みます。）に限定されています。

【図表 3-1-2　収益事業の範囲である34事業（法令 5 ①）】

1	物品販売業	10	請負業	19	仲立業	28	遊覧所業
2	不動産販売業	11	印刷業	20	問屋業	29	医療保健業
3	金銭貸付業	12	出版業	21	鉱業	30	技芸教授業
4	物品貸付業	13	写真業	22	土石採取業	31	駐車場業
5	不動産貸付業	14	席貸業	23	浴場業	32	信用保証業
6	製造業	15	旅館業	24	理容業	33	無体財産権提供業
7	通信業	16	料理店業その他の飲食店業	25	美容業	34	労働者派遣業
8	運送業	17	周旋業	26	興行業		
9	倉庫業	18	代理業	27	遊技所業		

　保育事業は、上記34項目に該当しないため収益事業とはなりません。そのため、公益法人等の形態で保育事業を行っている場合は、基本的に法人税の納税義務はありません。ただし、行う保育事業及び付随行為が全て非課税となるわけではありません。次の表は、各事業が収益事業又は収益事業に該当しない事業（以下、「非収益事業」といいます。）のいずれに該当するか、参考となる例です。

【図表 3-1-3　収益事業・非収益事業の判定事例】

事業内容	収益・非収益事業の判定	根拠等
絵本・ワークブックの頒布（授業で教材として使用）	非収益事業	法基通15－1－10（宗教法人、学校法人等の物品販売）の(2)の「学校法人等が行う教科書その他これに類する教材以外の出版物の販売」に該当しない。
次のような物品の頒布及び斡旋 (1) はさみ、のり、粘土、粘土板、へら等の工作道具 (2) 自由画帳、クレヨン等の絵画製作用具及びノート、筆記用具等の文房具 (3) ハーモニカ、カスタネット等の楽器 (4) 道具箱 (5) 制服、制帽、スモック、体操着、上靴	収益事業	法基通15－1－10（宗教法人、学校法人等の物品販売）の(3)及び(4)に該当する。 ただし、原価（又は原価に所要の経費をプラスした程度の価格）によることが明らかな物品の頒布は、非収益事業とすることができる。
園児のうち希望者を対象として行う音楽教室のための教室等の席貸し	非収益事業	法令5①XIV（席貸業）のかっこ書に該当する。
園児に対し課外授業として実施する音楽教室の開設	収益事業	法令5①XXX（技芸教授業）に該当する。
テニスコート、体育館等の有料での地域への開放	収益事業	法令5①XIV（席貸業）に該当する。
スクールバスの運行	非収益事業	教育事業であり収益事業に該当しない。
給食	非収益事業	学校給食の事業に準ずるものであり収益事業に該当しない。
バザーの開催	収益事業	法令5①I（物品販売業）に該当する。 ただし、年1、2回開催される程度のものは物品販売業に該当せず非収益事業となる（法基通15－1－10(5)）。
チャリティーコンサート開催	収益事業 ※一定の条件を満たした場合は非収益事業	—

（1）チャリティーコンサートの収益事業判定

　チャリティーコンサートを開催する場合に、その行為が収益事業となるか否かは、収益事業の範囲である34事業（法令5①）に含まれ、継続して

事業場を設けて行われるもの（法法2 XIII）に該当するかが論点になります。チャリティーコンサートは通常、34事業のうちの興行業に該当します。ただし、法人税基本通達15－1－53では、所轄税務署長の確認を受け慈善興行等に該当する場合は興行業に該当しないものとされています。以下、通達の原文になります。

【法人税基本通達15－1－53】

> 　次に掲げる興行（これに準ずるものを含む。）に該当することにつき所轄税務署長の確認を受けたものは、令第5条第1項第26号《興行業》の興行業に該当しないものとする。
> (1) 催物に係る純益の金額の全額が教育（社会教育を含む。）、社会福祉等のために支出されるもので、かつ、当該催物に参加し又は関係するものが何らの報酬も受けないいわゆる慈善興行
> (2) 学生、生徒、児童その他催物に参加することを業としない者を参加者又は出演者等とする興行（その興行収入の相当部分を企業の広告宣伝のための支出に依存するものについては、これにより剰余金の生じないものに限るものとし、その他の興行については、その興行のために直接要する会場費、人件費その他の経費の額を賄う程度の低廉な入場料によるものに限る。）

　ここで注意したい点は、①所轄税務署長の確認を受けなければならないこと、②社会福祉等のための支出は、児童福祉法による児童福祉施設への支出等、限定的に捉えられること、になります。そのため、例えばチャリティーコンサートで得た利益を児童福祉施設へ支出し、かつ参加者が報酬を受け取らない場合や、保育園児を出演者として行う劇について少額な入場料で行う場合等で、所轄税務署長の確認を受けた場合は、非収益事業となります。

（2）認可外保育施設の収益事業判定

　また、別の観点として、認可外の保育施設が行うサービスが保育事業（＝非収益事業）なのか保育事業とはみなされない（＝収益事業）のかも論点になります。この点については、認可外の保育施設が行うサービスは、一定の質を確保し児童の安全を図る目的で定められた監督基準を満たした施設が行う場合は、認可保育事業に類する育児サービスであると考えられ、保育事業として非収益事業となります。一方で、上記基準を満たしていない施設が行うサービスは、認可保育事業に類する育児サービスであるとはいえず、収益事業となります。

3　収益事業から除外される事業

　公益法人等の形態で保育事業を行っている場合、同時に別事業として、又は付随事業として34項目のいずれかの収益事業を行っていることがあります。ただし、その事業が34項目に該当した場合でも、即座に収益事業を行っているとして法人税が課税されるわけではありません。収益事業から除外される事業には以下のようなものがあります。

（1）社会福祉法で定義される事業

　社会福祉法で定義されている以下の事業は収益事業から除外されます。

① 社会福祉法人が行う不動産貸付業のうち、生計困難者のために、無料又は低額な料金で、簡易住宅を貸し付け、又は宿泊所その他の施設を利用させる事業（法令5①Ⅴハ）

② 席貸業のうち、第1種社会福祉事業及び第2種社会福祉事業として行われる事業（法令5①ⅩⅣロ（2））

③ 社会福祉法人が行う医療保健業（法令5①ⅩⅩⅨロ）

（2）収益事業に属する固定資産の処分損益

　公益法人等が、収益事業に属する固定資産を譲渡・除却等をした場合の損益は、原則として収益事業に係る損益となりますが、以下の場合においては、収益事業に係る損益に含めないことができます（法基通15－2－10）。

① 長期間固定資産として保有していた土地、建物又は構築物につき譲渡・除却等をした場合（区画形質の変更により付加された価値に対応する部分を除く）

② 収益事業の全部又は一部を廃止して、その廃止に係る事業に属する固定資産の譲渡・除却等をした場合

（3）実費弁償取引

　事業がその保育所、幼稚園等の園児（その関係者を含みます。）を対象とするもので実費弁償方式によっていると認められるものについては、法人税基本通達15－1－28（実費弁償による事務処理の受託等）と同様、所轄税務署長の確認を条件として、当該確認を受けた期間は非収益事業とすることができます（法基通1－1－11）。実費弁償方式とは、対価が必要経費を超えない取引をいいます。

4　課税所得の計算方法

　本項では、法人税の納税義務が発生した場合に留意すべき点を説明します。

（1）区分経理

　公益法人等及び人格のない社団等は、収益事業から生ずる所得に関する経理と収益事業以外の事業から生ずる所得に関する経理とを区分して行わなければなりません（法令6）。例えば株式会社であれば、収益事業・非

収益事業の区分という概念が存在しないため、区分経理は税法において要請されていません。一方で、公益法人等が保育事業を行い、その一環として園児に対し音楽教室等の収益事業を行っている場合は、主となる保育事業と収益事業を区分して会計処理する必要があります。

（2）配賦方法

　公益法人等又は人格のない社団等が収益事業と非収益事業とを行っている場合における費用又は損失の額の区分経理については、以下の方法で行うことになります（法基通15－2－5）。

① 収益事業について直接要した費用の額又は収益事業について直接生じた損失の額は、収益事業に係る費用又は損失の額として会計処理します。

② 収益事業と非収益事業とに共通する費用又は損失の額は、継続的に、資産の使用割合、従業員の従事割合、資産の帳簿価額の比、収入金額の比その他当該費用又は損失の性質に応ずる合理的な基準により収益事業と非収益事業とに配賦し、これに基づいて会計処理します。

　図にすると次頁のような整理になります。

　なお、非収益事業に属する金銭や資産を収益事業のために利用し、賃借料等として非収益事業と収益事業間で収益及び費用が発生したとしても、それを収益事業の費用として計上できないことに注意が必要です。

【図表 3-1-4　費用配賦方法】

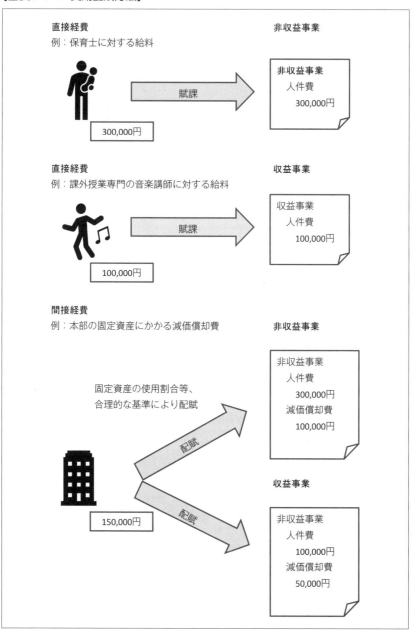

（3）みなし寄附金

　内国法人は、一定の金額までの寄附金を損金の額に算入することができます（法法37①）。公益法人等については、みなし寄附金制度が認められていますので注意が必要です。みなし寄附金制度とは、収益事業から非収益事業（公益目的事業）へ支出した金額は、収益事業における寄附金とみなして法人税の所得計算上一定の金額までを損金とできる制度になります（法法37⑤）。みなし寄附金制度の利用可否と損金算入限度額は以下のとおり定められています。

【図表 3-1-5　みなし寄附金制度の利用可否と損金算入限度額】

	公益社団法人 公益財団法人	学校法人 社会福祉法人 社会医療法人 認定 NPO 法人	一般社団法人 一般財団法人 NPO 法人
みなし寄附金	○	○	×
寄附金の 損金算入限度額	下記のうち大きい額 ①所得金額の50% ②公益法人特別限度額	下記のうち大きい額 ①所得金額の50% ②年200万円	所得金額の1.25%
根拠等	法令73①Ⅲイ 法令73の2①	法令73①Ⅲロ	法令73①Ⅱ

　公益法人特別限度額とは、次のうち少ない額をいいます。

① みなし寄附金の額

② 公益目的事業のために必要な額（公益目的事業にかかる費用から公益目的事業にかかる収入を控除した額（法規22の5））

　みなし寄附金を利用した例を次頁に記載します。

　ただし、法人税基本通達15−2−4に「公益法人等（非営利型法人及び規則第22条の4各号に掲げる法人を除く。）が収益事業に属する金銭その他の資産につき収益事業以外の事業に属するものとして区分経理をした場合においても、その一方において収益事業以外の事業から収益事業へその金銭等の額に見合う金額に相当する元入れがあったものとして経理するなど実質的に収益事業から収益事業以外の事業への金銭等の支出がなかった

【図表 3-1-6　みなし寄附金】

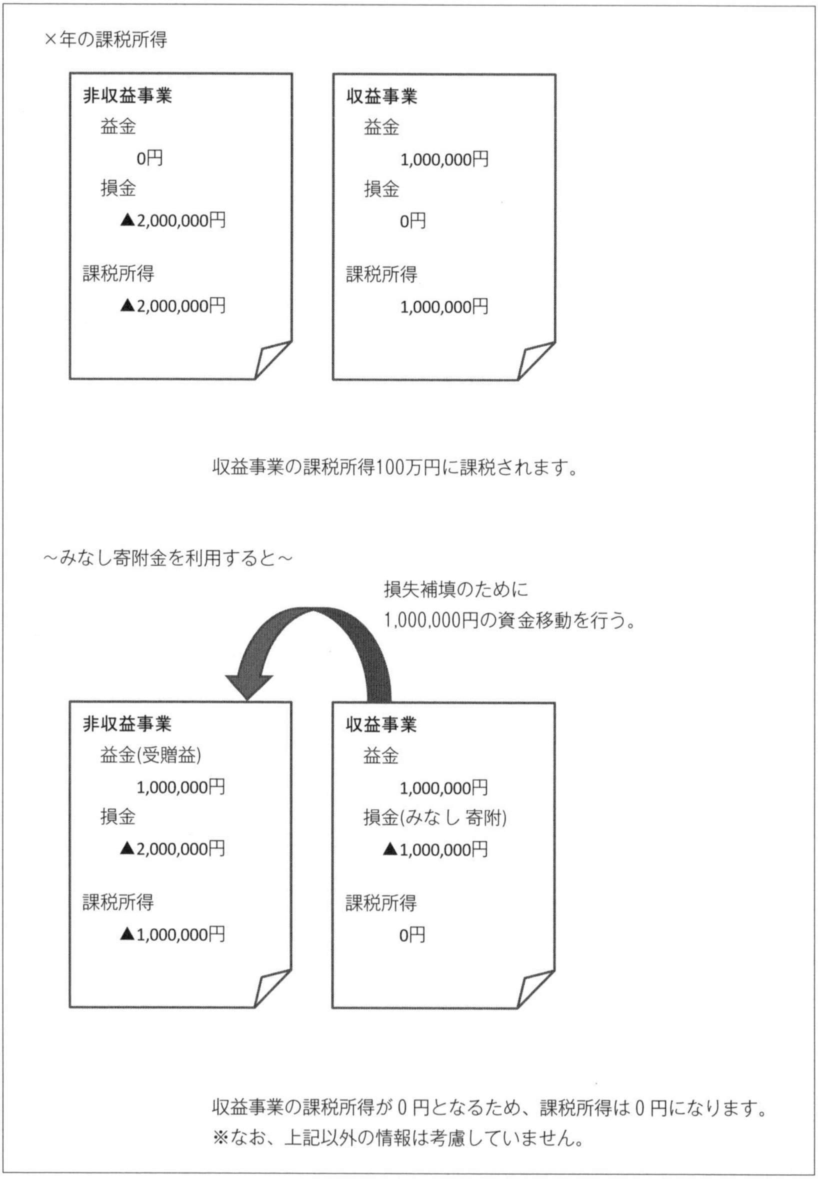

×年の課税所得

非収益事業
　益金
　　　　0円
　損金
　　　　▲2,000,000円

　課税所得
　　　　▲2,000,000円

収益事業
　益金
　　　　1,000,000円
　損金
　　　　0円

　課税所得
　　　　1,000,000円

収益事業の課税所得100万円に課税されます。

～みなし寄附金を利用すると～

損失補填のために
1,000,000円の資金移動を行う。

非収益事業
　益金(受贈益)
　　　　1,000,000円
　損金
　　　　▲2,000,000円

　課税所得
　　　　▲1,000,000円

収益事業
　益金
　　　　1,000,000円
　損金(みなし 寄附)
　　　　▲1,000,000円

　課税所得
　　　　0円

収益事業の課税所得が０円となるため、課税所得は０円になります。
※なお、上記以外の情報は考慮していません。

と認められるときは、当該区分経理をした金額については法第37条第5項《公益法人等のみなし寄附金》の規定の適用がないものとする。」とあるとおり、収益事業から非収益事業へ金銭を支出し、一方で非収益事業から収益事業へも金銭を支出するような、実質的に金銭の支出がないと考えられる場合はみなし寄附金の適用がなされませんので注意が必要です。

5　税率・届出等

本項では、収益事業に該当する場合の法人税率と、収益事業を行っている法人、行っていない法人それぞれの提出書類について説明します。

（1）税率

収益事業にかかる法人税の税率は、その法人形態によって細かく定められています。以下は2020年（令和2年）4月1日現在の法令等を元にした税率になります。

【図表 3-1-7　法人税の税率】

区分				適用関係（開始事業年度）		
				平28.4.1 以後	平30.4.1 以後	平31.4.1以後
普通法人	資本金1億円以下の法人など（注1）	年800万円以下の部分	下記以外の法人	15%	15%	15%
			適用除外事業者			19%（注2）
		年800万円超の部分		23.4%	23.2%	23.2%
	上記以外の普通法人			23.4%	23.2%	23.2%
協同組合等（注3）		年800万円以下の部分		15% 【16%】	15% 【16%】	15% 【16%】
		年800万円超の部分		19% 【20%】	19% 【20%】	19% 【20%】

公益法人等	公益社団法人、公益財団法人又は非営利型法人	収益事業から生じた所得	年800万円以下の部分	15%	15%	15%
			年800万円超の部分	23.4%	23.2%	23.2%
	公益法人等とみなされているもの（注4）		年800万円以下の部分	15%	15%	15%
			年800万円超の部分	23.4%	23.2%	23.2%
	上記以外の公益法人等		年800万円以下の部分	15%	15%	15%
			年800万円超の部分	19%	19%	19%
人格のない社団等			年800万円以下の部分	15%	15%	15%
			年800万円超の部分	23.4%	23.2%	23.2%
特定の医療法人（注5）		年800万円以下の部分	下記以外の法人	15%【16%】	15%【16%】	15%【16%】
			適用除外事業者			19%（注6）【20%（注6）】
		年800万円超の部分		19%【20%】	19%【20%】	19%【20%】

【　】は、協同組合等又は特定の医療法人が連結親法人である場合の税率です。

(注1) 対象となる法人は以下のとおりです。
　① 各事業年度終了の時において資本金の額若しくは出資金の額が1億円以下であるもの又は資本若しくは出資を有しないもの（（注5）に掲げる特定の医療法人を除きます。）。ただし、各事業年度終了の時において次の法人に該当するものについては、除かれます。
　i 相互会社及び外国相互会社
　ii 大法人（次に掲げる法人をいいます。以下同じです。）との間にその大法人による完全支配関係がある普通法人
　　(i) 資本金の額又は出資金の額が5億円以上の法人
　　(ii) 相互会社及び外国相互会社
　　(iii) 受託法人
　iii 100％グループ内の複数の大法人に発行済株式又は出資の全部を直接又は間接に保有されている法人（iiに掲げる法人を除きます。）
　iv 投資法人
　v 特定目的会社
　vi 受託法人
　② 非営利型法人以外の、一般社団法人及び一般財団法人
(注2) 平成31年4月1日以後に開始する事業年度において適用除外事業者（その事業年度開始の日前3年以内に終了した各事業年度の所得金額の年平均額が15億円を超える法人等をいいます。以下同じです。）に該当する法人の年800万円以下の部分については、19％の税率が適用されます。
(注3) 協同組合等で、その事業年度における物品供給事業のうち店舗において行われるものに係る収入金額の年平均額が1,000億円以上であるなどの一定の要件を満たすものの年10億円超の部分については、22％の税率が適用されます。
(注4) 公益法人等とみなされているものとは、認可地縁団体、管理組合法人及び団地管理組合法人、法人である政党等、防災街区整備事業組合、特定非営利活動法人並びにマンション建替組合及びマンション敷地売却組合をいいます。
(注5) 特定の医療法人とは、措法第67条の2第1項に規定する国税庁長官の認定を受けたものをいいます。
(注6) 平成31年4月1日以後に開始する事業年度において適用除外事業者に該当する法人の年800万円以下の部分については、19％（その特定の医療法人が連結親法人である場合には、20％）の税率が適用されます。

(国税庁　タックスアンサー「No.5759　法人税の税率」を加工して作成)

（2）届出等（収益事業開始・損益計算書の提出制度）

　株式会社等で保育事業を行っている場合は、一般的な法人設立から確定申告までの流れに従って届出等を含む税務業務を行うことになります。一方、公益法人等で保育事業を行っている場合は、収益事業を行っているか否かで提出すべき書類が変わってきます。

① 収益事業を行っていない場合

　公益法人等が収益事業を行っていない場合は、年間の収入金額の合計額が8,000万円以下の場合を除き、原則として事業年度終了の日の翌日から４か月以内に、その事業年度の損益計算書又は収支計算書を、主たる事務所の所在地の所轄税務署長に提出しなければなりません（措法68の６、措令39の37、措規22の22）。

ｉ　提出する損益計算書又は収支計算書の様式は特に定められていませんが、概ね次に掲げる科目に従って作成することが一般的です。

（ｉ）損益計算書に記載する科目

【収益の部】

> 基本財産運用益、特定資産運用益、受取入会金、受取会費、事業収益、受取補助金等、受取負担金、受取寄附金、雑収益、基本財産評価益・売却益、特定資産評価益・売却益、投資有価証券評価益・売却益、固定資産売却益、固定資産受贈益、当期欠損金等

【費用の部】

> 役員報酬、給料手当、退職給付費用、福利厚生費、会議費、旅費交通費、通信運搬費、減価償却費、消耗什器備品費、消耗品費、修繕費、印刷製本費、光熱水料費、賃借料、保険料、諸謝金、租税公課、支払負担金、支払寄附金、支払利息、有価証券運用損、雑費、基本財産評価損・売却損、特定資産評価損・売却損、投資有価証券評価損・売却損、固定資産売却損、固定資産減損損失、災害損失、当期利益金等

（ii）収支計算書に記載する科目

【収入の部】

> 基本財産運用収入、入会金収入、会費収入、組合費収入、事業収入、補助金等収入、負担金収入、寄附金収入、雑収入、基本財産収入、固定資産売却収入、敷金・保証金戻り収入、借入金収入、前期繰越収支差額等

【支出の部】

> 役員報酬、給料手当、退職金、福利厚生費、会議費、旅費交通費、通信運搬費、消耗什器備品費、消耗品費、修繕費、印刷製本費、光熱水料費、賃借料、保険料、諸謝金、租税公課、負担金支出、寄附金支出、支払利息、雑費、固定資産取得支出、敷金・保証金支出、借入金返済支出、当期収支差額、次期繰越収支差額等

ⅱ 提出する損益計算書又は収支計算書は、事業収入について事業の種類ごとに区分されている必要があります。また、事業の科目は事業内容を示す適当な名称を付す必要があります。

ⅲ 損益計算書又は収支計算書を他の法令により作成している場合には、その損益計算書又は収支計算書を提出することができますが、事業収入が事業の種類ごとに区分されているもの又は事業収入の明細書が添付されているものである必要があります。

② 収益事業を行っている場合

　公益法人等が収益事業を行う場合は、収益事業を開始した日以後2か月以内に、開始の届出書及び添付書類を主たる事務所の所在地の所轄税務署長に提出しなければなりません（法法150、法規65）。添付書類とは、次の項目になります。

ⅰ 収益事業開始の日における収益事業についての貸借対照表（外国法人

は、収益事業の収益が国内で発生することになった時における収益事業
についての貸借対照表)

ⅱ　定款、寄附行為、規則若しくは規約又はこれらに準ずるものの写し

　また、通常の法人と同様、確定申告書を事業年度終了の日の翌日から2
か月（申告期限の延長を行っている場合はその期限）以内に所轄税務署長
に提出しなければなりません。

第2節　消費税

POINT　・保育所の非課税
　　　　・公益法人等の特例

1　概要

　消費税は国内において資産の譲渡等及び特定仕入れを行う個人事業者及び法人を納税義務者としていますので、地方公共団体、公共法人、公益法人等であっても人的非課税という制度はなく、営利法人と同様に納税義務があります。

　しかし、これらの法人の事業活動は公共の利益を求めるという性質上各種法令の制約を受け、その財源も補助金や寄附金で賄われる等、営利法人と比べ特殊な面が多いことから、消費税計算上の特例が設けられています。特例の概要は図表3-2-1に示すとおりですが、詳しくは本節の3、4で解説します。

　保育事業を行っている法人は、社会福祉法人等の公益法人や地方公共団体であることが多いため、特例の適用関係には留意する必要があります。

【図表 3-2-1　国、地方公共団体、公共法人、公益法人等に適用される特例】

	会計単位の特例	資産の譲渡等の時期の特例	仕入控除税額計算の特例	申告納付期限の特例
国（一般会計）	○	○	課税標準額に対する消費税額と仕入控除税額を同額とみなす	申告義務なし
地方公共団体（一般会計）	○	○	課税標準額に対する消費税額と仕入控除税額を同額とみなす	申告義務なし
国（特別会計）	○	○	特定収入により賄われる課税仕入れ等に係る税額を除外	○
地方公共団体（特別会計）	○	○	特定収入により賄われる課税仕入れ等に係る税額を除外	○

消費税法別表第三に掲げる法人	×	○ (要承認)	特定収入により賄われる課税仕入れ等に係る税額を除外	○ (要承認)
人格のない社団等	×	×	特定収入により賄われる課税仕入れ等に係る税額を除外	×
みなし公益法人(消費税法別表第三に掲げる法人とみなす)	×	○ (要承認)	特定収入により賄われる課税仕入れ等に係る税額を除外	○

(国税庁「国、地方公共団体や公共・公益法人等と消費税」(令和 2 年 6 月)を加工して作成)

2　課税取引・非課税取引の範囲

(1) 課税取引

　消費税法上、課税の対象については、国内において事業者が行った資産の譲渡等、特定仕入れ、保税地域から引き取られる外国貨物には消費税を課するとされています(消法 4 ①②)。

(2) 非課税取引

　国内において行われる資産の譲渡等であっても、消費に負担を求める税としての性格から課税の対象としてなじまないものや社会政策的配慮から、課税しない非課税取引が定められています(消法 6 、別表第一、別表第二)。

【図表 3-2-2　消費税が非課税とされるもの】

消費税の性格上非課税とされるもの
　① 土地の譲渡及び貸付け
　② 有価証券等の譲渡
　③ 利子を対価とする貸付け、信用の保証としての役務の提供及び保険料を対価とする役務の提供等
　④ 日本郵便株式会社などが行う郵便切手類の譲渡、印紙の売渡し場所における印紙の譲渡及び地方公共団体などが行う証紙の譲渡
　⑤ 商品券、プリペイドカードなどの物品切手等の譲渡
　⑥ 国等が法令に基づき行う一定の事務に係る役務の提供

⑦ 外国為替業務に係る役務の提供
社会政策的な配慮から非課税とされるもの
⑧ 社会保険医療の給付等
⑨ 介護保険サービスの提供
⑩ 社会福祉事業及び更生保護事業として行われる資産の譲渡等
⑪ 医師、助産師などによる助産に関する資産の譲渡等
⑫ 火葬料や埋葬料を対価とする役務の提供
⑬ 一定の身体障害者用物品の譲渡や貸付け
⑭ 学校教育法に規定する教育として行う役務の提供
⑮ 学校教育法に規定する教科用図書の譲渡
⑯ 住宅の貸付け

　上記表中の⑩社会福祉事業及び更生保護事業として行われる資産の譲渡等とは、社会福祉法に規定する第1種社会福祉事業、第2種社会福祉事業、更生保護事業法に規定する更生保護事業などの社会福祉事業等によるサービスの提供です。

　第1種社会福祉事業、第2種社会福祉事業は、社会福祉法第2条「定義」に規定されています。そのうち、児童、母子、子育てに関連する事業を抜き出したものが、下記 i (i)、ii (i)〜(iv)部分になります。例えば、児童福祉法に規定する保育所は、ii (i)において第2種社会福祉事業とされていますので、社会政策的な配慮の観点から非課税となります。

【図表3-2-3　社会福祉事業の定義】

i 第1種社会福祉事業（社会福祉法第2条第2項第2号）
　(i) 児童福祉法に規定する乳児院、母子生活支援施設、児童養護施設、障害児入所施設、児童心理治療施設又は児童自立支援施設を経営する事業
ii 第2種社会福祉事業（社会福祉法第2条第3項第2号〜第3号）
　(i) 児童福祉法に規定する障害児通所支援事業、障害児相談支援事業、児童自立生活援助事業、放課後児童健全育成事業、子育て短期支援事業、乳児家庭全戸訪問事業、養育支援訪問事業、地域子育て支援拠点事業、一時預かり事業、小規模住居型児童養育事業、小規模保育事業、病児保育事業又は子育て援助活動支援事業、同法に規定する助産施設、保育所、児童厚生施設又は児童家庭支援センターを経営する事業及び児童の福祉の増進について相談に応ずる事業
　(ii) 就学前の子どもに関する教育、保育等の総合的な提供の推進に関する法律

　（平成18年法律第77号）に規定する幼保連携型認定こども園を経営する事業
（ⅲ）民間あっせん機関による養子縁組のあっせんに係る児童の保護等に関する法律（平成28年法律第110号）に規定する養子縁組あっせん事業
（ⅳ）母子及び父子並びに寡婦福祉法（昭和39年法律第129号）に規定する母子家庭日常生活支援事業、父子家庭日常生活支援事業又は寡婦日常生活支援事業及び同法に規定する母子・父子福祉施設を経営する事業

　さらに、社会福祉法第 2 条第 4 項において社会福祉事業に含まれないとされている事業や、一定基準を満たす認可外保育施設についても、社会福祉事業等として行われる資産の譲渡等に類するものとして非課税の規定が設けられています（消令14の 3 ）。

【図表 3-2-4　社会福祉事業等として行われる資産の譲渡等に類するもの（児童・子育てに関連するもの）】

	消令第14条の 3 　各号	説明
児童福祉法	児童福祉施設を経営する事業として行われる資産の譲渡等（消法別表第一第 7 号ロにおいて非課税とされる社会福祉事業を除く。）（消令第14条の 3 第 1 号）	児童福祉法第 7 条第 1 項に規定する児童福祉施設を経営する事業として行われる資産の譲渡等のうち、第 1 種・第 2 種社会福祉事業として行われる資産の譲渡等については、消法別表第一第 7 号ロにより非課税とされています。 　よって、消令第14条の 3 第 1 号の規定において非課税とされるのは、社会福祉法第 2 条第 4 項第 4 号において社会福祉事業に含まれないものとされている、常時保護を受ける者が、入所させて保護を行うものにあっては 5 人、その他のものにあっては20人（政令で定めるものにあっては、10人）に満たない児童福祉施設を経営する事業ということになります。
	保育所を経営する事業に類する事業として行われる資産の譲渡等として厚生労働大臣が財務大臣と協議して指定するもの（消令第14条の 3 第 1 号）	「保育所を経営する事業に類する事業として行われる資産の譲渡等として厚生労働大臣が財務大臣と協議して指定するもの」とは、厚生労働省告示平成17年第128号に定める基準や要件を満たしている認可外保育施設が該当します。 　平成29年 3 月 3 日発出の雇児発0303第 1 号において、都道府県知事等から「認可外保育施設指導監督基準を満たす旨の証明書」が交付されたとしても、 1 日に保育する乳幼児の数が 5 人以下の施設に対して交付されるもの

は、消令第14条の 3 第 1 号の規定する「証明書」には該当しないとされていましたが、令和 2 年税制改正において、消費税が非課税とされる社会福祉事業等の範囲に、1 日当たり 5 人以下の乳幼児を保育する認可外保育施設のうち一定の基準を満たすものとして都道府県知事等から当該基準を満たす旨の証明書の交付を受けた施設において行われる保育が加えられることになりました。この改正は、令和 2 年10月 1 日以後に行われる資産の譲渡等について適用されます。

　認可外保育施設が行う資産の譲渡等のうち非課税とされるものについては、児童福祉法第 7 条第 1 項に規定する保育所において行われる乳児又は幼児を保育する業務と同様の業務として行われる資産の譲渡等に限られ（消基通6-7-7の 2 ）、国税庁質疑応答事例に具体的なサービスが掲載されています。

①非課税となるサービス
・保育料（延長保育、一時保育、病後児保育に係るものを含みます。）
・保育を受けるために必要な予約料、年会費、入園料（入会金・登録料）、送迎料
・給食費、おやつ代、施設に備え付ける教材を購入するために徴収する教材費、傷害・賠償保険料の負担金、施設費（暖房費、光熱水費）等のように通常保育料として領収される料金等（保育料とは別の名目で領収される場合を含みます。）

②課税となるサービス
・施設利用者の選択により付加的にサービスを受けるためのクリーニング代、オムツサービス代、スイミングスクール等の習い事の講習料等
・バザー収入

指定発達支援医療機関が行う児童福祉法第27条第 2 項に規定する治療等（消令第14条の 3 第 2 号）

児童福祉法第33条（児童の一時保護）に規定する一時保護（消令第

	14条の 3 第 3 号)	
子ども・子育て支援法	子ども・子育て支援法（平成24年法律第65号）の規定に基づく施設型給付費、特例施設型給付費、地域型保育給付費又は特例地域型保育給付費の支給に係る事業として行われる資産の譲渡等（消法別表第一第 7 号ロ及び第11号イ並びに消令第14条の 3 第 1 号に掲げるものを除く。）（消令第14条の 3 第 6 号）	子ども・子育て支援法に基づく施設型給付費、特例施設型給付費、地域型保育給付費、特例地域型保育給付費の支給に係る事業として行われる資産の譲渡等は非課税とされます。ただし、社会福祉事業に該当するもの、学校法人が教育として行う役務の提供、児童福祉施設を経営する事業に該当するものとして非課税とされるものは除かれます。 　したがって、消令第14条の 3 第 6 号により非課税とされるのは、市町村から確認を受けた子ども・子育て支援法に規定する施設で行われる事業で、社会福祉事業として行われる資産の譲渡等に該当せず、学校法人等でないものが行う事業ということになります。

【図表 3-2-5　厚生労働省告示平成17年第128号】

○消費税法施行令第14条の 3 第 1 号の規定に基づき厚生労働大臣が指定する保育所を経営する事業に類する事業として行われる資産の譲渡等

〔平成17年 3 月31日号外厚生労働省告示第128号〕
〔最終改正：令和 2 年 3 月31日〕

　消費税法施行令（昭和63年政令第360号）第14条の 3 第 1 号の規定に基づき、消費税法施行令第14条の 3 第 1 号の規定に基づき厚生労働大臣が指定する保育所を経営する事業に類する事業として行われる資産の譲渡等を次のように定め、平成17年 4 月 1 日から適用する。

　　消費税法施行令第14条の 3 第 1 号の規定に基づき厚生労働大臣が指定する保育所を経営する事業に類する事業として行われる資産の譲渡等

　児童福祉法（昭和22年法律第164号）第59条の 2 第 1 項の規定による届出が行われた施設であって、同法第59条第 1 項の規定に基づく都道府県知事（地方自治法（昭和22年法律第67号）第252条の19第 1 項の指定都市又は同法第252条の22第 1 項の中核市にあっては、それぞれその長。以下「都道府県知事等」という。）の立入調査を受け、次に掲げる施設の区分に応じ、それぞれ次に定める要件を満たし、当該満たしていることにつき都道府県知事等から証明書の交付を受けているもの（当該都道府県知事等から当該証明書を返還することを求められた場合の当該施設を除く。）において、乳児又は幼児（以下「乳幼児」という。）を保育する業務として行われる資産の譲渡等及び児童福祉法施行規則（昭和23年厚生省令第11号）第49条の 2 第 3 号に規定する施設であって、就学前の子どもに関する教育、保育等の総合的な提供の推進に関する法律（平成18年法律第77号）第 3 条第 3 項の規定による認定を受けているもの又は同条第11項の規定による公示がされているもの（同条第 1 項の条例で定める要件に適合していると認められるものを除く。）において、乳幼児を保育する業務として行われる資産の譲渡等

第一　 1 日に保育する乳幼児の数が 6 人以上である施設　次に掲げる事項のいずれも満たすものであること。
　一　保育に従事する者の数及び資格
　　イ　保育に従事する者の数は、施設の主たる開所時間である11時間（開所時間が11時間以

　　　内である場合にあっては、当該開所時間）について、乳児おおむね 3 人につき 1 人以上、満 1 歳以上満 3 歳に満たない幼児おおむね 6 人につき 1 人以上、満 3 歳以上満 4 歳に満たない幼児おおむね20人につき 1 人以上、満 4 歳以上の幼児おおむね30人につき 1 人以上であること。ただし、施設 1 につき 2 人以上であること。また、主たる開所時間である11時間以外の時間帯については、常時 2 人（保育されている乳幼児の数が 1 人である時間帯にあっては、 1 人）以上であること。

　　ロ　保育に従事する者のうち、その総数のおおむね 3 分の 1 （保育に従事する者が 2 人以下の場合にあっては、 1 人）以上に相当する数の者が、保育士（国家戦略特別区域法（平成25年法律第107号）第12条の 5 第 5 項に規定する事業実施区域内にある施設にあっては、保育士又は当該事業実施区域に係る国家戦略特別区域限定保育士。以下同じ。）又は看護師（准看護師を含む。以下同じ。）の資格を有する者であること。

　　ハ　保育士でない者について、保育士、保母、保父その他これらに紛らわしい名称が用いられていないこと。

　　ニ　国家戦略特別区域限定保育士が、その業務に関して国家戦略特別区域限定保育士の名称を表示するときに、その資格を得た事業実施区域を明示し、当該事業実施区域以外の区域を表示していないこと。

　二　保育室等の構造、設備及び面積

　　イ　乳幼児の保育を行う部屋（以下「保育室」という。）のほか、調理室（給食を施設外で調理している場合、乳幼児が家庭からの弁当の持参している場合等にあっては、食品の加熱、保存、配膳等のために必要な調理機能を有する設備。以下同じ。）及び便所があること。

　　ロ　保育室の面積は、乳幼児 1 人当たりおおむね1.65平方メートル以上であること。

　　ハ　おおむね 1 歳未満の乳幼児の保育を行う場所は、その他の幼児の保育を行う場所と区画され、かつ、安全性が確保されていること。

　　ニ　保育室は、採光及び換気が確保され、かつ、安全性が確保されていること。

　　ホ　便所用の手洗設備が設けられているとともに、便所は、保育室及び調理室と区画され、かつ、乳幼児が安全に使用できるものであること。

　　ヘ　便器の数は、幼児おおむね20人につき 1 以上であること。

　三　非常災害に対する措置

　　イ　消火用具、非常口その他非常災害に際して必要な設備が設けられていること。

　　ロ　非常災害に対する具体的計画が立てられているとともに、非常災害に備えた定期的な訓練が実施されていること。

　四　保育室を 2 階以上に設ける場合の設備等

　　イ　保育室を 2 階に設ける建物は、保育室その他の乳幼児が出入りし又は通行する場所に乳幼児の転落事故を防止する設備が設けられていること。なお、当該建物が次の(1)及び(2)のいずれも満たさないものである場合にあっては、三に掲げる設備の設置及び訓練の実施を行うことに特に留意されていること。

　　　(1)　建築基準法（昭和25年法律第201号）第 2 条第 9 号の 2 に規定する耐火建築物又は同条第 9 号の 3 に規定する準耐火建築物（同号ロに該当するものを除く。）であること。

　　　(2)　次の表の上欄に掲げる区分ごとに、同表の下欄に掲げる設備（乳幼児の避難に適した構造のものに限る。）のいずれかが、 1 以上設けられていること。

常用	1　屋内階段 2　屋外階段
避難用	1　建築基準法施行令（昭和25年政令第338号）第123条第 1 項に規定する構造の屋内避難階段又は同条第 3 項に規定する構造の屋内特別避難階段 2　待避上有効なバルコニー 3　建築基準法第 2 条第 7 号の 2 に規定する準耐火構造の屋外傾斜路又はこれに準

		ずる設備 4　屋外階段

☐　保育室を 3 階以上に設ける建物は、次の(1)から(7)までに該当するものであること。
　(1) 建築基準法第 2 条第 9 号の 2 に規定する耐火建築物であること。
　(2) 次の表の上欄に掲げる保育室の階の区分に応じ、同表の中欄に掲げる区分ごとに、同
　　表の下欄に掲げる設備（乳幼児の避難に適した構造のものに限る。）のいずれかが、1
　　以上設けられていること。この場合において、当該設備は、避難上有効な位置に保育
　　室の各部分から当該設備までの歩行距離が30メートル以内となるように設けられてい
　　ること。

3 階	常用	1　建築基準法施行令第123条第 1 項に規定する構造の屋内避難階段又は 　　同条第 3 項に規定する構造の屋内特別避難階段 2　屋外階段
	避難用	1　建築基準法施行令第123条第 1 項に規定する構造の屋内避難階段又は 　　同条第 3 項に規定する構造の屋内特別避難階段 2　建築基準法第 2 条第 7 号に規定する耐火構造の屋外傾斜路又はこれ 　　に準ずる設備 3　屋外階段
4 階以上	常用	1　建築基準法施行令第123条第 1 項に規定する構造の屋内避難階段又は 　　同条第 3 項に規定する構造の屋内特別避難階段 2　建築基準法施行令第123条第 2 項に規定する構造の屋外階段
	避難用	1　建築基準法施行令第123条第 1 項に規定する構造の屋内避難階段（た 　　だし、当該屋内避難階段の構造は、建築物の 1 階から保育室が設けら 　　れている階までの部分に限り、屋内と階段室とは、バルコニー又は付 　　室（階段室が同条第 3 項第 2 号に規定する構造を有する場合を除き、 　　同号に規定する構造を有するものに限る。）を通じて連絡すること 　　し、かつ、同条第 3 項第 3 号、第 4 号及び第10号を満たすものとす 　　る。）又は同条第 3 項に規定する構造の屋内特別避難階段 2　建築基準法第 2 条第 7 号に規定する耐火構造の屋外傾斜路 3　建築基準法施行令第123条第 2 項に規定する構造の屋外階段

　(3) 調理室と調理室以外の部分とが建築基準法第 2 条第 7 号に規定する耐火構造の床若し
　　くは壁又は建築基準法施行令第112条第 1 項に規定する特定防火設備によって区画され
　　ており、また、換気、暖房又は冷房の設備の風道の当該床若しくは壁を貫通する部分
　　がある場合には、当該部分又はこれに近接する部分に防火上有効なダンパー（煙の排
　　出量及び空気の流量を調節するための装置をいう。）が設けられていること。ただし、
　　次のいずれかに該当する場合においては、この限りでない。
　　(i) 調理室にスプリンクラー設備その他これに類するもので自動式のものが設けられて
　　　いること。
　　(ii) 調理室に調理用器具の種類に応じた有効な自動消火装置が設けられ、かつ、当該調
　　　理室の外部への延焼を防止するために必要な措置が講じられていること。
　(4) 壁及び天井の室内に面する部分の仕上げが不燃材料でなされていること。
　(5) 保育室その他乳幼児が出入りし又は通行する場所に乳幼児の転落事故を防止する設備
　　が設けられていること。
　(6) 非常警報器具又は非常警報設備及び消防機関へ火災を通報する設備が設けられている
　　こと。
　(7) カーテン、敷物、建具等で可燃性のものについて防炎処理が施されていること。

五　保育の内容等
イ　保育の内容
(1) 乳幼児1人1人の心身の発育や発達の状況を把握し、保育内容が工夫されていること。
(2) 乳幼児が安全で清潔な環境の中で、遊び、運動、睡眠等がバランスよく組み合わされた健康的な生活リズムが保たれるように、十分に配慮がなされた保育の計画が定められていること。
(3) 乳幼児の生活リズムに沿ったカリキュラムが設定され、かつ、それが実施されていること。
(4) 乳幼児に対し漫然とテレビやビデオを見せ続ける等、乳幼児への関わりが少ない放任的な保育内容でないこと。
(5) 必要な遊具、保育用品等が備えられていること。
ロ　保育に従事する者の保育姿勢等
(1) 乳幼児の最善の利益を考慮し、保育サービスを実施する者として適切な姿勢であること。特に、施設の運営管理の任にあたる施設長（児童福祉法第6条の3第11項に規定する業務を目的とする施設については、事業所長とする。）については、その職責にかんがみ、資質の向上及び適格性の確保が図られていること。
(2) 保育に従事する者が保育所保育指針（平成29年厚生労働省告示第117号）を理解する機会を設ける等、保育に従事する者の人間性及び専門性の向上が図られていること。
(3) 乳幼児に身体的苦痛を与えること、人格を辱めること等がないよう、乳幼児の人権に十分配慮されていること。
(4) 乳幼児の身体、保育中の様子又は家族の態度等から虐待等不適切な養育が行われていることが疑われる場合には児童相談所その他の専門的機関と連携する等の体制がとられていること。
ハ　保護者との連絡等
(1) 保護者と密接な連絡を取り、その意向を考慮した保育が行われていること。
(2) 緊急時における保護者との連絡体制が整備されていること。
(3) 保護者や施設において提供されるサービスを利用しようとする者等から保育の様子や施設の状況を確認したい旨の要望があった場合には、乳幼児の安全確保等に配慮しつつ、保育室等の見学に応じる等適切に対応されていること。
六　給食
イ　衛生管理の状況
調理室、調理器具、配膳器具、食器等の衛生管理が適切に行われていること。
ロ　食事内容等の状況
(1) 乳幼児の年齢や発達、健康状態（アレルギー疾患等の状態を含む。）等に配慮した食事内容とされていること。
(2) 調理があらかじめ作成した献立に従って行われていること。
七　健康管理及び安全確保
イ　乳幼児の健康状態の観察
乳幼児1人1人の健康状態の観察が乳幼児の登園及び降園の際に行われていること。
ロ　乳幼児の発育状態の観察
身長及び体重の測定等基本的な発育状態の観察が毎月定期的に行われていること。
ハ　乳幼児の健康診断
継続して保育している乳幼児の健康診断が入所時及び1年に2回実施されていること。
ニ　職員の健康診断
(1) 職員の健康診断が採用時及び1年に1回実施されていること。
(2) 調理に携わる職員の検便が、おおむね1月に1回実施されていること。
ホ　医薬品等の整備
必要な医薬品、医療用品等が備えられていること。
ヘ　感染症への対応

　　　乳幼児が感染症にかかっていることが分かった場合には、かかりつけ医の指示に従う
　　　よう保護者に対し指示が行われていること。
　　ト　乳幼児突然死症候群に対する注意
　　　⑴　睡眠中の児童の顔色や呼吸の状態のきめ細かい観察が行われていること。
　　　⑵　乳児を寝かせる場合には仰向けに寝かせることとされていること。
　　　⑶　保育室での禁煙が厳守されていること。
　　チ　安全確保
　　　⑴　乳幼児の安全確保に配慮した保育の実施が行われていること。
　　　⑵　事故防止の観点から、施設内の危険な場所、設備等について適切な安全管理が図られ
　　　　ていること。
　　　⑶　不審者の施設への立入防止等の対策や緊急時における乳幼児の安全を確保する体制が
　　　　整備されていること。
　　　⑷　事故発生時に適切な救命処置が可能となるよう、訓練が実施されていること。
　　　⑸　賠償責任保険に加入する等、保育中の事故の発生に備えた措置が講じられていること。
　　　⑹　事故発生時に速やかに当該事故の事実を都道府県知事等に報告する体制がとられてい
　　　　ること。
　　　⑺　死亡事故等の重大事故が発生した施設については、当該事故と同様の事故の再発防止
　　　　策及び事故後の検証結果を踏まえた措置が講じられていること。
　八　利用者への情報提供
　　イ　施設において提供される保育サービスの内容が、当該保育サービスを利用しようとす
　　　る者の見やすいところに掲示されていること。
　　ロ　施設において提供される保育サービスの利用に関する契約が成立したときは、その利
　　　用者に対し、当該契約の内容を記載した書面（その作成に代えて電磁的記録（電子的方
　　　式、磁気的方式その他人の知覚によっては認識することができない方式で作られる記録
　　　であって、電子計算機による情報処理の用に供されるものをいう。）を作成する場合にお
　　　ける当該電磁的記録を含む。）の交付が行われていること。
　　ハ　施設において提供される保育サービスを利用しようとする者から利用の申込みがあっ
　　　たときは、その者に対し、当該保育サービスの利用に関する契約の内容等についての説
　　　明が行われていること。
　九　帳簿の備付け
　　　職員及び保育している乳幼児の状況を明らかにする帳簿が整備されていること。
第二　１日に保育する乳幼児の数が５人以下であり、児童福祉法第６条の３第９項に規定する
　　業務又は同条第12項に規定する業務を目的とする施設　次に掲げる事項のいずれも満たす
　　ものであること。
　一　保育に従事する者の数及び資格
　　イ　保育に従事する者の数が、乳幼児おおむね３人につき１人以上であること。ただし、
　　　家庭的保育事業等の設備及び運営に関する基準（平成26年厚生労働省令第61号）第23条
　　　第３項に規定する家庭的保育補助者とともに保育する場合には、乳幼児おおむね５人に
　　　つき１人以上であること。
　　ロ　保育に従事する者のうち、１人以上は、保育士若しくは看護師の資格を有する者又は
　　　都道府県知事等が行う保育に従事する者に関する研修（都道府県知事がこれと同等以上
　　　のものと認める市町村長（特別区の長を含む。）その他の機関が行う研修を含む。以下同
　　　じ。）を修了した者であること。
　二　保育室等の構造、設備及び面積
　　イ　保育室のほか、調理室及び便所があること。
　　ロ　保育室の面積は、家庭的保育事業等の設備及び運営に関する基準第22条第２号に規定
　　　する基準を参酌して、乳幼児の保育を適切に行うことができる広さが確保されているこ
　　　と。
　三　その他

　　　　第一の一のハ及びニ、二のニ及びホ並びに三から九までに掲げる事項のいずれも満たしていること。

第三　児童福祉法第6条の3第11項に規定する業務を目的とする施設であって、複数の保育に従事する者を雇用しているもの　次に掲げる事項のいずれも満たすものであること。

　一　保育に従事する者の数が、乳幼児おおむね1人につき1人以上であること。

　二　保育に従事する全ての者が、保育士若しくは看護師の資格を有する者又は都道府県知事等が行う保育に従事する者に関する研修を修了した者であること。

　三　第一の一のハ及びニ、五のイ(1)から(4)まで、ロ並びにハ(1)及び(2)、七のイ、ニ(1)及びへからチまで、八並びに九に掲げる事項のいずれも満たしていること。この場合において、第一の八のイ中「の見やすいところに掲示」とあるのは、「に対し書面により提示」と読み替えるものとする。また、食事の提供を行う場合においては、衛生面等必要な注意を払うこと。

第四　児童福祉法第6条の3第11項に規定する業務を目的とする施設であって、第三に掲げる施設以外の施設　次に掲げる事項のいずれも満たすものであること。

　一　保育に従事する者の数が、乳幼児おおむね1人につき1人以上であること。

　二　保育に従事する全ての者が、保育士若しくは看護師の資格を有する者又は都道府県知事等が行う保育に従事する者に関する研修を修了した者であること。

　三　第一の一のハ及びニ、五のイ(1)から(4)まで、ロ(1)前段、(2)及び(3)並びにハ(1)及び(2)、七のイ、ニ(1)及びへからチまで、八並びに九に掲げる事項のいずれも満たしていること。この場合において、第一の七のニ(1)中「採用時及び1年に1回」とあるのは「1年に1回」と、八のイ中「の見やすいところに掲示」とあるのは「に対し書面により提示」と読み替えるものとする。また、食事の提供を行う場合においては、衛生面等必要な注意を払うこと。

【図表3-2-6　認可外保育施設指導監督基準を満たす旨の証明書の交付について（通知）】

　　　　　　　　　　　　　　　　　　　　　雇児発第0121002号
　　　　　　　　　　　　　　　　　　　　　平成17年1月21日
　　　　　　　　　　　　【第1次改正】　雇児発第0328001号
　　　　　　　　　　　　　　　　　　　　　平成20年3月28日
　　　　　　　　　　　　【第2次改正】　雇児発0303第1号
　　　　　　　　　　　　　　　　　　　　　平成29年3月3日
　　　　　　　　　　　　【第3次改正】　子発0930第4号
　　　　　　　　　　　　　　　　　　　　　令和2年9月30日

　　都道府県知事
各　指定都市市長　　殿
　　中核市市長

　　　　　　　　　　　　　　　　　　厚生労働省雇用均等・児童家庭局長

　　　　　認可外保育施設指導監督基準を満たす旨の証明書の交付について

　　認可外保育施設の指導監督については、「認可外保育施設に対する指導監督の実施について」（平成13年3月29日雇児発第177号本職通知。以下「指導監督通知」という。）により行われているが、同通知の別添として定められた「認可外保育施設指導監督基準」（以下「指導監督基準」という。）を満たしていない施設が未だに数多く見られるところである。待機児童が存在し、認

可外保育施設を利用せざるを得ない児童が多数存在することを踏まえれば、こうした認可外保育施設についても一定の質を確保し、児童の安全確保を図ることが必要である。

　こうした状況を踏まえ、認可外保育施設に対してより効果的な指導監督の実施を図る観点から、今般、別紙のとおり「認可外保育施設指導監督基準を満たす旨の証明書交付要領」を策定し、児童福祉法（以下「法」という。）第59条の2の5第2項の規定に基づく情報提供の一環として、指導監督基準を満たしていると認められる施設に対し、都道府県知事、政令指定都市市長又は中核市市長（以下「都道府県知事等」という。）がその旨を証明する証明書（以下「証明書」という。）を交付するとともに、その旨を公表する仕組みを導入することとしたので、適切な運用が図られるよう対応方お願いする。なお、この新たな仕組みについては、利用者への情報提供として適切に実施される必要があり、また、各都道府県等の区域を越えた認可外保育施設の利用者が存在することを踏まえれば、全都道府県等を通じて統一的な取扱いが求められることに特に留意願いたい。

（別紙）
認可外保育施設指導監督基準を満たす旨の証明書交付要領

第1　総則
　1　この要領の目的及び趣旨
　　　この要領は、認可外保育施設について、指導監督通知に基づく指導監督の効果的な実施を図るとともに、指導監督基準を満たしていると認められる施設に対し都道府県知事等が行う証明書の交付に関して必要な事項を定めるものであること。
　2　この要領の対象となる施設
　　　この要領の対象となる施設は、法第59条の2第1項の規定により都道府県知事等への届出が義務づけられている施設であること。
　　　なお、届出対象外施設についても、指導監督基準に基づき、引き続き適切な指導監督に努めること。
第2　証明書の交付
　1　立入調査
　　　証明書の交付は、指導監督通知の別紙「認可外保育施設指導監督の指針」（以下「指導監督指針」という。）第2の3に定める立入調査及び第3の2に定める改善指導の結果を踏まえて行うものであること。
　　　立入調査については、指導監督指針第2の3において、届出対象施設に対しては年1回以上行うことが原則とされており、また、同指針の留意事項15においては、認可外保育施設が多数設置されている地域等における取扱いが定められているが、これらを踏まえ適切に立入調査を実施すること。
　　　法第6条の3第11項に規定する業務を目的とする施設については、指導監督指針第2の3において、立入調査に代えて、事業所長又は保育従事者を一定の場所に集めて講習等の方法により集団指導が認められていることから、立入調査又は集団指導を年1回以上行うこと。ただし、都道府県等が必要と判断する場合には、立入調査を行うこと。
　2　改善指導
　　　立入調査の結果に基づく改善指導については、指導監督指針第3の2に定められているが、今般、現行の指導監督基準に沿って、立入調査結果の評価について別表の基準を定め、文書による改善指導（以下「文書指導」という。）を行うべきものと口頭による改善指導（以下「口頭指導」という。）が可能なものに区分したこと。
　　　具体的には、B判定の事項（指導監督基準を満たしていないが、比較的軽微な事項であって改善が容易と考えられるもの）については口頭指導により対応することとし、C判定の事項（指導監督基準を満たしていない事項で、B判定以外のもの）については文書指導により対応することを原則としたこと。ただし、B判定の事項であっても、以前の立入調査において指摘がなされたことがあり、新たな立入調査によっても再度指摘がなされる場合など、児童の安全確保の観点から特に注意を促す必要がある場合には、文書指導を行うべ

きこと。

　この評価の結果、文書指導を行う場合には、指導監督指針第3の2（2）①に従い、概ね1か月以内の回答期限を付して文書による報告を求める等の措置を講じること。また、口頭指導を行う場合には、立入調査時に対面により、又は事後に文書による報告若しくはこれに準ずる電話・FAX等の方法により、改善状況の確認を行うこと。

3　証明書の交付

　指導監督基準を満たす旨の証明書は、都道府県知事等が、管内の認可外保育施設について1の立入調査を実施し、別表の全項目について適合していることを確認した場合に、1日に保育する乳幼児の数が6人以上の施設の設置者等に対しては別添様式1により、法第6条の3第9項に規定する業務又は同条第12項に規定する業務を目的とする施設（1日に保育する乳幼児の数が5人以下のものに限る。）の設置者等に対しては別添様式2により交付するものであること。

　また、法第6条の3第11項に規定する業務を目的とする施設の設置者等に対しては、都道府県知事等が、1の集団指導又は立入調査を実施し、別表の全項目について適合していることを確認した場合に、複数の保育に従事する者を雇用しているものについては別添様式3により、複数の保育に従事する者を雇用していないものについては別添様式4により交付するものであること。

　また、2の改善指導を行った場合でも、その指導事項の改善状況の確認により、当該施設が別表の全項目について適合していることを確認した場合には、証明書を交付すること。

　なお、証明書の有効期間は、これを都道府県知事等が交付した日から、次の4によりその返還を求められたときまでであること。

4　証明書の返還

　3の証明書の交付を受けた者が、指導監督指針第2の3（1）①の通常の立入調査又は②の特別立入調査等により、3に定める証明書交付の要件を満たさなくなったと認められるときは、都道府県知事等は証明書の返還を求めるとともに、当該返還を求めた日付につき記録を残しておくこと。また、1の立入調査により、新たに証明書を交付する場合には、先に交付した証明書につき回収を行う等適切な措置を講ずること。

5　証明書の再発行

　当該施設の設置者等は、3の証明書を紛失等した場合には、証明書の再交付を求めることができること。再交付を受けた後、紛失した証明書を発見したときは、ただちに、発見した証明書を都道府県知事等に返還しなければならないこと。

第3　情報提供等

　都道府県知事等は、指導監督指針第6に定める情報提供として、管内の認可外保育施設につき証明書を交付した事実についてインターネットへの掲載等により公表するとともに、市区町村等にも情報提供を行い、市区町村等から一般への情報提供が行われるよう求めること。

　また、証明書の交付を受けた認可外保育施設は、保護者等からの求めに応じて証明書を提示できること。

　このように証明書は利用者への情報提供に用いられるが、保育施設については各都道府県等の区域を越えて利用されることもあることから、証明書の交付については、第2に基づき全都道府県等を通じて統一的な取扱いが求められるものであること。

第4　雑則

　都道府県等は、指導監督指針第7に定める記録の整備の一環として、認可外保育施設に対する証明書の交付、返還等についても必要な記録を整備すること。

別表　評価基準

　この評価基準は、現在の指導監督基準に沿って、立入調査の結果について文書指導を行うべきものと口頭指導による対応が可能なものに整理したものである。

○判定の内容

判定区分	内　　　　　容
A	指導監督基準を満たしている事項
B	指導監督基準を満たしていないが、比較的軽微な事項であって改善が容易と考えられるもの
C	指導監督基準を満たしていない事項で、B判定以外のもの

○指導の基準
　B判定の事項については口頭指導により対応することとし、C判定の事項については文書指導により対応することを原則とすること。ただし、B判定に該当する事項であっても、以前の立入調査において指摘がなされたことがあり、新たな立入調査によっても再度指摘がなされる場合など、児童の安全確保の観点から特に注意を促す必要がある場合には、文書指導を行うものとする。

○改善結果
　指導事項に対する改善結果を記録するものとし、表記は改善、未改善で記入すること。

（3）保育所等における消費税

　子ども・子育て支援法施行により、それまで施設や事業ごとにばらばらだった財政支援の仕組みが再編され、共通の給付である「施設型給付」に一本化されました。また、「施設型給付」に加え、小規模保育（利用定員6人以上19人以下）、家庭的保育（利用定員5人以下）、居宅訪問型保育、事業所内保育（主として従業員のほか、地域において保育を必要とする子どもにも保育を提供）の4つを市町村による認可事業とした上で、「地域型保育給付」の対象とし、多様な施設や事業の中から利用者が選択できる仕組みが整えられました。

　私立幼稚園は、同法の施行に伴い、「施設型給付を受ける認定こども園」、「施設型給付を受ける幼稚園」又は「施設型給付を受けない幼稚園」のいずれかを選択することになりましたが、私立保育所は、引き続き市町村からの委託費として運営に要する費用が支弁されることとなっています（子ども・子育て支援法附則6）。

① 認可保育所

　認可保育所は、自治体が運営する公立認可保育所と、社会福祉法人、NPO法人、株式会社等が運営する私立認可保育所とに区分されます。認

可保育所における保育サービスの提供は、第2種社会福祉事業に該当すれば非課税、社会福祉事業に該当しない場合であっても、社会福祉事業に類する事業として非課税となります。

② 幼保連携型認定こども園

幼保連携型認定こども園の設置主体は、国、地方自治体、学校法人、社会福祉法人に限られます（一定要件のもと、宗教法人、個人も設置主体になることは可能です。）。幼保連携型認定こども園は、社会福祉法第2条第3項第2号の2により第2種社会福祉事業となりますので、同園で行われる保育サービスの提供は非課税となります。

③ 地域型保育事業

第2種社会福祉事業として行われる資産の譲渡等に該当する場合には非課税となります。また、社会福祉事業に該当しない場合であっても、子ども・子育て支援法の規定に基づく施設型給付費、特例施設型給付費、地域型保育給付費又は特例地域型保育給付費の支給に係る事業として行われる資産の譲渡等（消令14の3Ⅵ）については非課税となります。

④ 認可外保育施設

認可外保育施設とは、児童福祉法に基づく都道府県知事などの認可を受けていない保育施設のことで、「認証保育所」など地方単独保育事業の施

【図表 3-2-7　保育施設の分類】

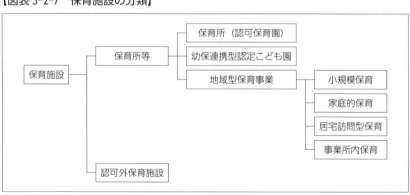

設も含まれます。具体的には、ベビーホテル、事業所内保育施設、院内保育施設、認可外の居宅訪問型保育事業などが該当します。保育所を経営する事業に類する事業として行われる資産の譲渡等として厚生労働大臣が財務大臣と協議して指定するもの（消令14の３Ⅰ）として一定の基準を満たした認可外保育施設の利用料等については、認可保育所の保育料と同様に非課税とされます。

3　国、地方公共団体、公共法人、公益法人等における計算の特例

（1）申告単位

　消費税は、法人ごとに１つの事業単位として納税義務を負いますので、公益法人等が収益事業と非収益事業（収益事業以外の事業）とを営んでいて、それぞれの事業ごとに区分経理している場合であっても、収益事業部分のみを申告対象とすることはできません。また、納税義務が免除されるかどうかを判定する場合におけるその課税期間に係る基準期間における課税売上高についても、法人を一単位として判定を行います。なお、国又は地方公共団体については、一般会計又は特別会計ごとに一の法人が行う事業とみなして消費税法の規定を適用するという特例があります（消法60①）。

（2）資産の譲渡等の時期

　国内取引に係る消費税の納税義務は、資産の譲渡等をした時（又は特定課税仕入れをした時）に成立します。原則として、資産の譲渡等をした時とは、資産の譲渡については引渡しのあった日、資産の貸付けについては契約や慣習などにより定められている使用料等の支払日、役務の提供については目的物の全部を完成して引き渡した日又は役務の提供を完了した日とすることとされています。

　一方、国又は地方公共団体については、予算決算及び会計令、地方自治

法施行令の規定により、歳入・歳出の所属会計年度が定められており、原則通りの取扱いを適用することが困難であることから、資産の譲渡等又は課税仕入れ等を行った時期について、その対価を収納すべき又は費用の支払をすべき会計年度の末日に行われたものとすることができるという特例が設けられています（消法60②、消令73）。

　消費税法別表第三に掲げる法人についても、法令又は定款、寄附行為、規則若しくは規約において、国又は地方公共団体の会計処理の方法に準じた特別な会計処理の方法を定めている場合には、納税地の所轄税務署長の承認を条件として、国又は地方公共団体と同様の特例を適用することができます（消法60③、消令74①②）。

（3）仕入控除税額計算の特例

　消費税の計算は、その課税期間の課税標準額に対する消費税額からその課税期間中の課税仕入れ等に係る消費税額（仕入控除税額）を控除して算出します。

　しかし、国・地方公共団体の特別会計や公益法人等は、租税、補助金、会費、寄附金等の対価性のない収入（以下「特定収入」といいます。）を恒常的な財源としている実態がありますので、仮に、特定収入で賄われる課税仕入れについて調整することなく全額控除してしまうと、恒常的に消費税還付が生じてしまう可能性もあります。

　そこで、特定収入割合が5％超の場合には、特定収入により賄われる課税仕入れ等に係る税額について、仕入税額控除の対象から除外して計算する特例が設けられています（消法60④）。

※　国、地方公共団体の一般会計については、課税標準額に対する消費税額と課税仕入に係る消費税額が同額とみなされますので、消費税の納税義務は生じません（消法60⑥）。

4　特定収入の扱い

（1）特定収入の意義

　特定収入とは、資産の譲渡等の対価以外の収入ですが、対価性のない収入であっても次に掲げる収入は除くとされています（消令75①）。

① 借入金及び債券の発行に係る収入で、法令においてその返済又は償還のため補助金、負担金その他これらに類するものの交付を受けることが規定されているもの以外のもの（以下、「借入金等」といいます。）

② 出資金

③ 預金、貯金及び預り金

④ 貸付回収金

⑤ 返還金及び還付金

⑥ 法令又は交付要綱等（国、地方公共団体又は特別の法律により設立された法人から資産の譲渡等の対価以外の収入を受ける際にこれらの者が作成した当該収入の使途を定めた文書をいいます。）において、次に掲げる支出以外の支出（特定支出）のためにのみ使用することとされている収入

　i　課税仕入れに係る支払対価の額に係る支出

　ii　特定課税仕入れに係る支払対価の額に係る支出（特定課税仕入れに係る消費税額及び当該消費税額を課税標準として課されるべき地方消費税額に相当する額の合計額を含みます。）

　iii　課税貨物の引取価額に係る支出

　iv　借入金等の返済金又は償還金に係る支出

⑦ 国又は地方公共団体が合理的な方法により資産の譲渡等の対価以外の収入の使途を明らかにした文書において、特定支出のためにのみ使用することとされている収入

⑧ 公益社団法人又は公益財団法人が作成した寄附金の募集に係る文書において、特定支出のためにのみ使用することとされている当該寄附金の

【図表 3-2-8　特定収入のフローチャート】

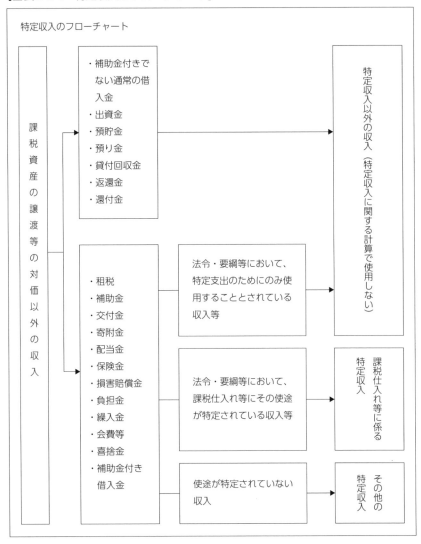

収入（当該寄附金が次に掲げる要件の全てを満たすことについて当該寄
附金の募集に係る文書において明らかにされていることにつき、公益社
団法人及び公益財団法人の認定等に関する法律第3条（行政庁）に規定
する行政庁の確認を受けているものに限ります。）

ⅰ　特定の活動に係る特定支出のためにのみ使用されること。

ⅱ　期間を限定して募集されること。

ⅲ　他の資金と明確に区分して管理されること。

したがって、次のような収入が特定収入に該当することになります。

・租税

・補助金

・交付金

・寄附金

・出資に対する配当金

・保険金

・損害賠償金

・資産の譲渡等の対価に該当しない負担金、他会計からの繰入金、会費
　等、喜捨金等

（2）特定収入に係る課税仕入れ等の税額の計算方法

① 調整計算が必要な場合

　特定収入に関する仕入税額控除の調整計算は、簡易課税制度を適用せ
ず、一般課税により仕入控除税額の計算を行う場合で、下記算式の特定収
入割合が5％を超える場合に行います（消令75③）。

　　＜特定収入割合＞

$$= \frac{特定収入の合計額（※1）}{資産の譲渡等の対価の額の合計額（※2）+特定収入の合計額}$$

　※1　特定収入の合計額

　　　　＝課税仕入れ等に係る特定収入の金額＋その他の特定収入の金額

※2　資産の譲渡等の対価の額の合計額

　　　＝課税売上高＋免税売上高＋非課税売上高＋国外売上高（売上に係る対価の返還等の額がある場合でも、分母から控除はしません。）

② 計算方法

　特定収入割合が5％を超える場合は、仕入控除税額の全額又は個別対応方式若しくは一括比例配分方式の区分に応じて計算した調整前の仕入控除税額から、それぞれの次の区分に応じて計算した「特定収入に係る課税仕入れ等の税額」を控除した金額が、仕入控除税額となります（消令75④）。

ⅰ 全額控除（課税売上高が5億円以下で課税売上割合が95％以上の場合）する場合

（ⅰ）＋（ⅱ）

（ⅰ）特定収入のうち課税仕入れ等にのみ
　　　使途が特定されている部分の金額　$\times \dfrac{7.8}{110}$
　　（課税仕入れ等に係る特定収入の額）

【図表 3-2-9　特定収入に係る調整計算の要否判定表】

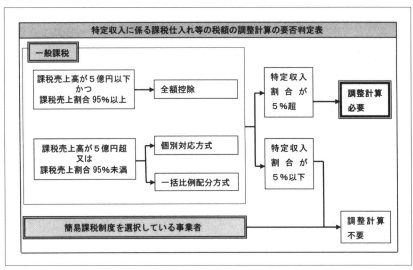

（出典：国税庁「国、地方公共団体や公共・公益法人等と消費税」（令和2年6月））

(ii)　｛調整前の仕入控除税額－(i)｝×調整割合　（※）

ⅱ 個別対応方式により計算する場合

(i)＋(ii)＋(iii)

(i)　特定収入のうち課税資産の譲渡等にのみ要する
課税仕入れ等のためにのみ使用することと $\times \dfrac{7.8}{110}$
されている部分の金額

(ii)　特定収入のうち課税資産の譲渡等と非課税資産の
譲渡等に共通して要する課税仕入れ等のために $\times \dfrac{7.8}{110} \times$ 課税売上割合
のみ使用することとされている部分の金額

(iii)　｛調整前の仕入控除税額－((i)＋(ii))｝×調整割合　（※）

ⅲ 一括比例配分方式により計算する場合

(i)＋(ii)

(i)　特定収入のうち課税仕入れ等にのみ
使途が特定されている部分の金額 $\times \dfrac{7.8}{110} \times$ 課税売上割合
（課税仕入れ等に係る特定収入の額）

(ii)　｛調整前の仕入控除税額－(i)｝×調整割合　（※）

$$※調整割合 = \dfrac{使途不特定の特定収入}{資産の譲渡等の対価の額の合計額＋使途不特定の特定収入}$$

【図表 3-2-10　有利判定具体例】

※金額は税込金額、税率10%	
収益科目	
委託費収益（非課税売上）	170,000,000円
利用者等利用料収益（非課税売上）	5,000,000円
補助金事業収益・公費（非課税売上にのみ要する課税仕入れに係る特定収入）	50,000,000円
寄附金収益（使途不特定の特定収入）	2,500,000円
施設整備等補助金収益（課税売上・非課税売上に共通して要する課税仕入れに係る特定収入）	60,000,000円
借入金利息補助金収益（特定収入以外の収入）	400,000円
受取利息配当金収益（非課税売上）	5,000円
利用者等外給食費収益（課税売上）	1,650,000円

　　雑収益（課税売上）　　　　　　　　　　　　　　　　　　　550,000円
　費用科目
　　人件費（消費税対象外）　　　　　　　　　　　　　　100,000,000円
　　事業費・事務費（非課税売上にのみ対応する課税仕入れ）　50,000,000円
　　事務費・利用者等外給食費（課税売上にのみ対応する課税仕入れ）　1,000,000円
　　支払利息（非課税仕入れ）　　　　　　　　　　　　　　　400,000円
　固定資産の取得
　　建物取得（課税売上・非課税売上共通に対応する課税仕入れ））　88,000,000円

　1．課税売上割合
　　A課税売上高　　（1,650,000+550,000）÷1.1＝2,000,000円
　　B非課税売上高　170,000,000＋5,000,000＋5,000＝175,005,000円
　　課税売上割合＝A／（A+B）＝2,000,000／177,005,000＝1.12％＜95％
　　∴仕入控除税額の計算方法は一括比例配分方式又は個別対応方式

　2．特定収入割合
　　A特定収入の合計額　50,000,000＋60,000,000＋2,500,000＝112,500,000円
　　B資産の譲渡等の対価の額　2,000,000＋175,005,000＝177,005,000円
　　特定収入割合＝A／（A+B）＝112,500,000／289,505,000＝38.86％＞5％⇒調整
　　計算あり

　3．調整割合
　　A使途不特定の特定収入　2,500,000円
　　B資産の譲渡等の対価の額　177,005,000円
　　調整割合＝A／（A+B）＝2,500,000／179,505,000

　4．個別対応方式
　　A　調整前の仕入控除税額
　　　　1,000,000×7.8／110＋88,000,000×7.8／110×課税売上割合＝141,415
　　B　特定収入に係る調整税額
　　　　60,000,000×7.8／110×課税売上割合＝48,072
　　　　（141,415－48,072）×調整割合＝1,300
　　　　48,072＋1,300＝49,372
　　C　A－B＝92,043円

　5．一括比例配分方式
　　A　調整前の仕入控除税額
　　　　（1,000,000＋88,000,000＋50,000,000）×7.8／110×課税売上割合＝111,368

　　B 特定収入に係る調整税額
　　　(60,000,000＋50,000,000)×7.8／110×課税売上割合＝88,133
　　　(111,368－88,133)×調整割合＝323
　　　88,133＋323＝88,456
　　C A－B＝22,912円

6. 有利判定
　個別対応方式＞一括比例配分方式　⇒個別対応方式が有利

（3）特定収入の使途の特定

　公益法人等は、資産の譲渡等の対価以外の収入（以下、「補助金等」といいます。）がある場合には、前述の（2）のとおり仕入控除税額の調整を行うこととされていますが、その対価以外の収入の使途が特定されているか否かにより調整の方法が異なります（図表3-2-8）。

　公益法人等における補助金等の使途は、法令又は交付要綱等によってその使途が明らかにされている場合には、その明らかにされているところにより使途を特定します。

　また、公益法人等が国又は地方公共団体から交付を受ける補助金等の使途は、交付要綱等でその使途が明らかにされていないまでも、その多くが予算又は決算において明らかにされていることから、消費税法基本通達16－2－2（国又は地方公共団体の特別会計が受け入れる補助金等の使途の特定方法）に準じて補助金等の使途を特定することができます。ただし、その場合、補助金等の交付元である国、地方公共団体がその使途を明らかにした文書を確定申告書とともに納税地の所轄税務署長に提出する必要があります（国税庁「国、地方公共団体や公共・公益法人等と消費税」令和2年6月）。

【使途の特定方法】

① 法令又は交付要綱等により補助金等の使途が明らかにされている場合

　補助金等交付要綱、補助金等交付決定書のほか、これらの附属書類であ

る補助金等の積算内訳書、実績報告書で明らかにされているところにより
特定します。

② 国又は地方公共団体から交付を受ける補助金等でその使途が①により特定できない場合

i　法令又は交付要綱等がある補助金等で当該法令又は交付要綱等におい
　てその使途の細部は不明であるが、その使途の大要が判明する場合

　　その補助金等の交付を受ける公益法人等が使途の大要の範囲内で合理
　的計算に基づき細部を特定します。

ii　iにより使途が特定できない場合で、補助金等の使途が予算書若しく
　は予算関係書類又は決算書若しくは決算関係書類で明らかな場合

　　これらの書類で明らかにされるところにより使途を特定します。

iii　法令、交付要綱等、予算書、予算関係書類、決算書、決算関係書類に
　おいて、借入金等の返済費又は償還費のための補助金等とされているも
　の

　　当該補助金等の額に、当該借入金等に係る事業が行われた課税期間に
　おける支出（①又は②i若しくは②iiにより使途が特定された補助金等
　の使途としての支出及び借入金等の返済費及び償還費を除きます。）の
　うちの課税仕入れ等の支出の額とその他の支出の額の割合を乗じて、課
　税仕入れ等の支出に対応する額とその他の支出に対応する額とにあん分
　する方法によりその使途を特定します。

iv　iからiiiまでによって使途が特定できない補助金等

　　当該補助金等の額に、当該課税期間における支出（①又は②i若しく
　は②iiにより使途が特定された補助金等の使途としての支出及び借入金
　等の返済費又は償還費のうち②iiiにおいて処理済みの部分を除きます。）
　のうちの課税仕入れ等の支出の額とその他の支出の額の割合を乗じて、
　課税仕入れ等の支出に対応する額とその他の支出に対応する額とに按分
　する方法によりその使途を特定します。

| コラム | **補助金返還を求められる場合** |

　決算が終わってほっと一息ついている頃、補助金交付団体から消費税及び地方消費税に係る仕入控除税額（返還額）の報告を求められることがあります。

　補助事業の経費を課税仕入れとして仕入控除税額の計算を行っている場合、補助金収入自体は課税対象外取引に該当しますので、補助事業経費に係る消費税分だけ還付が生じることになります。補助金で経費負担をしないうえに、経費に係る消費税分だけ得をすることになりますので、補助金交付団体（国等）としては見過ごしにはできません。

　そこで、国等は、補助金の交付を受けた事業者に対し、消費税の申告状況を報告させるとともに、補助事業経費に係る仕入控除税額分を返還させることとしています。

　返還の必要があるかどうかは、各事業者の消費税計算方法により異なります。

　消費税納税義務者でない場合や、納税義務者であっても①簡易課税制度を選択している法人、②補助対象経費全額が人件費に充てられる場合、③個別対応方式により計算を行う場合で、補助対象経費を非課税売上のみに要するものとしている場合、④消費税法別表第三に掲げる法人等で特定収入割合が5％を超えるため、仕入控除税額の調整計算を行っている法人については、補助金返還の必要はありません。

　返還額の有無を判断するための事務フローは以下のとおりです。

返還額の有無判断フロー

※補助金によって仕入れた経費に係る消費税及び地方消費税を確定申告した年度の申告方法等が基準となりますのでご注意ください。

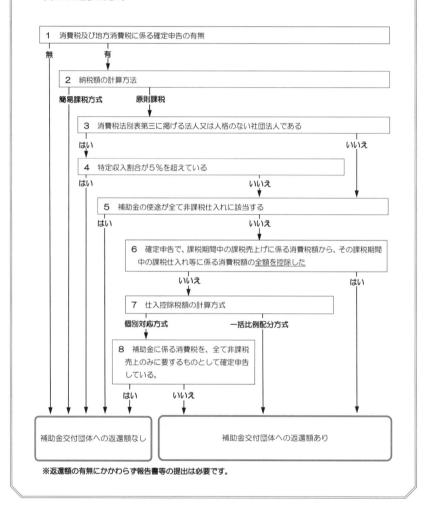

※返還額の有無にかかわらず報告書等の提出は必要です。

5　税率・申告・届出等

（1）税率の変遷

　平成元年 4 月 1 日に導入された消費税は段階的に税率が引き上げられ、令和元年10月 1 日からは軽減税率が導入されました。税率の変遷は次の通りです。

【図表 3-2-11　税率の変遷】

年月日	消費税率	地方消費税率	摘要
1989年（平成元年） 4 月 1 日〜	3.0%	0.0%	
1997年（平成 9 年） 4 月 1 日〜	4.0%	1.0%	
2014年（平成26年） 4 月 1 日〜	6.3%	1.7%	
2019年（令和元年）10月 1 日〜	7.8%	2.2%	飲食料品などの一部の品目は軽減税率 8 %
軽減税率	6.24%	1.76%	

（2）申告期限の特例

　消費税の申告期限と納付期限は、原則として課税期間の末日の翌日から 2 か月以内とされていますが、原則的な申告・納付期限では対応が困難な事業もあることから、次のような特例が設けられています（消法60⑧、消令76）。

【図表 3-2-12　消費税の申告期限と納付期限の特例】

区分	申告・納付期限
国	5 か月以内
地方公共団体（下記地方公営企業を除く。）	6 か月以内
地方公営企業	3 か月以内
消費税法別表第三の法人で、法令により、その決算を完結する日が会計年度の末日の翌日以後 2 か月以上経過した日と定められていること、その他特別の事情がある事につき所轄税務署長の承認を受けた法人	6 か月以内で承認を受けた期間

　また、令和 2 年度税制改正において、上記申告期限の特例の適用がない

法人が、法人税の確定申告書の提出期限の延長の特例（法法75の2）の適用を受けている場合において、消費税の確定申告書の提出期限を延長する旨を記載した届出書をその納税地を所轄する税務署長に提出したときは、その提出をした日の属する事業年度以後の消費税申告書の提出期限は、課税期間の末日の翌日から3か月以内とする改正が行われました（消法45の2）。

　この改正は、令和3年3月31日以後に終了する事業年度終了の日の属する課税期間について適用されます（令和2年改正消法附則45）。

（3）簡易課税制度と届出書の提出

① 制度の概要

　簡易課税制度は、仕入控除税額を課税売上高に対する税額の一定割合として消費税を計算する制度をいいます。この一定割合をみなし仕入率といい、売上げを卸売業、小売業、製造業等、サービス業等、不動産業及びその他の事業の6つに区分し、それぞれの区分ごとのみなし仕入率を適用します（消法37、消令57）。

【図表3-2-13　みなし仕入率】

第一種事業（卸売業）	90%	（注）　令和元年10月1日を含む課税期間（同日前の取引は除きます。）から、第三種事業である農業、林業、漁業のうち消費税の軽減税率が適用される飲食品の譲渡を行う事業を第二種事業とし、そのみなし仕入率は80%が適用されます。
第二種事業（小売業）	80%	
第三種事業（製造業等）	70%	
第四種事業（その他の事業）	60%	
第五種事業（サービス業等）	50%	
第六種事業（不動産業）	40%	

（国税庁　タックスアンサー「No.6505　簡易課税制度」（平成31年4月1日現在法令等）より作成）

　保育事業における課税売上の例とその事業区分は次のとおりです。

・保育料（厚生労働省告示平成17年第128号に定める基準や要件を満たさない認可外保育所における保育料）…第五種

・利用者の選択によるスイミングスクール等の習い事の講習料…第五種

・園児の家族、職員から徴収する給食代…第四種

・バザー収入…第二種

・駐車場収入（構築物あり）…第六種

・自販機設置手数料…第五種

・備品の売却収入…第四種

② 届出書の提出

　この制度の適用を受けるためには、納税地を所轄する税務署長に、原則として適用しようとする課税期間の開始の日の前日までに「消費税簡易課税制度選択届出書」を提出する必要があります。調整対象固定資産や高額特定資産を取得した場合は、一定期間「消費税簡易課税制度選択届出書」を提出できない場合がありますので注意が必要です。なお、簡易課税制度選択届出書を提出している場合であっても、基準期間の課税売上高が5,000万円を超える場合には、その課税期間については、簡易課税制度は適用できません。

　簡易課税制度の適用をとりやめて一般課税による仕入税額の控除を行う場合には、原則として、やめようとする課税期間の開始の日の前日までに「消費税簡易課税制度選択不適用届出書」を提出する必要があり、とりやめる課税期間の初日から課税仕入れ関係の帳簿及び請求書などを保存することが必要です。

第3節 地方税

POINT　・保育事業は基本的に非課税

　地方税には様々な種類がありますが、本書では保育事業を行っている事業主からよく質問を受ける固定資産税・不動産取得税・事業税・事業所税について説明します。

1　概要

　保育事業を行っている法人と、それ以外の法人の地方税における一番大きな違いは、その地方税が非課税になるか否か、になります。そのため、本項では非課税に着目して説明していきます。

（1）固定資産税

① 非課税について

　固定資産税は、土地、家屋、償却資産に課される地方税です。固定資産税の非課税には人的非課税と用途非課税の2種類があり、保育事業を行っている法人に関係があるのは用途非課税になります。

　用途非課税は、固定資産の用途を考慮し、非課税とするものです。これは地方税法第348条に限定列挙されています。その中から保育事業に関連する項目を抽出すると、以下のようになります。

【図表 3-3-1　用途非課税】

固定資産の用途	根拠等
学校法人が保育・教育の用に供する固定資産	地方税法348②Ⅸ
公益社団法人若しくは公益財団法人、宗教法人又は社会福祉法人がその設置する幼稚園において保育の用に供する固定資産	地方税法348②Ⅸ
小規模保育事業の用に供する固定資産	地方税法348②ⅩのⅡ
児童福祉施設の用に供する固定資産	地方税法348②ⅩのⅢ
学校法人、社会福祉法人が認定こども園の用に供する固定資産	地方税法348②ⅩのⅣ
事業所内保育事業の認可を得た者が当該事業（利用定員が６人以上であるものに限る。）の用に供する固定資産	地方税法348②ⅩのⅩ

　ただし、固定資産がその目的以外に使用される場合は、非課税とならないことに注意が必要です（地方税法348③）。

　上記は、自法人での固定資産の利用について記載しましたが、例えば提携している法人へ無償で上表の用途のために固定資産を貸与している場合も固定資産税は非課税となります。ただし、有償で貸与している場合は非課税とならないことに注意が必要です（地方税法348②ただし書）。

② 減免について

　固定資産の用途が①に記載の内容に該当しなくとも、次に記載する特定の保育施設を運営している場合は固定資産税が減免となります（地方税法349の3㉗～㉙、地方税法附則15㊳）。

ⅰ 家庭的保育事業、居宅訪問型保育事業又は事業所内保育事業（利用定員が１人以上５人以下）の用に直接供する家屋及び償却資産（他の用途に供されていないものに限ります。）

　固定資産税の課税標準を価格の２分の１とし、市町村の条例で３分の１～３分の２の範囲内で定めることができます。

ⅱ 企業主導型保育事業の用に供する固定資産

　企業主導型保育事業の助成を受けた後の５年間、課税標準を価格の２分の１とし、市町村の条例で３分の１～３分の２の範囲内で定めることができます（平成29年４月１日～令和３年３月31日に助成を受けた事業者等に限ります。）。

③ 東京都独自の減免

　民有地を活用した保育所等の整備促進を税制面から支援するため、東京都独自の政策として、23区内において保育所等のために有料で貸し付けられた土地のうち、以下の要件の全てを満たすものについては、固定資産税及び都市計画税が全額免除されます。減免期間は最長で 5 年間です。

【図表 3-3-2　東京都減免の要件】

> ⅰ　毎年 1 月 1 日時点で、以下のいずれかの保育所等に使用されていること
> 　認可保育所、認定こども園（幼保連携型・保育所型・地方裁量型）、認証保育施設、小規模保育事業所、事業所内保育事業所（定員 6 人以上）
> ⅱ　毎年 1 月 1 日の時点で、ⅰの設置者に有料で直接貸し付けられていること
> ⅲ　平成28年11月 1 日から令和 3 年 3 月31日までの間に、土地に係る賃貸借契約を新たに締結し、かつ、その契約締結後に、保育所等が新規開設されること

（2）不動産取得税

① 非課税について

　不動産取得税は、土地や家屋の購入、贈与、家屋の建築等で不動産を取得したときに課される地方税です。不動産取得税の非課税には人的非課税、用途非課税、形式的な移転による非課税の 3 種類があり、保育事業を行っている法人に関係があるのは用途非課税及び形式的な移転による非課税になります。

　用途非課税は、不動産の用途を考慮し、非課税とするものです。これは地方税法第73条の 4 から第73条の 6 に限定列挙されています。その中で保育事業に関連する項目は、前述(1)①の固定資産税の用途非課税と同様になります。形式的な移転による非課税は、相続による不動産の取得等は非課税とするものです（地方税法73の 7 ）。

② 減免について

　不動産の用途が①に記載の内容に該当しなくとも、次に記載する特定の保育施設を運営している場合は不動産取得税が減免となります（地方税法

73の14⑪〜⑬）。

- 家庭的保育事業、居宅訪問型保育事業又は事業所内保育事業（利用定
  員が1人以上5人以下）の用に直接供する家屋（他の用途に供されて
  いないものに限ります。）

  　不動産取得税の課税標準を価格の2分の1とし、都道府県の条例で
  3分の1〜3分の2の範囲内で定めることができます。

（3）事業税

　事業税は、法人が事業を行うにあたって利用している道路等様々な公共
サービスや公共施設について、その経費の一部を負担する目的で課税され
る地方税です。納税義務の有無は法人税と同様で、公益法人等が収益事業
を行っている場合の収益事業に係る所得、及びそれ以外の法人の所得に対
して納税義務が発生します。

（4）事業所税

① 非課税について

　事業所税は、人口30万以上の都市等が、都市環境の整備及び改善に関す
る事業に要する費用に充てることを目的として、課税される地方税です。
事業所税の非課税には人的非課税と用途非課税の2種類があります。人的
非課税は、公共性の高さを考慮し、非課税とするものです。例えば、国や
公共法人、公益法人等には事業所税を課すことができません（地方税法
701の34①②）。用途非課税は、施設の用途を考慮し、非課税とするもので
す。これは地方税法第701条の34第3項から第5項に限定列挙されており、
この中に保育所等も含まれています（地方税法701の34③Xの皿他）。考え
方は他の地方税と同様で、公益法人等であっても、収益事業を行っている
場合は、資産割や従業者割によって課税されます。

② 減免について

　保育施設が①に記載の内容に該当しなくとも、次に記載する特定の保育

施設を運営している場合は事業所税が減免となります（地方税法附則33
⑥）。

　・企業主導型保育事業の用に供する施設

　　事業所税の課税標準が価格の4分の1となります（平成29年4月1
　　日〜令和3年3月31日に助成を受けた事業者等に限ります。）。

2　計算方法・税率

　本項では、課税対象に該当した場合の計算方法、税率について説明します。

（1）固定資産税

　固定資産税は、次の計算式により計算され、課税されます。

> 固定資産税＝課税標準額×税率（標準税率1.4％）

　ただし、平成29年4月1日に、企業主導型保育事業の用に供する固定資
産にかかる課税標準額を減額する制度が開始されているため、平成29年4
月1日から令和3年3月31日までの間に企業主導型保育事業を開始する法
人は、申請を行うことによって特例措置を受けることができますのでご注
意ください。なお、特例措置の内容は、上記の事業の用に供する固定資産
について、課税標準を最初の5年間、2分の1に減額するというものにな
ります（地方税法附則15㊳）。

（2）不動産取得税

　不動産取得税は、次の計算式により計算され、課税されます。

> 不動産取得税＝課税標準額×税率（標準税率4％）

（3）事業税

　収益事業を行っている場合は、各都道府県が定めた税率に従って通常の法人と同様に事業税が課税されます。例えば東京都の場合、税率は下表のように定められています。

【図表 3-3-3　東京都　事業税　税率】

事業の区分	法人の種類	事業税の区分		税率（%）					
				令和 2 年 4 月 1 日以後に開始する事業年度		令和元年10月 1 日から令和 2 年 3 月31日までに開始する事業年度		平成28年 4 月 1 日から令和元年 9 月30日までに開始する事業年度	
				不均一課税適用法人の税率（標準税率）	超過税率	不均一課税適用法人の税率（標準税率）	超過税率	不均一課税適用法人の税率（標準税率）	超過税率
ア　イ及びウ以外の事業	①　普通法人（②及び③の法人を除く）公益法人等人格のない社団等	所得割	軽減税率適用法人　年 400 万円以下の所得	3.5	3.75	3.5	3.75	3.4	3.65
			年 400 万円を超え年 800 万円以下の所得	5.3	5.665	5.3	5.665	5.1	5.465
			年 800 万円を超える所得	7.0	7.48	7.0	7.48	6.7	7.18
			軽減税率不適用法人						
	②　特別法人〔法人税法別表三に掲げる協同組合等（農業協同組合、信用金庫等）及び医療法人〕	所得割	軽減税率適用法人　年 400 万円以下の所得	3.5	3.75	3.5	3.75	3.4	3.65
			年 400 万円を超える所得	4.9	5.23	4.9	5.23	4.6	4.93
			軽減税率不適用法人						

ア イ及び ウ以外 の事業	③	外形標準課税法人〔資本金の額（又は出資金の額）が1億円を超える普通法人（特定目的会社、投資法人、一般社団・一般財団法人は除く）〕	所得割	軽減税率適用法人	年400万円以下の所得	(0.4)	0.495	(0.4)	0.495	(0.3)	0.395
					年400万円を超え年800万円以下の所得	(0.7)	0.835	(0.7)	0.835	(0.5)	0.635
				軽減税率不適用法人	年800万円を超える所得	(1.0)	1.18	(1.0)	1.18	(0.7)	0.88
			付加価値割			—	1.26	—	1.26	—	1.26
			資本割			—	0.525	—	0.525	—	0.525
イ	電気供給業（小売電気事業等・発電事業等を除く）、ガス供給業、保険業又は貿易保険業		収入割			1.0	1.065	1.0	1.065	0.9	0.965
ウ 小売電気事業等又は発電事業等	①及び②の法人		収入割			0.75	0.8025	1.0	1.065	0.9	0.965
			所得割			1.85	1.9425	—			
	③の法人		収入割			(0.75)	0.8025	(1.0)	1.065	(0.9)	0.965
			付加価値割			—	0.3885	—			
			資本割			—	0.1575	—			

（注）（ ）内の税率は、東京都での適用はありませんが、特別法人事業税又は地方法人特別税の基準法人所得割額・基準法人収入割額の計算に用います。

（出典：東京都主税局ホームページ「法人事業税・法人都民税」）

（4）事業所税

　収益事業を行っている場合は、地方税法第701条の42に従って事業所税が課税されます。計算方法は、次のとおりです。

> ・資産割は事業所床面積1平方メートルにつき600円
> ・従業者割は従業者給与総額の100分の0.25

　事業所税は、資産割と従業者割の算定がありますので、以下に注意が必

要です。

　同一の事業所等において収益事業と非収益事業を行う場合で、事業所床面積又は従業者給与総額を算定する際に、収益事業にかかる部分と非収益事業にかかる部分を区分することができないときは、法人税法施行令第6条の区分経理の方法に基づいて算定します（地令56の23）。また、用途非課税により事業所税が課されない事業を行っている場合、従業者に係る従業者給与総額の算定は、非課税規定の適用を受ける事業と受けない事業それぞれの事業に従事した分量に応じて従業者の給与等の額を配賦します。ただし、従事した分量が明らかでない場合は、均等に従事したものとして計算します（地令56の49）。

第4節　所得税

POINT

・保育所に特徴的な源泉税

・公益法人に土地・建物・有価証券を寄附した場合の譲渡所
　得の非課税

・利子配当の非課税制度

1　源泉徴収義務と現物給与

　源泉徴収の対象となる所得を支払う者は、法人・個人を問わず源泉徴収
義務があります。保育事業を行う公益法人等も例外ではありません。

　源泉徴収の対象となる所得の範囲は所得税法で限定列挙されており、そ
の支払いを受ける者が、居住者なのか、内国法人なのか、あるいは非居住
者や外国法人なのかによって対象となる範囲が異なります。一般的な保育
事業で源泉徴収の対象となることが多い支出としては、給与や退職金、弁
護士や税理士等に支払う報酬、講師への謝礼金など定例的な経費が多いの
ですが、次の（1）～（4）に挙げるような経済的利益の提供や経費の支
出は、金額水準や支払方法によっては源泉徴収の必要な給与となる場合が
ありますので、注意が必要です。

（1）借り上げ社宅

　保育士不足の影響もあり、借り上げ社宅制度を導入して人材確保に努め
ている保育所が多くあります。東京都、大阪市、横浜市などでは、自治体
が事業者向けに社宅借上げを促すような政策（補助金交付など）を実施し
ています。

　使用人に対して社宅や寮を無償で貸与した場合には、賃貸料相当額が給
与として課税されますが、使用人から1か月当たり賃貸料相当額の2分の

１以上を徴収していれば、徴収している家賃と賃貸料相当額との差額は給与として課税されません（所基通36―47）。賃貸料相当額とは、次の①～③の合計額をいいます。

---

① （その年度の建物の固定資産税の課税標準額）×0.2％

② 12円×（その建物の総床面積（m²）÷3.3（m²））

③ （その年度の敷地の固定資産税の課税標準額）×0.22％

社宅や寮を法人で所有せず、他から借り入れて建物を貸し付けている場合であっても、借家人の立場から、建物所在地の市区町村において、固定資産税評価額の閲覧・証明書交付申請が可能です。

（2）技術や知識の習得費用

技術や知識の習得費用は、次の３つのいずれかの要件を満たしており、その費用として適正であれば、給与として課税しなくてもよいことになっています（所基通36―29の２）。ただし、職務上必要な技術習得の為の費用であっても、法人が本人に金銭を支給するなどして、実際にその費用に充てられたことが明らかでない場合は、給与として課税されることになります。

① 業務に直接必要な技術や知識を役員や使用人に習得させるための費用であること。

② 業務に直接必要な免許や資格を役員や使用人に取得させるための研修会や講習会などの出席費用であること。

③ 業務に直接必要な分野の講義を役員や使用人に大学などで受けさせるための費用であること。

（3）永年勤続表彰

　永年勤続者に対する表彰は広く行われている行事であり、その表彰にあたり記念品等を支給することなども一般的になっています。そこで、次に掲げる要件のいずれにも該当する場合には、給与として課税しないこととされています（所基通36−21）。

① 現金、商品券でなく、記念品の支給や、旅行、観劇等への招待費用であること。

② その人の勤続年数や地位などに照らして、社会一般的にみて相当な金額以内であること。

③ 同じ人を2回以上表彰する場合には、前に表彰したときから概ね5年以上の間隔があいていること。

④ 勤続年数が概ね10年以上である人を対象としていること。

　記念品として換金性のある旅行券を支給した場合には、実質的に金銭を支給するのと同じではないかという疑問が生じますが、旅行券の支給後1年以内に旅行を実施し、使用者に旅行の内容について報告させる等、一定措置を行うことで課税しなくて差し支えないこととされています。一方、記念品をカタログ（多品目）から自由に選ばせている場合には、使用者から支給された金銭で物品を購入した場合と同様であると判断できますので、現物給与として給与課税の対象となります。

（4）理事・評議員への日当、お車代

　保育事業を行う法人が公益法人等である場合、理事、監事、評議員に対して、理事会、評議員会への出席の都度、日当又はお車代として金銭を支給する場合があります。

　支給する金銭が旅費の実費精算であり通常必要な金額の範囲内であれば非課税とされますが、実費精算であっても通常必要な金額の範囲を超える場合や、一律に支給する場合は給与として源泉徴収が必要となります（所法9①Ⅳ、所基通9−3）。給与として源泉徴収を行う場合、「給与所得者

の扶養控除等申告書」が提出されているかどうかによって適用すべき税額表が異なります。他で給与支給を受けており、その勤務先で扶養控除等申告書を提出していれば乙欄で計算、他で給与を受けていなければ「給与所得者の扶養控除等申告書」の提出を受けて甲欄で計算することになります。また、毎月の給与支給がない者に対して、理事会、評議員会の開催の都度、金銭を支給する場合は税率の高い「日額表」を適用することになりますので、注意が必要です。

　公益法人等においては、役員報酬規定の作成と開示が求められますので、給与とされる日当・お車代を考慮した上で規定を作成する必要があります。

コラム　保育士が自分の子どもを保育所に預けられない!?

　平成29年9月、政府は、保育士等（保育士、幼稚園教諭、保育教諭）の子どもが優先的に保育所に入所できるような選考調整（点数付け）を行うよう、全国の自治体に通知を発出しました。出産や子育てのために現場を離れている「潜在保育士」を呼び戻し、保育現場の人材不足を解消することがねらいです。

　個別の施策については各自治体に任せられているものの、①保育士等が勤務している保育所等への優先入所、②住んでいる自治体、勤務地の自治体以外の保育所への優先入所といった方針が明確に打ち出されました。

2　個人の財産寄附

（1）譲渡所得税

　個人が、土地、建物、株式などの財産（事業所得の基因となるものを除きます。）を法人に寄附した場合には、原則、これらの財産は寄附時までの値上がり益に対して所得税が課されます（所法59①Ⅰ）。ただし、土地、建物などの財産を公益法人等に寄附した場合に、その寄附が次の一般特例又は承認特例の要件を満たすものとして国税庁長官の承認を受けたときは、この所得税を非課税とする制度が設けられています。

（2）法人に財産を寄附した場合の譲渡所得等の非課税の特例（一般特例）

① 概要

　公益法人等に財産を寄附した場合に、その寄附が教育又は科学の振興、文化の向上、社会福祉への貢献その他公益の増進に著しく寄与することなど次の②の要件を満たすものとして国税庁長官の承認を受けたときは、この寄附に対する所得税は非課税とされます（措法40①）。

　この特例の対象となる「公益法人等」は、公益社団法人、公益財団法人、特定一般法人その他の公益を目的とする事業を行う法人（社会福祉法人、学校法人、宗教法人、NPO法人）をいいます。また、特定一般法人とは一般社団法人又は一般財団法人で、法人税法第2条第9号の2イ及び法人税法施行令第3条第1項に掲げる全ての要件を満たす法人（非営利型）をいいます。

② 承認要件

　一般特例に係る非課税承認を受けるためには、公益法人等に対する財産の寄附について次のⅰからⅲまでに掲げる全ての要件（法人税法別表第一に掲げる独立行政法人、国立大学法人などに対する寄附である場合には、次のⅱに掲げる要件のみ）を満たすことが必要です（措令25の17⑤）。

ⅰ　寄附が、教育又は科学の振興、文化の向上、社会福祉への貢献その他

公益の増進に著しく寄与すること（措令25の17⑤Ⅰ）

ⅱ　寄附財産が、寄附があった日から２年を経過する日までの期間内に寄附を受けた公益法人等の公益目的事業の用に直接供され、又は供される見込みであること（措令25の17⑤Ⅱ）

ⅲ　寄附をすることにより、寄附をした人の所得税の負担を不当に減少させ、又は寄附をした人の親族その他これらの人と特別の関係がある者の相続税や贈与税の負担を不当に減少させる結果とならないと認められること（措令25の17⑤Ⅲ）

なお、次の全てに該当するときは、所得税又は相続税若しくは贈与税の負担を不当に減少させる結果とならないものとされています（措令25の17⑥）。

(ⅰ)　寄附を受けた公益法人等の運営組織が適正であるとともに、その法人の寄附行為、定款又は規則において、役員等のうち親族関係者及びこれらの人と特殊の関係がある人の数が、それぞれの役員等の数のうちに占める割合をいずれも３分の１以下とする旨の定めがあること

(ⅱ)　寄附をした人、寄附を受けた公益法人等の役員等若しくは社員又はこれらの人と親族関係若しくは特殊の関係がある人に対し、施設の利用、金銭の貸付け、資産の譲渡、給与の支給、役員等の選任その他財産の運用及び事業の運営に関して特別の利益を与えないこと

(ⅲ)　寄附を受けた公益法人等の寄附行為、定款又は規則において、その公益法人等が解散した場合の残余財産が国若しくは地方公共団体又は他の公益法人等に帰属する旨の定めがあること

(ⅳ)　寄附を受けた公益法人等につき公益に反する事実がないこと

(ⅴ)　寄附により公益法人等が株式の取得をした場合には、その取得によりその公益法人等の有することとなるその株式の発行法人の株式（寄附前から有する株式を含みます。）が、その発行済株式の総数の２分の１を超えることとならないこと

保育所を運営する公益法人等に土地・建物等を贈与した者の譲渡所得税

について一般特例の適用を受けようとする場合には、受入側の公益法人等が、定款等の記載要件を整えたうえで、法令、定款等に基づき適正に事業運営を行う必要があります。

（3）承認特例対象法人に財産を寄附した場合の譲渡所得等の非課税の特例（承認特例）

① 概要

　公益法人等のうち「国立大学法人等（国立大学法人、大学共同利用機関法人、公立大学法人、独立行政法人国立高等専門学校機構及び国立研究開発法人をいいます。）」、「公益社団法人」、「公益財団法人」、「学校法人（学校法人会計基準に従い会計処理を行う一定のものに限ります。）」、「社会福祉法人」又は「認定特定非営利活動法人等」（以下「承認特例対象法人」といいます。）に財産を寄附した場合に、寄附をした人が寄附を受けた承認特例対象法人の役員等に該当しないことなど②の要件を満たすものとして国税庁長官の承認を受けたときは、この寄附に対する所得税は非課税とされます（措令25の17⑦⑧）。なお、申請書を提出した日から1か月又は3か月以内（※）にその申請について非課税承認がなかったとき、又は承認しないことの決定がなかったときは、その申請について非課税承認があったものとみなされます。

※ 国立大学法人等（法人税法別表第一に掲げる法人に限ります。以下「特定国立大学法人等」といいます。）以外の承認特例対象法人に対する寄附で、寄附財産が株式等である場合には、3か月以内となります。

② 承認要件

　承認特例に係る非課税承認を受けるためには、承認特例対象法人に対する財産の寄附について次のiからⅲまでに掲げる全ての要件（特定国立大学法人等に対する寄附である場合には、次のⅱ及びⅲに掲げる要件）を満たすことが必要です（措令25の17⑦）。

i 寄附をした人が寄附を受けた承認特例対象法人の役員等及び社員並びにこれらの人と親族関係及び特殊の関係がある人に該当しないこと（措

令25の17⑦Ⅰ）

ii　寄附財産について、寄附を受けた承認特例対象法人の区分に応じ、一定の基金若しくは基本金に組み入れる方法により管理されていること又は不可欠特定財産に係る必要な事項が定款で定められていること（措令25の17⑦Ⅱ）

iii　寄附を受けた承認特例対象法人の理事会等において、寄附の申出を受け入れること及び寄附財産について一定の基金若しくは基本金に組み入れる方法により管理すること又は不可欠特定財産とすることが決定されていること（措令25の17⑦Ⅲ、措規18の19⑦）

（4）定款記載要件

　前述のとおり、寄附を受けた法人の運営組織が適正であると判定するためには、それぞれの法人形態に応じて、定款、寄附行為又は規則に一定の事項が記載されている必要があります。

　社会福祉法人を例にすると、主に下記に掲げる事項等を定款で規定する必要があります。

① 評議員の定数

　　在任する評議員の人数が理事の人数を超えること

　　確定数とすることも、「○○名以上○○名以内」と規定することも可能です。

② 評議員の選任及び解任

　　評議員選任・解任委員会を設置し、評議員の選任・解任は当該委員会で行う旨の規定があること

③ 評議員・理事の資格

　　評議員については社会福祉法第40条第4項と第5項に、理事については社会福祉法第44条第6項に、親族等特殊関係人の制限範囲が定められているが、これら社会福祉法の規定を遵守した上で、評議員・理事のいずれか1人とその親族等特殊関係人（租税特別措置法施行令第25条の17

第6項第1号に規定するものをいいます。）の合計数が全体の人数の3分の1を超えないとする規定があること

　なお、社会福祉法と租税特別措置法の親族範囲は異なりますので注意が必要です。

　ⅰ 社会福祉法

　　・配偶者

　　・三親等以内の親族

　ⅱ 租税特別措置法

　　・六親等内の血族

　　・配偶者

　　・三親等内の姻族

④ 重要事項の議決のうち、以下の事項については、理事会における理事総数（現在数）の3分の2以上の同意と評議員会の承認が必要である旨の規定があること

　　・事業計画及び収支予算

　　・基本財産の処分

　　・臨機の措置（予算外の新たな義務の負担及び権利の放棄）

　　・公益事業・収益事業に関する重要な事項

　事業計画及び収支予算について評議員会の承認を要しますので、評議員会は最低でも年に2回開催することになります。

⑤ 残余財産の帰属

　解散（合併又は破産による解散を除きます。）した場合の残余財産について、評議員会の決議を経た上で、社会福祉法人や社会福祉を行う学校法人等に帰属する旨の規定があること

| コラム | **社会福祉法人制度改革と定款変更** |

　社会福祉法等の一部を改正する法律（平成28年法律第21号）が平成28年3月31日に成立し、その一部が平成29年4月1日から施行され、社会福祉法人制度が見直されました。

　新制度では、施行日までに定款を変更して所轄庁の認可を受けなければならないとされたため（社会福祉法平成28年法律第21号改正附則7）、全ての社会福祉法人が厚生労働省や所轄庁が提示した「定款例」に基づいて一斉に定款変更を行いました。

　全国の社会福祉法人が一斉に定款変更をするのですから、法人も所轄庁も大混乱です。記載事項に不備がある定款もあったようで、こうした場合、租税特別措置法第40条の適用が遡って取り消されるのではないかとの懸念が広がりました。

　こうした事態を受けて、厚生労働省は国税庁と協議の上、平成29年1月24日付けで事務連絡「社会福祉法人制度改革に伴う租税特別措置法第40条の適用に関するQ&Aについて」を出すことになります。Q&Aでは、失念等により租税特別措置法第40条の適用を前提としない定款に変更した場合であっても、直ちに非課税承認が取り消されることはなく、税務署からの指摘の際に、同条の適用要件を満たす定款へ改正すればよいとされました。非課税遡及取消しの懸念は一旦払拭されたのです。しかし、過去に非課税特例を適用した社会福祉法人の多くは、施行日までの限られた日数の中で、租税特別措置法第40条の適用要件を満たす定款作成を検討しなければなりませんでした。

3　利子・配当等の非課税制度

　利子・配当が支払われる際には支払者において源泉徴収がなされ、源泉所得税控除後の手取り額が支払われます。ただし、所得税法第11条により同法別表第一の公共法人等が支払を受ける利子・配当等については、所得税を課さないとされています。

　別表第一の公共法人等には、公益社団法人、公益財団法人、社会福祉法人、学校法人等が含まれていますが、一般社団法人、一般財団法人は含まれていませんので、これらの法人については非営利型法人に該当するか否かに関わらず所得税が課されることになります。

第5節　印紙税

1　課税文書・非課税文書の範囲

（1）課税文書

　印紙税が課税される文書（以下「課税文書」といいます。）とは、印紙税法別表第一の課税物件表に掲げられている20種類の文書により証されるべき事項（以下「課税事項」といいます。）を証明する目的で作成されたもののうち、次に説明する「非課税文書」に該当しない文書をいいます（印法2、印基通2）。そして、課税文書の作成者は、その作成した課税文書につき、印紙税を納める義務があります。

（2）非課税文書

　非課税文書とは課税物件表に掲げられている文書のうち、次のいずれかに該当する文書をいいます（印法5）。

① 課税物件表の非課税物件の欄に掲げる文書
② 国、地方公共団体又は印紙税法別表第二に掲げる者が作成した文書
③ 印紙税法別表第三の上欄に掲げる文書で、同表の下欄に掲げる者が作成した文書
④ 特別の法律により非課税とされる文書

　①は、課税物件表に掲げる各課税文書ではあるものの、例外的に（主にその記載金額の面から）非課税文書として定められている文書を指します。一方、②は文書の作成者から、③は文書の根拠法と作成者から非課税

範囲を限定しています。その他、自然災害により被害を受けられた方が作成する不動産譲渡に関する契約書や、指定災害被災者への貸付けに関する契約書が非課税とされています。

【図表 3-5-1　印紙税額の一覧表】

令和2年4月現在

番号	文　書　の　種　類（物　件　名）	印紙税額（1通又は1冊につき）	主な非課税文書
1	**1　不動産、鉱業権、無体財産権、船舶若しくは航空機又は営業の譲渡に関する契約書** （注）　無体財産権とは、特許権、実用新案権、商標権、意匠権、回路配置利用権、育成者権、商号及び著作権をいいます。 （例）　不動産売買契約書、不動産交換契約書、不動産売渡証書など **2　地上権又は土地の賃借権の設定又は譲渡に関する契約書** （例）　土地賃貸借契約書、土地賃料変更契約書など **3　消費貸借に関する契約書** （例）　金銭借用証書、金銭消費貸借契約書など **4　運送に関する契約書** （注）　運送に関する契約書には、傭船契約書を含み、乗車券、乗船券、航空券及び送り状は含まれません。 （例）　運送契約書、貨物運送引受書など	記載された契約金額が 　10万円以下のもの　　　　　　　　　　200円 　10万円を超え　100万円以下のもの　　400円 　50万円を超え　100万円以下　〃　　　　1千円 　100万円を超え　500万円以下　〃　　　2千円 　500万円を超え　1千万円以下　〃　　　1万円 　1千万円を超え　5千万円以下　〃　　　2万円 　5千万円を超え　1億円以下　〃　　　　6万円 　1億円を超え　　5億円以下　〃　　　10万円 　5億円を超え　　10億円以下　〃　　　20万円 　10億円を超え　50億円以下　〃　　　40万円 　50億円を超えるもの　　　　　　　　　60万円 契約金額の記載のないもの　　　　　　　200円	記載された契約金額が **1万円未満（※）**のもの ※　第1号文書と第3号文書と第17号文書とに該当する文書で第1号文書に所属が決定されるものは、記載された契約金額が1万円未満であっても非課税文書となりません。
1	上記の1に該当する「不動産の譲渡に関する契約書」のうち、平成9年4月1日から令和4年3月31日までの間に作成されるものについては、契約書の作成年月日及び記載された契約金額に応じ、右欄のとおり印紙税額が軽減されています。 （注）　契約金額の記載のないものの印紙税額は、**本則どおり200円となります。**	**【平成26年4月1日〜令和4年3月31日】** 記載された契約金額が 　50万円以下のもの　　　　　　　　　　200円 　50万円を超え　100万円以下のもの　　500円 　100万円を超え　500万円以下　〃　　　1千円 　500万円を超え　1千万円以下　〃　　　5千円 　1千万円を超え　5千万円以下　〃　　　1万円 　5千万円を超え　1億円以下　〃　　　　3万円 　1億円を超え　　5億円以下　〃　　　　6万円 　5億円を超え　　10億円以下　〃　　　16万円 　10億円を超え　50億円以下　〃　　　32万円 　50億円を超えるもの　　　　　　　　　48万円 **【平成9年4月1日〜平成26年3月31日】** 記載された契約金額が 　1千万円を超え　5千万円以下のもの　　1万5千円 　5千万円を超え　1億円以下　〃　　　　4万5千円 　1億円を超え　　5億円以下　〃　　　　8万円 　5億円を超え　　10億円以下　〃　　　18万円 　10億円を超え　50億円以下　〃　　　36万円 　50億円を超えるもの　　　　　　　　　54万円	
2	**請負に関する契約書** （注）　請負には、職業野球の選手、映画（演劇）の俳優（監督・演出家・プロデューサー）、プロボクサー、プロレスラー、音楽家、舞踊家、テレビジョン放送の演技者（演出家、プロデューサー）が、その者としての役務の提供を約することを内容とする契約を含みます。 （例）　工事請負契約書、工事注文請書、物品加工注文請書、広告契約書、映画俳優専属契約書、請負金額変更契約書など	記載された契約金額が 　100万円以下のもの　　　　　　　　　200円 　100万円を超え　200万円以下のもの　400円 　200万円を超え　300万円以下　〃　　600円 　300万円を超え　500万円以下　〃　　1千円 　500万円を超え　1千万円以下　〃　　2千円 　1千万円を超え　5千万円以下　〃　　1万円 　5千万円を超え　1億円以下　〃　　　2万円 　1億円を超え　　5億円以下　〃　　　6万円 　5億円を超え　　10億円以下　〃　　10万円 　10億円を超え　50億円以下　〃　　20万円 　50億円を超えるもの　　　　　　　　40万円 　　　　　　　　　　　　　　　　　　60万円 契約金額の記載のないもの　　　　　　200円	記載された契約金額が **1万円未満（※）**のもの ※　第2号文書と第3号文書と第17号文書とに該当する文書で第2号文書に所属が決定されるものは、記載された契約金額が1万円未満であっても非課税文書となりません。
2	上記の「請負に関する契約書」のうち、建設業法第2条第1項に規定する建設工事の請負に係る契約に基づき作成されるもので、平成9年4月1日から令和4年3月31日までの間に作成されるものについては、契約書の作成年月日及び記載された契約金額に応じ、右欄のとおり印紙税額が軽減されています。 （注）　契約金額の記載のないものの印紙税額は、**本則どおり200円となります。**	**【平成26年4月1日〜令和4年3月31日】** 記載された契約金額が 　200万円以下のもの　　　　　　　　　200円 　200万円を超え　300万円以下のもの　500円 　300万円を超え　500万円以下　〃　　1千円 　500万円を超え　1千万円以下　〃　　5千円 　1千万円を超え　5千万円以下　〃　　1万円 　5千万円を超え　1億円以下　〃　　　3万円 　1億円を超え　　5億円以下　〃　　　6万円 　5億円を超え　　10億円以下　〃　　16万円 　10億円を超え　50億円以下　〃　　32万円 　50億円を超えるもの　　　　　　　　48万円 **【平成9年4月1日〜平成26年3月31日】** 記載された契約金額が 　1千万円を超え　5千万円以下のもの　　1万5千円 　5千万円を超え　1億円以下　〃　　　　4万5千円 　1億円を超え　　5億円以下　〃　　　　8万円 　5億円を超え　　10億円以下　〃　　　18万円 　10億円を超え　50億円以下　〃　　　36万円 　50億円を超えるもの　　　　　　　　　54万円	
3	**約束手形、為替手形** （注）1　手形金額の記載のない手形は非課税となりますが、金額を補充したときは、その補充をした人がその手形を作成したものとみなされ、納税義務者となります。 　　　2　振出人の署名のない白地手形（手形金額の記載のないものは除きます。）で、引受人やその他の手形当事者の署名のあるものは、引受人やその他の手形当事者がその手形を作成したことになります。	記載された手形金額が 　100万円以上　200万円以下のもの　　200円 　100万円を超え　200万円以下　〃　　400円 　200万円を超え　300万円以下　〃　　600円 　300万円を超え　500万円以下　〃　　1千円 　500万円を超え　1千万円以下　〃　　2千円 　1千万円を超え　2千万円以下　〃　　4千円 　2千万円を超え　3千万円以下　〃　　6千円 　3千万円を超え　5千万円以下　〃　　1万円 　5千万円を超え　1億円以下　〃　　　2万円 　1億円を超え　　2億円以下　〃　　　4万円 　2億円を超え　　3億円以下　〃　　　6万円 　3億円を超え　　5億円以下　〃　　10万円 　5億円を超え　　10億円以下　〃　　15万円 　10億円を超えるもの　　　　　　　　20万円	1　記載された手形金額が10万円未満のもの 2　手形金額の記載のないもの 3　手形の複本又は謄本
3	①　一覧払のもの、②金融機関相互間のもの、③外国通貨で金額を表示したもの、④非居住者円表示のもの、⑤円建銀行引受手形	200円	

番号	文書の種類（物件名）	印紙税額（1通又は1冊につき）	主な非課税文書
4	株券、出資証券若しくは社債券又は投資信託、貸付信託、特定目的信託若しくは受益証券発行信託の受益証券 （注）　1　出資証券には、投資証券を含みます。 　　　　2　社債券には、特別の法律により法人の発行する債券及び相互会社の社債券を含みます。	記載された券面金額が 　500万円以下のもの　　　　　　　　　200円 　500万円を超え1千万円以下のもの　　1千円 　1千万円を超え5千万円以下　〃　　　2千円 　5千万円を超え1億円以下　　〃　　　1万円 　1億円を超えるもの　　　　　　　　　2万円 （注）　株券、投資証券については、1株（1口）当たりの払込金額に株数（口数）を掛けた金額を券面金額とします。	1　日本銀行その他特定の法人の作成する出資証券 2　譲渡が禁止されている特定の受益証券 3　一定の要件を満たした額面株式の株券の無効手続に伴い新たに作成する株券
5	合併契約書又は吸収分割契約書若しくは新設分割計画書 （注）　1　会社法又は保険業法に規定する合併契約を証する文書に限ります。 　　　　2　会社法に規定する吸収分割契約書又は新設分割計画を証する文書に限ります。	4万円	
6	定款 （注）　株式会社、合名会社、合資会社、合同会社又は相互会社の設立のときに作成される定款の原本に限ります。	4万円	株式会社又は相互会社の定款のうち公証人法の規定により公証人の保存するもの以外のもの
7	継続的取引の基本となる契約書 （注）　契約期間が3か月以内で、かつ、更新の定めのないものは除きます。 （例）　売買取引基本契約書、特約店契約書、代理店契約書、業務委託契約書、銀行取引約定書など	4千円	
8	預金証書、貯金証書	200円	信用金庫その他特定の金融機関の作成するもので記載された預入額が1万円未満のもの
9	倉荷証券、船荷証券、複合運送証券 （注）　法定記載事項の一部を欠く証書で類似の効用があるものを含みます。	200円	
10	保険証券	200円	
11	信用状	200円	
12	信託行為に関する契約書 （注）　信託証書を含みます。	200円	
13	債務の保証に関する契約書 （注）　主たる債務の契約書に併記するものは除きます。	200円	身元保証ニ関スル法律に定める身元保証に関する契約書
14	金銭又は有価証券の寄託に関する契約書	200円	
15	債権譲渡又は債務引受けに関する契約書	記載された契約金額が1万円以上のもの　　200円 契約金額の記載のないもの　　　　　　　200円	記載された契約金額が1万円未満のもの
16	配当金領収証、配当金振込通知書	記載された配当金額が3千円以上のもの　　200円 配当金額の記載のないもの　　　　　　　200円	記載された配当金額が3千円未満のもの
17	1　売上代金に係る金銭又は有価証券の受取書 （注）　1　売上代金とは、資産を譲渡することによる対価、資産を使用させること（権利を設定することを含みます。）による対価及び役務を提供することによる対価をいい、手付けを含みます。 　　　　2　株券等の譲渡代金、保険料、公社債及び預貯金の利子などは売上代金から除かれます。 （例）　商品販売代金の受取書、不動産の賃貸料の受取書、請負代金の受取書、広告料の受取書など	記載された受取金額が 　100万円以下のもの　　　　　　　　　　200円 　100万円を超え200万円以下のもの　　　400円 　200万円を超え300万円以下　〃　　　600円 　300万円を超え500万円以下　〃　　　1千円 　500万円を超え1千万円以下　〃　　　2千円 　1千万円を超え2千万円以下　〃　　　4千円 　2千万円を超え3千万円以下　〃　　　6千円 　3千万円を超え5千万円以下　〃　　　1万円 　5千万円を超え1億円以下　　〃　　　2万円 　1億円を超え2億円以下　　　〃　　　4万円 　2億円を超え3億円以下　　　〃　　　6万円 　3億円を超え5億円以下　　　〃　　　10万円 　5億円を超え10億円以下　　　〃　　　15万円 　10億円を超えるもの　　　　　　　　　20万円 受取金額の記載のないもの　　　　　　　200円	次の受取書は非課税 1　記載された受取金額が**5万円未満（※）**のもの 2　営業に関しないもの 3　有価証券、預貯金証書など特定の文書に追記した受取書 ※　平成26年3月31日までに作成されたものについては、記載された受取金額が3万円未満のものが非課税とされていました。
	2　売上代金以外の金銭又は有価証券の受取書 （例）　借入金の受取書、保険金の受取書、損害賠償金の受取書、補償金の受取書、返還金の受取書など	200円	
18	預金通帳、貯金通帳、信託通帳、掛金通帳、保険料通帳	1年ごとに　　　　　　　　　　　　　　200円	1　信用金庫など特定の金融機関の作成する預貯金通帳 2　所得税が非課税となる普通預金通帳など 3　納税準備預金通帳
19	消費貸借通帳、請負通帳、有価証券の預り通帳、金銭の受取通帳などの通帳 （注）　18に該当する通帳を除きます。	1年ごとに　　　　　　　　　　　　　　400円	
20	判取帳	1年ごとに　　　　　　　　　　　　　　4千円	

（出典：国税庁ホームページ）

（3）保育所の印紙税

① 保育所利用契約書

　事業者が保育サービスを提供する際には、保育所利用者と契約書を取り交わすことが一般的です。

　印紙税の課税文書に該当するかは、その契約が請負契約（課税文書）にあたるか、委任契約（不課税文書）にあたるかによって変わってきますので、内容をよく確認する必要があります。請負契約と委任契約の判定は大変難しいのですが、実際の判定にあたっては、文書全体を1つとして判断するのみでなく、その文書に記載されている個々の内容についても判断する必要があります。また、文書の名称や形式的な記載文言によることなく、その記載文言の実質的な意義についても判断しなければなりません。

　東京都の認証保育所モデル契約書は、次のとおりです。

【図表 3-5-2　東京都　認証保育所モデル契約書】

認証保育所モデル契約書

　○○○○（以下、「保護者」といいます。）と□□□□（以下、「事業者」といいます。）とは、事業者が保護者の乳幼児○○○○（以下「乳幼児」といいます。）に対して行う保育について、以下のとおり契約を締結します。

- ・契約当事者と直接サービスを受ける児童とが、誰であるかを明確に記載してください。

第1条（契約の目的）
　事業者は、乳幼児に対し、児童福祉法等の趣旨にしたがって、安心して生活できる保育を提供し、保護者は事業者に対しその保育に対する料金を支払います。

- ・この契約は、保護者と事業者の双方に、債権又は債務の関係が生じる契約であることを記載してください。
- ・児童福祉法、認証保育所事業実施要綱及び東京都認証保育所事業実施細目の趣旨に反するような保育とならないよう、「児童福祉法令等の趣旨にしたがって、・・・・」の文言を入れ、提供するサービス内容についての枠組みを設けてください。

第2条（契約期間）
　1　この契約期間は、平成○○年○月○日から平成○○年○月○○日までとします。
　2　契約満了日の○日前までに、保護者から事業者に対して、文書により契約終了の申し出がない場合、再度契約の内容を確認した上で、更新することとします。

- ・文書による解約については、利用者からの解約に制限を加える趣旨ではなく、後々のトラブル防止の観点から規定しました。
- ・契約更新時に契約内容を確認するのは、保育時間などに変更が生ずる場合が多く、自動更新がなじまないことが想定されるためです。
- ・契約内容が変更になる場合は、変更契約書又は新たに契約書を取り交わしてください。

243

第3条（保育の場所）
　保育の提供場所は、東京都○○○区（市）○丁目○番○号の○○○保育園です。

> ・保育所の所在地、名称を明確にしてください。

第4条（保育サービスの内容）
1　事業者は、児童福祉法、保育所保育指針及び認証保育所事業実施要綱等に沿って、乳幼児の発達に必要な保育サービスを提供します。
2　保育内容は、「重要事項説明書」のとおりとします。

> ・提供するサービスの内容を包括的に明示し、児童福祉法、保育所保育指針、認証保育所事業実施要綱、認証保育所事業実施細目で定める保育を行う旨を記載してください。
> ・保育の内容やサービスの種類について、「重要事項説明書」のとおり実施することを示してください。

第5条（保育の記録）
1　事業者は、保育所において乳幼児の保育内容を記載した諸記録を作成し、契約終了後又は契約の解約後○年間保存します。なお、保存期間が経過した際には第11条第1項の守秘義務にのっとり破棄します。
2　保護者は、前項の諸記録を閲覧することができます。

> ・第1項は、保育に必要な記録（在籍記録・児童票・保育計画・健康診断書等）の作成とこれらの保存年限について規定しました。
> ・保存年限について、幼稚園の場合は指導に関する記録を5年、学籍に関する記録を20年、卒園後保存することになっていますので、参考にしてください。
> 　　　　　　　　　　　　　　　　　　　　　　　　　　　（学校教育施行規則第15条第2項）
> ・また、廃棄に当たっては、プライバシーを保護するため、裁断処理を行うなどの方法を取ってください。

第6条（契約時間等）
1　契約時間　　○曜日から○曜日までの○時○○分から○時○○分まで
2　利用時間の延長
　上記の契約時間を超えて、開所時間内に保育が必要になった場合は、保護者は事前に事業者へ連絡するものとします。

> ・曜日や時間について、契約の範囲を明確にしてください。
> ・契約時間を超えて、随時に保育時間の延長が必要になった場合の取り扱いについて定めておいてください。
> ・曜日や時間は、保護者の勤務状況により変更されることが多いため、「契約書別紙」（50ページ参照）に分け、契約の変更を行いやすくする手法をとっても構いません。
> 　この場合、本条は『契約時間等は、「契約書別紙」によります。』と記載してください。
> 　なお、「契約書別紙」も契約書の一部であるため、別紙のなかに定められている事項が守られない場合は、契約不履行となりますので留意してください。

第7条（料金）
　保護者は保育サービスの対価として、事業者に次のとおり支払うものとします。
① 月極保育料＿＿＿＿＿＿＿＿＿＿＿＿＿＿円（月額、消費税を含む。）
　ただし、前条第1項の契約時間内の保育、昼食代、おやつ代を含みます。
② その他の利用料
・随時の延長保育料＿＿＿＿＿＿＿＿＿＿＿円（1時間当たり、消費税を含む。）
・補食代（夕食）＿＿＿＿＿＿＿＿＿＿＿＿円（1回当たり、消費税を含む。）
　なお、これらの利用料は月単位で清算します。

- ①のように、月極保育料に含まれるサービス内容も明記してください。
- ②のように、月極保育のほか、随時に利用するサービスについても契約書に盛り込んでください。この場合、サービスの内容と利用料、清算方法も明記してください。
- 料金単位（月、日、時間）や消費税の取り扱いについて明確にしてください。
- 曜日や時間の変更に伴い、料金も変更されることが多いため、「契約書別紙」（50ページ参照）に分け、契約の変更を行いやすくする手法をとっても構いません。
  この場合、本条は『契約時間等は、「契約書別紙」によります。』と記載してください。
  なお、「契約書別紙」も契約書の一部であるため、別紙のなかに定められている事項が守られない場合は、契約不履行となりますので留意してください。

第 8 条（料金の支払）
1　前条①の料金について、事業者は明細を付して当月○日までに保護者に請求し、保護者は当月○日までに事業者へ○○○○の方法で支払います。
2　前条②の料金について、事業者は明細を付して翌月○日までに保護者に請求し、保護者は請求があった月の○日までに事業者へ○○○○の方法で支払います。
3　月の途中で入退所する場合、前条第 1 号の保育料は、在籍日数に応じ日割計算で料金を算定します。
4　退所する場合の清算料金について、第 1 項及び第 2 項の定めに関わらず、事業者は明細及び支払期限を付して当月末までに保護者に請求し、保護者は支払期限までに事業者へ○○○○の方法で支払います。
5　事業者は、保護者から料金の支払いを受けたときは、利用者に領収証を発行します。

- 具体的な支払い方法についても明確にしてください。
  （例　口座振替払・現金振込払・現金払等）
- 随時のサービスを利用した場合の支払方法も明記してください。
- 月途中の入退所の場合の料金の算定方法についても明記してください。
- 退所時には、転居や口座の変更も想定されるので、第 1 項及び第 2 項以外の方法で支払うことがあり得ますので、その場合は支払い方法を明記してください。

第 9 条（契約の解除）
1　保護者又は乳幼児の事情で中途退所する場合、保護者は退所予定日の前月○日までに事業者に書面にて申し出るものとします。前月○日以降に退所を申し出た場合、保護者は翌月分に相当する第 7 条①の保育料を支払うものとします。
2　次の事由に該当した場合、保護者は文書で事業者に通知することにより、この契約を解除することができます。
　① 事業者が正当な理由なく保育を拒否した場合
　② 事業者が守秘義務に反した場合
　③ 事業者が法令等の社会的義務に反した場合
　④ 事業者が乳幼児又は保護者やその家族などに対して社会通念を逸脱する行為を行った場合
　⑤ 事業者が破産した場合
3　事業者は、閉所や休所など止むを得ない事情がある場合、保護者に対して、○箇月間の予告期間を置いて、理由を文書で明示し口頭で説明した上で、この契約を解除することができます。
4　次の事由に該当した場合は、事業者は文書で保護者に通知することにより、この契約を解除することができます。
　① 保護者が第 7 条に定める料金の支払いを遅延した場合で、料金支払の催告期間が経過しても支払わない場合
　② 保護者が事業者や保育所従業者又は他の利用者（保護者、乳幼児）に対して、重大な背信行為を行った場合

- ・第1項及び第2項は保護者からの解除の定めです。第3項及び第4項は事業者からの解除の定めです。第3項の、事業者の事情により解除の申し出を行う場合には、保護者の理解が得られるよう理由を文書と併せて説明することや、転所先を探すのに十分な予告期間を設けることに留意してください。
- ・第2項④の「社会通念を逸脱する行為」は、第4項②の「重大な背信行為」より広範な考え方です。乳幼児、保護者及びその家族の人権を尊重しない態度や、乳幼児や保護者の保護の視点に欠ける行為などが広く含まれます。
- ・第4項では、事業者の一方的な理由により契約を解除することがないよう、一定の要件を明記してください。

第10条（退所時の協力）

　事業者は、前条第2項及び第3項の事由により乳幼児が退所する際には、保護者の希望や乳幼児の環境の変化を勘案し、転所先の確保に努めます。

- ・止むを得ない事情で事業を休止しても、利用者にとっては引き続き保育が必要となりますので、区市町村の空き情報を活用するなどして、転所先の確保に努めてください。

第11条（秘密保持）

1　事業者及び従事するすべての職員は、保育を提供をする上で知り得た乳幼児、保護者及びその家族等に関する秘密を第三者に漏らしません。この守秘義務は、契約終了後も同様とします。

2　前項の定めに関わらず、サービスの質の向上を目的とした第三者評価機関による審査のために、事業者が乳幼児、保護者の個人情報を提供することに、保護者は同意します。

3　第1項の定めに関わらず、保育所運営内容の向上を目的とした運営委員会に、事業者が乳幼児及び保護者の個人情報を提供する必要がある場合は、必要の都度、文書で保護者の同意を得るものとします。

- ・第1項は通常の守秘義務を定めたものです。
- ・第2項は、第三者評価に個人情報を提供する場合の事前同意の定めです。第三者評価を受ける際には、保護者の同意が要件となります。したがって、個人情報を提供することについて、契約成立をもって同意を得ておく方が事業者、保護者ともに合理的と考えられます。
- ・第3項は、運営委員会に個人情報を提供する場合の同意の定めです。運営委員会では個別的なケースについて個人情報を必要としますので、第2項のように事前に同意を得るのではなく、必要の都度保護者から文書で同意を得るようにしてください。

第12条（緊急時の対応等）

1　事業者は、保育中に乳幼児の身体に急変が生じた場合又はその他必要があると判断した場合は、あらかじめ保護者が指定した緊急連絡先へ連絡するとともに、速やかに主治医又は嘱託医に連絡をとるなど必要な措置を講じます。

2　保育中、乳幼児がけがをした場合は、職員が保護者に対し説明を行うものとします。

- ・第1項は緊急時の保護者への連絡、保育所の取るべき措置についての定めです。事業者は、契約時に別途、保護者の緊急連絡先を把握しておいてください。また、保育所として、緊急事態への対応をマニュアルとして整えておくようにしてください。
- ・第2項は保育中に乳幼児がけがを生じた場合についての定めです。保護者が納得できるよう誠意を持って説明することが肝要です。

第13条（賠償責任）

　事業者は、保育サービスの提供に伴なって、事業者の責めに帰すべき事由により乳幼児の生命、身体又は財産に損害を及ぼした場合は、保護者に対してその損害を賠償します。

- ・通常の賠償責任を定めたものです。

第14条（相談・苦情対応）
　事業者は窓口を設置し、保育に関する相談、事業全般に係る要望、苦情等に対し、誠実かつ迅速に対応します。

> ・相談、苦情等があった場合には迅速に対応ができるよう窓口を設置し、乳幼児及び保護者の視点に立ち、誠意を持って対応・解決に当たることが重要です。

第15条（本契約に定めのない事項）
1　保護者及び事業者は、信義誠実をもってこの契約を履行するものとします。
2　この契約に定めのない事項については、児童福祉法その他法令の定めを尊重し、双方が誠意をもって協議の上決定します。

> ・契約にあらかじめ定めていなくても、当事者双方が関係法令等を尊重し、誠意をもって協議し、決定していくことが重要です。事業者の都合に合わせて、一方的に事がらを決定することのないよう留意してください。

第16条（裁判管轄）
　この契約に関して止むを得ず訴訟する場合は、保護者の住所地を管轄する裁判所を第一審管轄裁判所とします。

> ・利用者保護の観点から、事業者、利用者どちらが訴訟を起こす場合であっても、保護者の住所地を管轄する裁判所を合意管轄裁判所としてください。

第17条（重要事項説明確認）
　契約の締結に当たり、事業者は保護者に対し、別に作成する重要事項説明書に基づき重要事項の説明を行い、保護者はその内容を了承したものとします。

> ・事業者は、契約を締結するに当たり、必ず保護者に重要事項の説明をすることが義務づけられています。説明をしたかどうか後々トラブルとならないために、契約書上で確認してください。

　上記の契約を証するため、本書2通を作成し、保護者、事業者は記名押印の上、その1通を保有するものとします。

　　　　　　年　月　日

保護者
　〈住所〉
　〈氏名〉　　　　　　　　　　　　　　　　印

　〈住所〉
　〈氏名〉　　　　　　　　　　　　　　　　印

事業者
　〈所在地〉
　〈事業者名〉
　〈代表者〉　　　　　　　　　　　　　　　印

> ・保護者欄には、保護者が2人いる場合は、2人とも記名、押印することが望ましいです。
> ・事業者欄には、代表者又は法的にその委任を受けた者が、記名、押印してください。
> 　法的に契約代理権限を与えられている場合のみ、施設長（園長）は事業者側の契約の当事者になれます。

> 【印紙税について】
> 　本契約書（別紙契約書を含む。）は、印紙税の課税文書には該当しません。
> 　この契約書の内容は、乳幼児及び保護者が適切なサービスの提供を受けるために記載されるものであり、「当事者の一方が仕事の完成を約し、相手方がその仕事の結果に対して報償を支払う」という性格のものではないものと認められるので、民法上の「請負」には該当しません。また、その他のいずれの課税文書にも該当しません。
> 　なお、自主事業の記載のあるものは、自主事業の内容によっては「請負」に当たり、課税文書となる場合がありますので注意してください。
> 　ただし、領収証は課税文書になります（記載金額が3万円未満のものは非課税文書）。
> 詳しくは、税務署までお問合わせください。

（出典：東京都福祉保健局ホームページ　認証保育所の詳細（実施要綱・申請様式等）
「モデル契約書・重要事項説明書」）

　上記の認証保育所モデル契約書末尾の【印紙税について】において記載されているとおり、当該契約書は適切な保育サービスを受けるために締結するものであり、民法上の請負に相当するような性格のものではなく、印紙税の課税文書に該当しないと考えられます。ただし、自主事業に関して記載がある場合は、当該自主事業の内容によっては、請負に該当する可能性があり、その場合には課税文書に該当することになります。

② 利用者負担金を受領する際の領収書

　保育所運営者が作成する文書については、不課税文書を除いて、前項（2）の非課税文書に該当しない限り、原則として課税文書に該当することになります。保育所運営者が利用者負担金（保育料）を受領する際に作成する受取書は、17号文書に該当しますので、記載金額が5万円以上である場合には課税文書に該当します。ただし、その運営母体が公益法人等である場合は、営業に関しない受取書として印紙税は非課税となります。

　ここで営業者の意義が重要になります。営業者とは営業を行う者をいい、営業とは、利益を得る目的で、同種の行為を継続的、反復的に行うことをいいます。営利目的がある限り、現実に利益を得ることができなかったとしても、また、当初、継続、反復の意思がある限り、1回でやめたとしても営業に該当します（国税庁　質疑応答事例「営業者の間における契約であることの要件」）。具体的にどのような行為が営業に該当するかは、商法の規定による商人と商行為から考えるとされています。法人について

は、株式会社、有限会社等の営利法人は営業者に該当しますが、公益法人は営業者に該当しません。保育所運営者別にまとめると次のとおりです。

ⅰ 営利法人（株式会社、合同会社）

資本取引に関するものなど、印紙税法基本通達別表第一において営業に関しないものとして取り扱う行為を除き、全て営業に該当します。

ⅱ 公益法人（公益社団法人、公益財団法人、学校法人、社会福祉法人、医療法人）

営利を目的とする法人でないことから、これらの法人の作成する売上代金に係る金銭又は有価証券の受取書は、収益事業に関するものであっても、営業に該当しません（印基通別表第一第17号文書の22）。

ⅲ ⅰ、ⅱ以外の法人（一般社団法人、一般財団法人、NPO法人）

印紙税法においては、会社以外の法人で法令又は定款の定めにより利益金又は剰余金の配当又は分配ができないものは営業者に該当しないこととされていますので、一般社団法人、一般財団法人、NPO法人については、定款の定めにより利益金又は剰余金の配当又は分配ができないこととされている場合は、ⅱの公益法人と同じ取扱いとなります。

③ 継続取引の基本となる契約書

7号文書（継続取引の基本となる契約書）の定義に関して、印紙税法施行令第26条第1号には次のように規定されています。

特約店契約書その他名称のいかんを問わず、営業者（法別表第一第17号の非課税物件の欄に規定する営業を行う者をいう。）の間において、売買、売買の委託、運送、運送取扱い又は請負に関する二以上の取引を継続して行うため作成される契約書で、当該二以上の取引に共通して適用される取引条件のうち目的物の種類、取扱数量、単価、対

> 価の支払方法、債務不履行の場合の損害賠償の方法又は再販売価格を
> 定めるもの（電気又はガスの供給に関するものを除く。）

　保育所運営者が公益法人や定款の定めにより利益金又は剰余金の分配が
できない一定の法人（②ⅱ又はⅲの法人）である場合、これらの者が契約
の当事者となって作成する請負等に関する契約書は、7号文書にはなり得
ないということになります。

2　国・地方公共団体との契約

　国、地方公共団体、又は印紙税法別表第二に掲げる者（以下「国等」と
いいます。）が作成した文書は非課税文書に該当します。また、国等では
ない保育所運営者が国等と共同して作成した文書については、以下のよう
な特別の取扱いが定められています（印法4⑤）。

> (1) 国等又は公証人が保存するものは、国等以外の者が作成したもの
> 　　とみなされ、課税の対象になります。
> (2) 国等以外の者（公証人を除きます。）が保存するものは、国等が作
> 　　成したものとみなされ、非課税となります。

　つまり、保育所運営者が国等と共同で作成し、各当事者が一通ずつ文書
を所持する場合、保育所運営者は印紙の貼付がないもの（国等が作成した
とみなされた非課税文書）を保存することになり、共同作成した文書は、
作成者全員の連帯納付義務が課されます。

【参考文献】

中田ちず子編著、古瀬裕子・廣野琢・大橋みどり著『非営利法人の税務と会計（8 訂版）』（大蔵財務協会、2019年）

メディカル・マネジメント・プランニング・グループ編『医療・介護・福祉の消費税（3 訂版）』（税務研究会出版局、2019年）

若林孝三・鈴木博共著『実例問答式　公益法人の税務（令和元年版）』（大蔵財務協会、2019年）

松本和也著『保育所・認定こども園のための会計基準省令と資金運用ルールの実務ガイド（令和元年 9 月改訂）』（実務出版、2019年）

税理士法人ゆびすい編著『子ども・子育て支援新制度の会計・税務・労務』（税務研究会出版局、2019年）

見﨑治久編『印紙税実務問答集（4 訂増補版）』（税務研究会出版局、2015年）

第4章

経営サポート

第1節　設立支援

> **POINT**
> ・保育所には複数の種類があり、それぞれ開設条件が異なる
> ・開設手続は開設する自治体によって異なる

1　種類と条件

第1章第2節で記載したように、保育所には認可保育所と認可外保育施設があります。認可保育所は児童福祉法に定められた基準を満たし、都道府県等から認可を受けた施設です。認可保育所には、家庭的保育事業、小規模保育事業、事業所内保育事業、居宅訪問型保育事業や幼保連携型認定こども園も含まれます。一方、認可外保育施設は児童福祉法に基づく都道府県等からの認可を受けていない施設です。開設するにあたり、そのメリットとデメリットを確認しておくことが重要です。ここでは、認可保育所のうち認可保育所及び小規模保育施設を、認可外保育施設のうち自治体独自の保育施設の例として東京都認証保育所を確認していきます。

（1）形態ごとのメリットとデメリット

① 認可保育所

認可保育所の大きなメリットは、国からの補助金があり、保護者から「公的機関により認められている」という安心感による信頼を得やすいため、園児が集まりやすいという点です。そのため長期間安定した経営を継続することが可能です。

一方、開業するための基準が厳しく、運営方法も細かく決まっているため自由度が低いというデメリットがあります。また、開業までに通常複数年かかります。

② 小規模保育施設

　園児の定員数が少ない小規模保育施設は、自由度が高いほか、公的な補助金もあるので開業する上でメリットの多い保育所です。また、認可保育所と同様、入所の申し込みを自治体が受け付けているので、園児が集まりやすいというメリットもあります。さらに認可基準も認可保育所ほど厳しくないため開園準備が短期間で済みます。

　一方、補助金を受けるための基準が定められており、認可外よりも制約は厳しくなります。

③ 東京都認証保育所

　東京都認証保育所は認可保育所よりも設置基準が緩やかであり、市区町村からの推薦があればほぼ認証されるため、開業しやすいことがメリットです。また、補助金を受けられるうえ保育料を自由に設定できます。

　一方、認可保育所よりも受けられる助成金が少ないため、保育士の給料も比較的低くなり、人材不足になってしまう恐れがあります。また、都内の駅から近い立地において設置する場合には、土地や建物の賃料や取得価額などが高額になる可能性が高いです。

【図表 4-1-1　保育所の特徴】

	認可保育所 （認可）	小規模保育施設 （認可）	東京都認証保育所 （認可外）
設置の認可	都道府県（指定都市・中核市）	市町村	東京都が認証
指導監督等	都道府県（指定都市・中核市）	市町村	東京都、市区町村
助成金・補助金	国と地方自治体が支援	国と地方自治体が支援	東京都が支援
設置基準	厳格	比較的緩やか	緩やか
保育方針	児童福祉法に準拠	児童福祉法に準拠	施設が設定
園児募集	地方自治体が募集	地方自治体が募集	施設が募集
保育料	地方自治体が設定	地方自治体が設定	施設が設定

（2）認可

　認可保育所は児童福祉法に基づく基準をすべて満たし、都道府県（指定都市・中核市の場合は市）から認可を受ける必要があります。また小規模保育施設については、児童福祉法に基づく基準をすべて満たし、市町村から認可を受ける必要があります。一方、東京都認証保育所は認可保育所よりも緩やかな設置基準を満たし、東京都の認証を受ける必要があります。職員配置基準や設備の基準などの設置基準について、認可保育所は厳しい基準となっているのに対し、東京都認証保育所は緩やかな基準となっており、開設は比較的ハードルが低くなっています。

　小規模保育施設は2015年度（平成27年度）より施行された「子ども・子育て支援新制度」にて、新たに認可事業となった地域型保育事業の１つで、少人数での保育を提供する保育施設です。小規模保育施設にはＡ型（保育所分園、ミニ保育所に近い類型）、Ｂ型（保育所分園と家庭的保育の中間タイプ）、Ｃ型（家庭的保育（グループ型小規模保育）に近い類型）の３類型があります。Ｂ型については、様々な事業形態からの移行が円滑に行われるよう、保育士の割合が２分の１以上とされ、同時に、小規模な事業であることに鑑み、保育所と同数の職員配置とせず、１名の追加配置を求めて、質の確保を図ることとされていることに留意が必要です。

　小規模保育事業の主な認可基準については、第１章第２節の図表1-2-16を参照ください。

（3）指導監査等

　適正な運営の確保を目的として、児童福祉法に基づく指導監査を認可保育所は都道府県（指定都市、中核市の場合は市）から、小規模保育施設は市町村から受けます。一方、東京都認証保育所は東京都より運営に関する立入調査を受けます。なお、内容の詳細は本章第４節を参照ください。

（4）助成金・補助金

　認可保育所及び小規模保育施設は国及び自治体からの公費を受けて運営します。東京都認証保育所は東京都からのみの公費支援であり、負担金、補助金及び交付金も認可保育所より少ないのがデメリットですが、利用者からの利用料は自由に設定できます（上限はあります。）。

【図表4-1-2　国・地方の負担（補助）割合】

		国	都道府県	市町村	備考
施設型給付	私立	1／2（注1、2）	1／4（注1、2）	1／4（注1、2）	
	公立	－	－	10／10	
地域型保育給付（公私共通）		1／2（注1）	1／4（注1）	1／4（注1）	
子育てのための施設等利用給付		1／2	1／4	1／4	
地域子ども・子育て支援事業		1／3	1／3	1／3	妊婦健康診査、延長保育事業（公立分）のみ市町村10／10

（注1）　0歳～2歳児相当分については、事業主拠出金の充当割合（2020年度13.67%）を控除した後の負担割合。
（注2）　1号給付に係る国、地方の負担については、経過措置有り。
　　　　（出典：内閣府子ども・子育て本部「子ども・子育て支援新制度について」（令和2年10月））

2　申請手続

　申請する自治体にもよりますが、保育所の開設手続では、施設整備に係る経費の予算書、運営開始後の複数年分の予算書、保育所を経営するために必要な経済的基盤の内訳、借入金がある場合には借入金額及び償還計画といった資料を用意する必要があります。こうした資料の用意は、税理士がその能力を発揮して手厚いサポートができる分野になります。

　開設手続は申請する自治体によって異なるため、本書では東京都を例に記載します。他の自治体については各自治体の担当部署にご確認ください。

（1）保育所

　児童福祉施設設置認可申請書（児童福祉法施行細則第30号の２様式）及び設置認可に必要な書類を区市町村に提出します。具体的には次の書類を作成し、提出する必要があります。

【図表 4-1-3　保育所開設の申請書類】

職員関係	・職員の構成 ・基準職員の履歴書の写し ・基準職員の保育士証の写し ・医師の免許証の写し ・保健師、看護師を配置する場合には当該免許証の写し ・所定労働時間等の明記された非常勤職員の雇用通知書（控）の写し ・調理業務を第三者に委託して給食提供する場合には調理業務委託契約書の写し、外部搬入方式により食事の提供をする場合には外部搬入に係る契約書の写し ・施設長要件を充足することを証する書面（勤務証明等） ・施設長と設置経営主体代表者が兼任する場合の誓約書
建物、その他の設備関係	・施設の案内図、配置図。建物の平面図 ・保育所内の各室から屋外避難場所までの経路を示した平面図 ・建築確認申請書、確認済証及び検査済証の写し ・保育室等を２階以上に設置する場合は、一級建築士による、規則第14条を満たしていることを証する書類　（※規則：東京都児童福祉施設の設備及び運営の基準に関する条例施行規則（平成24年東京都規則第47号）） ・用途変更に係る建築確認申請書及び確認済証の写し ・土地・建物の登記事項証明書 ・土地・建物の貸与、使用許可、使用承認を受けていることを証する書面 ・火災予防条例第56条の２に基づく届出により消防署から通知される「検査結果通知書」の写し ・「保育所における室内化学物質対策実施基準」（別紙１）に基づき実施した測定結果
保育所の運営方針	・保育所運営規程 ・就業規則 ・重要事項説明書等 ・子供に関して契約している保険又は共済制度への加入を証する書類の写し
設置者の状況	・法人代表者の履歴書 ・法人の登記事項証明書 ・定款又は寄附行為の写し ・印鑑証明書 ・児童福祉法第35条第５項の基準に関する誓約書（別記第８号様式） ・資金計画書 ・当該保育所の今後５年間の収支予算書 ・直近３年間の決算報告書 ・設置者全体の今後５年間の収支（損益）予算書 ・設置者全体の今後５年間の借入金等返済（償還）計画

	・会社開設時の開始貸借対照表及び仮決算書 ・預貯金の残高証明書 ・納税証明書（社会福祉法人、学校法人以外の場合）
保育所施設概要	・保育所施設概要（別記第11号様式）

（東京都福祉保健局「保育所設置認可等事務取扱要綱」を参考に作成）

　提出された申請書及びその他の書類について、区市町村長は内容を審査し、開設が適当と認めた場合は、区市町村は（島しょ町村は支庁長を経由し）、認可を受けようとする日のおおむね2か月前までに直接知事へ書類を提出します。

【図表4-1-4　認証保育所設置申請の流れ】

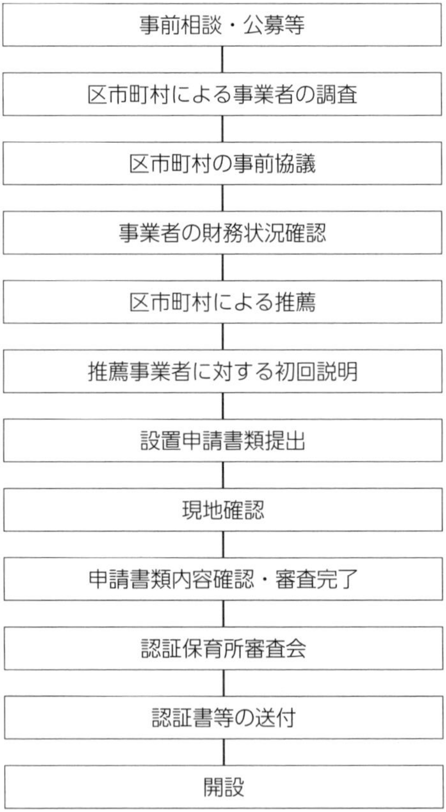

事前相談・公募等

区市町村による事業者の調査

区市町村の事前協議

事業者の財務状況確認

区市町村による推薦

推薦事業者に対する初回説明

設置申請書類提出

現地確認

申請書類内容確認・審査完了

認証保育所審査会

認証書等の送付

開設

（東京都福祉保健局ホームページ　認証保育所の詳細（実施要綱・申請様式等）
「別紙1　設置申請の流れ」を参考に作成）

（2）東京都認証保育所

　東京都の認証保育所を設置するためには、まず設置する区市町村からの推薦が必要です。その後、都に設置認可に必要な書類を提出します。具体的には図表4-1-5の書類を作成し、提出する必要があります。

【図表 4-1-5　認証保育所開設の申請書類】

全般	・東京都認証保育所設置申請書（要綱第 1 号様式） ・調査書（細目第 1 号様式） ・区市町村の意見書 ・その他知事が必要に応じて求める書類
設置者に関すること 法人に関すること	・資金計画書 ・収支計画書（今後 5 年間） ・決算報告書（直近 3 年間） ・収支（損益）予算書（今後 5 年間） ・借入金等返済（償還）計画（今後 5 年間） ・確定申告書の控え（税務署の受理印の印影あり）の写し及び申告書に添付する書類一式の写し 　　設置者が個人の場合又は既存法人が認証保育所事業に新規に参入する場合に必要 ・会社開設時の開始貸借対照表及び仮決算書 　　設置者が新規設立法人の場合に必要 ・残高証明書 ・認証保育所を経営するために必要な経済的基盤があることが確認できる積算資料（具体的には下記参照） 　　【A型】 　　1 年間の賃借料（別園を設置する場合は、本園と別園のそれぞれの賃借料を合算したもの）に相当する額を、安全性があり、かつ、換金性の高い預貯金等（普通預金、定期預金、国債等）により保有していること及び年間事業費の12分の 1 以上に相当する資金を、普通預金、当座預金等により有していること 　　【B型】 　　年間事業費の12分の 1 以上に相当する資金を普通預金、当座預金等により有していること ・納税証明書 ・設置者又は法人代表者の履歴書 ・登記事項証明書又は登記簿に記載されている事項の概要を記載した書面 法人の場合に必要 ・定款又は寄付行為の写し 法人の場合に必要 ・以下のいずれにも該当しない旨の誓約書 　・重大な過失や不正により認証を取り消された者であること 　・一定の改善勧告を受けた者若しくは虚偽の申請や書類の提出等を行い、東京都及び区市町村から補助金交付決定の取消処分等を受けたことがある者で、その処分等の日から起算して一定の期間を経過していない者であること

運営方針に関すること	・保育所規則 ・利用契約書 ・重要事項説明書 ・就業規則 ・事業計画書 ・運営委員会名簿（A型のみ） ・保険契約書の写し
職員に関すること	・職員の構成（細目第2号様式） ・基準職員及び基準外常勤職員全員の履歴書 ・保育士登録証の写し ・嘱託医の医師免許証の写し ・保健師、助産師又は看護師の免許証の写し 　　保健師、助産師又は看護師を配置する場合に必要 ・調理業務委託契約書の写し 　　調理業務を第三者に委託して給食提供する場合に必要 ・外部搬入業務委託契約書の写し 　　外部搬入方式により食事を提供する場合に必要 ・雇用契約書等の写し 　　所定労働時間等の明記されたもの（嘱託医は不要） ・施設長要件を満たすことを証する書面（勤務証明等） ・派遣契約書等の写し 　　基準職員に派遣職員を配置する場合に必要
施設、設備に関すること	・建物・土地の状況（細目第3号様式） ・建物の案内図、配置図、平面図 ・土地の実測図（自己所有の場合） ・保育所内の各室から公道までの避難経路を記載した平面図 ・建築確認申請書及び確認済証の写し ・用途変更に係る建築確認申請書及び確認済証の写し 　　200m²を超える場合。200m²以下の場合は、一級建築士による保育所 　　用途の基準を満たしていることの証明書が必要 ・検査済証の写し ・土地及び建物の登記事項証明書 　　申請時に登記されていない場合は、登記後に送付 ・土地・建物が自己所有でない場合 　　国又は地方公共団体から貸与又は使用許可を受ける場合 　　⇒それを証する書面 　　国又は地方公共団体以外から貸与を受ける場合 　　⇒賃貸契約書等の写し ・火災予防条例第56条の2に基づく届出により消防署から通知される「検 　査結果通知書」の写し ・室内化学物質対策実施基準を満たすことを証する書面 ・要綱6(6)（保育室等を2階に設ける場合等）に定める建物、設備の基準 　を満たすことについて一級建築士による証明書 ・要綱6(10)イに定める耐震性能を備えていることを証する書面 　　（建物が建築基準法における新耐震基準に該当しない場合に必要） ・管轄消防署に安全な避難方法について指導を受けた際の議事録及び避難 　計画

避難階以外に保育室等を設置する場合に必要

（東京都福祉保健局「東京都認証保育所事業実施細目」を参考に作成）

第2節　補助金

POINT　・取得可能な補助金についてすべて申請しているか

　保育所の開設、運営には国や自治体から補助金が交付されます。保育所の経営を安定的に行うためには、こうした補助金の利用が必須ですが、関連する補助金の種類は多く、自治体によって申請する窓口や必要申請書類、また申請時期等もさまざまです。そのため、補助金や助成金を適切に申請・取得するためには、専門家によるサポートが必要となります。

　以下、2020年度の予算案に含められている補助事業のうち、保育施設において取得可能な制度を紹介します。下記の内容の詳細については、厚生労働省「令和2年度保育関係予算の概要」が参考になります。

1　保育の受け皿整備を目的とした補助事業

（1）保育所等整備交付金

【事業内容】

　市区町村が策定する整備計画等に基づき、保育所、認定こども園及び小規模保育事業所に係る施設整備事業及び保育所等の防音壁設置の実施に要する経費に充てるため、市区町村に交付金を交付する。

【補助内容】

補助割合又は金額
保育所、認定こども園及び小規模保育事業所に係る施設整備事業及び保育所等の防音壁設置の実施に要する経費の3／4

（2）保育所等改修費等支援事業

【事業内容】

　賃貸物件を活用して保育所等を設置する際や、幼稚園において長時間預かり保育を実施する際、認可外保育施設が認可保育所等の設備運営基準を満たすために必要な改修費等の一部を補助する。

【補助内容】

補助割合又は金額
賃貸物件による保育所等改修費等支援事業の場合 ①　新設又は定員拡大に対して 　　1施設当たり　利用（増加）定員19名以下　　　　　　　15,000千円×3／4 　　　　　　　　利用（増加）定員20名以上59名以下　　27,000千円×3／4 　　　　　　　　利用（増加）定員60名以上　　　　　　　55,000千円×3／4 ②　老朽化対応に対して 　　1施設当たり　　　　　　　　　　　　　　　　　　　27,000千円×3／4

2　新規資格取得支援を目的とした補助事業

（1）保育士資格取得支援事業

【事業内容】

① 認定こども園に勤務している幼稚園教諭免許状を有する者及び保育所等に勤務している保育士資格を有していない者の保育士資格の取得促進を図るため、保育士養成施設における受講料（1／2相当）等の一部を補助する。

② 保育士試験の合格を目指す者に対し、保育士試験受験のための学習に要した費用の一部を補助することで保育士資格取得者の拡大を図る。

【補助内容】

補助割合又は金額
①　１人当たり受講料の１／２（上限300千円） 　　代替職員経費１人１日当たり７千円 ②　保育士試験受験のための学習に要した経費（教材費等）の１／２（上限150千円）

3　就業継続支援を目的とした補助事業

（1）保育士宿舎借り上げ支援事業

【事業内容】

　保育士用の宿舎を借り上げるために必要な費用の一部を支援することで、保育士の就業継続を支援し、働きやすい環境を整備する。

【補助内容】

補助割合又は金額
借り上げ費用のうち、採用された日から起算して10年以内の常勤の保育士１人当たり最大で82千円

（2）保育補助者雇上強化事業

【事業内容】

　保育所等における保育士の業務負担を軽減し、保育士の離職防止を図ることを目的として、保育士の補助を行う保育補助者の雇上げに必要な費用を補助する。

【補助内容】

補助割合又は金額
保育所等での実習等を修了した保育補助者を雇い上げた場合 定員120人以下の施設：年額2,264千円 定員121人以上の施設：年額4,528千円

（3）保育体制強化事業

【事業内容】

　清掃業務や遊具の消毒、給食の配膳、寝具の用意、片付け、外国人の子どもの保護者とのやりとりに係る通訳といった保育に係る周辺業務を行う者（保育支援者）の配置の支援を行い、保育士の業務負担の軽減を図る。

【補助内容】

補助割合又は金額
保育支援者を配置した場合、1か所当たり原則的に月額100千円 ※1　保育支援者が「園外活動時の見守り等」にも取り組む場合：1か所当たり 月額150千円 ※2　キッズ・ガード（仮称）に謝金を支払う場合又は園外活動時の見守り等を委託する場合：1か所当たり 月額50千円

（4）保育所等における ICT 化推進事業

【事業内容】

① 保育士の業務負担軽減を図るため、保育に関する計画・記録や保護者との連絡、子どもの登降園管理等の業務の ICT 化を行うために必要なシステムの導入費用及び外国人の子どもの保護者とのやりとりに係る通訳や翻訳のための機器の購入に係る費用の一部を補助する。

② 認可外保育施設において、保育記録の入力支援など、保育従事者の業務負担軽減につながる機器の導入に係る費用の一部を補助し、事故防止

につなげる。

③ 病児保育事業等において、空き状況の見える化や予約・キャンセル等のICT化を行うために必要なシステムの導入費用の一部を補助する。

【補助内容】

補助割合又は金額
① ⅰ 業務のICT化を行うためのシステム導入　1施設当たり　1,000千円×3／4 　　ⅱ 翻訳機等の購入　　　　　　　　　　　1施設当たり　　150千円×3／4 ② 認可外保育施設における機器の導入　　　　1施設当たり　　200千円×3／4 ③ 病児保育事業等の業務（予約・キャンセル等）のICT化を行うためのシステム 　　導入　　　　　　　　　　　　　　　　　1施設当たり　1,000千円×3／4

4　離職者の再就職支援を目的とした補助事業

（1）保育環境改善等事業

【事業内容】

　保育所等において、障害児を受け入れるために必要な改修等や病児保育事業（体調不良児対応型）を実施するために必要な設備の整備等に必要な費用の一部について支援する。

① 基本改善事業（改修等）

　ⅰ 保育所等設置促進等事業：保育需要が高い地域において、保育所等を設置するため、既存施設の改修等を行う事業

　ⅱ 病児保育事業（体調不良児対応型）設置促進事業：病児保育事業（体調不良児対応型）の実施に必要な改修等を行う事業

② 環境改善事業（設備整備等）

　ⅰ 障害児受入促進事業：既存の保育所等において、障害児や医療的ケア児を受け入れるために必要な改修等を行う事業

　ⅱ 分園推進事業：保育所等の分園の設置を推進するため、保育所等分園に必要な設備の整備等を行う事業

iii　熱中症対策事業：熱中症対策として、保育所等に冷房設備を新規設置するための改修等を行う事業

iv　安全対策事業：安全対策として、睡眠中の事故防止対策に必要な機器の備品の購入等を行う事業

v　病児保育事業（体調不良児対応型）推進事業：病児保育事業（体調不良児対応型）を実施するために必要な設備の整備等を行う事業

vi　緊急一時預かり推進事業：緊急一時預かりを実施するために必要な設備の整備等を行う事業

vii　放課後児童クラブ閉所時間帯等における乳幼児受入れ支援事業：放課後児童クラブを行う場所において、放課後児童クラブを開所していない時間等に一時預かり事業を実施するために必要な設備の整備等を行う事業

【補助内容】

補助割合又は金額
②　環境改善事業のうち、 iv　安全対策事業については　1施設当たり　500千円以内×3／4 vi　緊急一時預かり推進事業、及びvii放課後児童クラブ閉所時間帯等における乳幼児受入れ支援事業については　1施設当たり　32,000千円

（2）家庭支援推進保育事業

【事業内容】

　日常生活における基本的な習慣や態度のかん養等に配慮が必要な家庭や、外国人子育て家庭について、家庭環境に対する配慮など保育を行う上で特に配慮が必要な家庭における子どもを多数（40％以上）受け入れている保育所に対して保育士の加配を行う。

【補助内容】

補助割合又は金額
1か所当たり　3,846千円

（3）保育利用支援事業

【事業内容】

　保育所の入園のために育児休業期間を切り上げている保護者がいる現状に鑑み、育児休業終了後の入園予約の仕組みを設け、職場復帰に向けた保育所入園時期に関する保護者の不安を解消するため、以下の支援を行う。

① 代替保育利用支援

　　育児休業終了後から保育所等に入園する翌4月までの間、利用した代替保育（一時預かり事業等）に係る利用料を支援。

② 予約制導入に係る体制整備

　　入園予約制を導入した保育所等に対し、子どもが入園するまでの間、保護者への相談対応や自治体との連絡調整等を行う職員の配置に必要な費用を支援。

【補助内容】

補助割合又は金額
② 予約制導入に係る体制整備において、施設1か所当たり　年額2,406千円

（4）都市部における保育所等への賃借料等支援事業

【事業内容】

　都市部における保育所等のうち、賃借料が公定価格の賃借料加算の3倍を超えるものについて、公定価格における賃借料加算との乖離分の一部を補助する。

　また、土地の確保が困難な都市部での保育所整備を促進するため、施設

整備補助を受けずに保育所等の整備を行う法人に対し、土地借料の一部を支援する。

【補助内容】

補助割合又は金額
① 賃借料の補助　1施設当たり　22,000千円※ ※ 特別区及び財政力指数が1.0を超える市町村の場合、補助基準額の9／10 ※ 待機児童対策協議会に参加する等一定の要件を満たす場合は、保育所等を開設した年度に限り、賃借料が公定価格の賃借料加算の2倍を超えるものについても、1施設当たり12,000千円を基準額として補助する ② 土地借料の補助　1施設当たり　21,200千円

（5）一時預かり事業の施設整備費

【事業内容】

　在宅の子育て家庭にとって、いつでも気兼ねなく集まり、交流できる場において、子どもの一時預かりを利用できることが必要であるため、一時預かり事業の施設整備費を創設し、一時預かりの受け皿整備を推進する。

【補助内容】

補助割合又は金額
交付基礎点数　8,330点に1,000円を乗じた額

5　認可外保育施設の質の確保・向上を目的とした補助事業

（1）認可化移行のための助言指導・移転費等支援事業

【事業内容】

　認可化移行を希望する認可外保育施設において移行の障害となっている事由を調査・診断するとともに、移行のための計画書の作成・見直し及び移行までの助言指導を行い、認可外保育施設の認可保育所等への円滑な移

行を支援する。

　また、認可外保育施設が保育所等へ円滑に移行できるよう、現行の施設では立地場所や敷地面積の制約上、設備運営基準を満たすことができない場合に移転等に必要な費用の一部を補助する。

【補助内容】

補助割合又は金額
① 認可化移行可能性調査支援　１施設当たり　576千円 ② 認可化移行助言指導支援　１施設当たり　514千円 ③ 指導監督基準遵守助言指導支援　１施設当たり　771千円 ④ 移転費等支援　１か所当たり　移転費　1,200千円、仮設設置費　3,800千円

（2）認可外保育施設改修費等支援事業

【事業内容】

　認可外保育施設の指導監督基準について、職員配置基準は満たしているが設備基準を満たしていない認可外保育施設に対して、認可保育所等の設備の基準を満たすために必要な改修費や移転費等を支援する。

【補助内容】

補助割合又は金額
改修費等　１か所当たり　32,000千円×３／４ 移転費等　１か所当たり　5,000千円×３／４

第3節　委託費の弾力運用

POINT

・委託費は原則として保育所運営以外の目的に使用できない
・例外的に、一定の要件を満たせば弾力的に使用可能
・委託費の弾力運用は内容が複雑なため、専門家の適切なアドバイスが必要

1　保育所に支払われる委託費の性格

　第2章第1節でも説明したように、保育事業は、社会福祉法第2条第3項において第2種社会福祉事業として定められています。社会福祉事業は、本来は国や地方公共団体が実施すべき事業を社会福祉法人等（具体的には、その社会福祉施設等）が代行しているという位置づけにされているため、施設の運営に必要な資金は、基本的には行政から拠出されることになります。そして、行政からの拠出金は、その財源が税金等であることから、施設に支払われる資金である委託費は公的な性格を有することになります。そのため、行政による管理・指導等の規制が課され、使途が厳格に制限されています。

2　新制度下における特定教育・保育施設

　子ども・子育て支援法下では、幼稚園、保育所、認定こども園は、「教育・保育施設」と称され、そのうち、同法による施設型給付を行うための市町村による「確認」を行った施設は「特定教育・保育施設」と呼ばれます。新制度では就学前の子どもの教育・保育を保証するため、特定教育・保育施設を利用した場合に、国・県・市町村が教育・保育を行うにあたっ

て必要な経費の一部を、利用者に対して給付費として支払う「施設型給付制度」が導入されることになりました。

　ただし、この給付費については、教育・保育に要する費用に確実に充てるため、それまでのような利用者への直接的な給付ではなく、市町村等から施設等に支払う仕組み（法定代理受領）となっています。つまり、個人への給付に替えて、施設を通じて間接的に給付を行っていることになります。この仕組みを簡単に図示すると以下のようになります。

【図表4-3-1　施設型給付制度】

　上図で示されているように、施設型給付制度では、利用者は教育・保育施設と直接的な契約関係を結んでいます。

3　新制度下での私立保育所の取扱い

　子ども・子育て支援新制度の導入まで、幼稚園や保育所などの施設は、私立学校振興助成法による助成金や市町村から支弁される委託費といった公的な資金によって運営されてきました。そして、新制度への移行後も、特定教育・保育施設のうち、私立保育所における保育については、児童福祉法第24条第1項により、市町村等が実施する保育を私立保育所に委託するという体制が堅持されました。そのため、私立保育所については、施設

型給付ではなく、従前どおり、市町村等が各施設に対して保育に要する費用を委託費として支払うこととなりました。したがって、この場合の契約は、市町村等と利用者との直接契約となり、利用児童の選考や保育料の徴収は市町村等が行うことになります。そして、私立保育所は市町村等が実施するサービスを代行していることになります。

　この仕組みを簡単に図示すると以下のようになります。

【図表 4-3-2　私立保育所での取扱い】

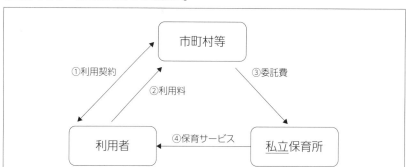

　ここで、「委託費」について資金使途制限及び弾力運用という制度が採用されています。その理由として、上図に示すお金とサービスの流れが重要なポイントになります。つまり、私立保育所の場合、運営にかかわる資金を、利用者からではなく市町村等から委託費として受領しているため、その委託費は公的な性格を有することになります。その結果、公的な性格を有する委託費は使途範囲について一定の制限がかけられ、市町村等による厳格な監視が実施されることになるのです。なお、委託費はその内訳のうち人件費が8割程度になり、それ以外は事業費及び管理費となる前提で金額が決定されています。

┃4　委託費の資金使途制限に係る関連通知と基本的な構成

委託費に係る資金使途制限及び弾力運用は、次の３つの通知に基づいて運用されています。

【図表 4-3-3　委託費関連通知】

> ［局長通知］
> ・「子ども・子育て支援法附則第６条の規定による私立保育所に対する委託費の経理等について」（府子本第254号　雇児発0903第６号　平成27年９月３日　最終改正：平成30年４月16日）以下、「局長通知」といいます。
>
> ［取扱通知］
> ・「「子ども・子育て支援法附則第６条の規定による私立保育所に対する委託費の経理等について」の取扱いについて」（府子本第255号　雇児保発0903第１号　平成27年９月３日）以下、「取扱通知」といいます。
>
> ［運用通知］
> ・「「子ども・子育て支援法附則第６条の規定による私立保育所に対する委託費の経理等について」の運用等について」（府子本第256号　雇児保発0903第２号　平成27年９月３日　最終改正：平成29年４月６日）以下、「運用通知」といいます。

委託費の会計処理に関して基本となるのは「局長通知」であり、他の「取扱通知」や「運用通知」はその内容を補完する構成になっています。したがって、まずは局長通知を理解し、その具体的・詳細な内容を知りたい場合は、他の２つの通知を参照することになります。

保育所の委託費にかかる資金運用を理解するために、以下の流れで解説していきます。

> (1)　委託費を構成する内容と使用に関する原則
> (2)　弾力運用を行うにあたって満たすべき要件
> (3)　弾力運用の内容

（1）委託費を構成する内容と使用に関する原則

　保育所に支弁される委託費は、保育所を運営するのに必要な「人件費」、「管理費」、「事業費」の3つで構成されています。これについて、局長通知では以下のように規定されています。

【図表4-3-4　委託費の使途範囲】

> 局長通知
> 1　委託費の使途範囲
> (1) 子ども・子育て支援法（平成24年法律第65号）附則第6条第1項の規定により、市町村から私立保育所に対して支払われる委託費（以下単に「委託費」という。）のうち人件費については、保育所に属する職員の給与、賃金等保育所運営における職員の処遇に必要な一切の経費に支出されるもの、管理費については、物件費・旅費等保育所の運営に必要な経費（減価償却費加算の認定を受けている場合は、建物・設備及び機器器具等備品の整備・修繕、環境の改善等に要する経費、賃借料加算の認定を受けている場合は、建物に係る賃借料を含む。）に支出されるもの、事業費は、保育所入所児童の処遇に直接必要な一切の経費に支出されるものであること。

　このように、弾力運用を規定している局長通知において、まずは委託費の内訳とそれぞれの定義を第1項で示しており、委託費は保育所の運営に使用することが前提であることを示しています。

　つまり、弾力運用はあくまで例外的な取扱いであり、資金使途制限にあたって判断に迷うときは、原則に立ち返ることが有用であるということです。原則とは、前述したように、委託費が行政から支払われるものであり、公的な資金という性格を有しているという点です。なお、弾力運用が認められるのはあくまで子ども・子育て支援法附則第6条第1項に規定される委託費のみであり、地方自治体が定めるその他の補助金についてはその関係法令及び当該事業の補助要綱等に示された要件に従うべきであり、当該通知では対象外となっています。

【図表 4-3-5】

> 局長通知
>
> 8　その他
>
> 　本通知中に示した使途等に係る取扱いは、委託費について適用されるものであり、委託費以外の収入については適用されないものであること。
>
> 　なお、委託費以外の収入のうち、国庫補助事業に基づく補助金等については、その事業に応じ、補助金等に係る予算の執行の適正化に関する法律（昭和30年法律第179号）その他の関係法令及び当該事業の補助要綱等に示された要件の適用があるものであること。

【図表 4-3-6　弾力運用拡充のための要件】

要件		弾力運用なし	第1段階	第2段階	第3段階
要件C	**1.　保育サービスの質の向上**	弾力運用の拡充			要件充足
	a　　計算書類を閲覧に供しているか				
	b-1　第三者評価加算の認定、サービスの質の向上に努めているか　又は				
	b-2　苦情処理の適切な対応・公表等といった利用者の保護に努めているか				
	c　　処遇改善等の賃金改善要件を満たしているか				
要件B	**2.　別表1の事業（通常保育以外）の積極的な実施**			要件充足	
	（別表1）				
	a　「延長保育事業の実施について」に定める事業及び同様事業				
	b　「一時預かり事業の実施について」に定める事業（一時保育促進事業を含む）				
	c　乳児を3人以上受け入れ（低年齢児童の積極受入れ）				
	d　「地域子育て支援拠点事業の実施について」に定める事業及び同様事業				
	e　特別児童扶養手当の支給対象児の受入れ				
	f　「家庭支援推進保育事業の実施について」に定める事業及び同様事業				
	g　休日保育加算の対象施設				
	h　「病児保育事業の実施について」に定める事業及び同様事業				
要件A	**3　適切な法人運営及び施設運営**		要件充足		
	a　具体的な判断基準				
	b　児童福祉法第45条第1項の基準が遵守されているか				
	c　委託費交付基準及び職員の配置基準が遵守されているか				
	d　給与規程の整備、規程による適正給与水準が維持されているか				
	e　給食の栄養量が確保され、嗜好を生かされているか				
	f　保育所保育指針を踏まえ、設備整備がされ、児童処遇が適切であるか				
	g　運営・経営責任者である役職員の資質向上に努めているか				
	h　当該設置者の事業運営に問題事由なし				

（2）弾力運用を行うにあたって満たすべき要件

① 満たした要件によって異なる弾力運用の範囲

　保育所に係る委託費は、いくつかの要件が段階的に定められており、それらの要件を充足するごとに、弾力運用の範囲等も段階的に拡大していく仕組みがとられています。留意すべき点は、上位の要件は、下位の要件も同時に満たす必要がある点です。したがって、弾力運用の範囲を拡大するほど、充足すべき要件は多くなるということになります。それでは、それ

それの要件について、留意点を簡単に解説します。

② 第1段階の要件を充足するにあたって留意すべき点

　第1段階の要件を充足するための前提として、法人運営や施設運営が適切に行われていることが求められます。さらに、指導監査等で重大な指摘がないことが必要です。具体的な要件は局長通知に定められており、第1段階の要件を充足するためには、原則としてすべての要件を満たす必要があります。

【図表 4-3-7　委託費の弾力運用の要件①】

局長通知

1　委託費の使途範囲

(2) (1)に関わらず、人件費、管理費又は事業費については、保育所において次の要件のすべてが満たされている場合にあっては、各区分にかかわらず、当該保育所を経営する事業に係る人件費、管理費又は事業費に充てることができること。

① 児童福祉法（昭和22年法律第164号）第45条第1項の基準が遵守されていること。

② 委託費に係る交付基準及びそれに関する通知等に示す職員の配置等の事項が遵守されていること。

③ 給与に関する規程が整備され、その規程により適正な給与水準が維持されている等人件費の運用が適正に行われていること。

④ 給食について必要な栄養量が確保され、嗜好を生かした調理がなされているとともに、日常生活について必要な諸経費が適正に確保されていること。

⑤ 入所児童に係る保育が保育所保育指針（平成20年3月28日厚生労働省告示第141号）を踏まえているとともに、処遇上必要な設備が整備されているなど、児童の処遇が適切であること。

⑥ 運営・経営の責任者である理事長等の役員、施設長及び職員が国等の行う研修会に積極的に参加するなど役職員の資質の向上に努めていること。

⑦ その他保育所運営以外の事業を含む当該保育所の設置者の運営について、問題となる事由がないこと。

　ここで、⑦の項目については注意が必要です。この項目は、例えば、同一法人内のある保育所において運営に不適切な事由が生じた場合に、同一法人内のその他の保育所においても弾力運用が認められなくなるということを意味します。

　上記の要件は内容的に、保育所を運営するにあたって通常は遵守されている事項であるため、指導監査等で重大な改善指導等を受けていない限りは、①から⑦の要件についてはほとんどの法人が充足しているものと考えられます。

③ 第2段階の要件を充足するにあたって留意すべき点

　第2段階の要件を充足するためには、第1段階の要件を満たしたうえで、さらに下表に掲げる事業等のいずれかを実施している必要があります。

【図表4-3-8　委託費の弾力運用の要件②】

```
局長通知
別表1（一部を要約）
 1 「延長保育事業の実施について」に定める延長保育事業及びこれと同様の事業と
   認められるもの
 2 「一時預かり事業の実施について」に定める一時預かり事業及び一時保育促進事
   業
 3 乳児を3人以上受け入れている等低年齢児童の積極的な受入れ
 4 「地域子育て支援拠点事業の実施について」に定める地域子育て支援拠点事業又
   はこれと同様の事業と認められるもの
 5 特別児童扶養手当の支給対象障害児の受入れ
 6 「家庭支援推進保育事業の実施について」に定める家庭支援推進保育事業又はこ
   れと同様の事業と認められるもの
 7 休日保育加算の対象施設
 8 「病児保育事業の実施について」に定める病児保育事業又はこれと同様の事業と
   認められるもの
```

　内容的には、定型的な通常保育だけでなく、利用者や地域のニーズを踏まえた積極的な児童の受入れが求められるものになっています。そして、局長通知別表1の事業のうち1から3は、すでに多くの保育所で実施している内容（いわゆる特別保育）であり、第2段階の要件を充足できている可能性が高いと予想できます。

④　第3段階の要件を充足するにあたって留意すべき点

　これまでの2つの段階の要件（適切な法人運営・施設運営、局長通知の別表1に掲げる事業の実施）を満たしている法人が、以下の①から③の要件をすべて満たした場合は、弾力運用の範囲が最も拡大することになります。

【図表4-3-9　委託費の弾力運用の要件③】

局長通知

1　委託費の使途範囲

(5) (4)に掲げる弾力運用に係る要件を満たした上で、さらに、保育サービスの質の向上に関する下記の①から③の要件を満たすものにあっては、…（中略）…

① 「社会福祉法人会計基準」（平成28年厚生労働省令第79号）に基づく資金収支計算書、事業区分資金収支内訳表、拠点区分資金収支計算書及び拠点区分資金収支明細書又は学校法人会計基準に基づく資金収支計算書及び資金収支内訳表もしくは企業会計による損益計算書及び「保育所の設置認可等について」（平成12年3月30日児発第295号）に定める貸借対照表、これら以外の会計基準により会計処理を行っている場合は、これらに相当する財務諸表（以下「計算書等」という。）を保育所に備え付け、閲覧に供すること。

② 毎年度、次のア又はイが実施されていること。

　ア 第三者評価加算の認定を受け、サービスの質の向上に努めること。

　イ 「社会福祉事業の経営者による福祉サービスに関する苦情解決の仕組みの指針について（平成12年6月7日障第452号・社援第1352号・老発第514号・児発第575号）」により、入所者等に対して苦情解決の仕組みが周知されており、第三者委員を設置して適切な対応を行っているとともに、入所者等からのサービスに係る苦情内容及び解決結果の定期的な公表を行うなど、利用者の保護に努めること。

③ 処遇改善等加算の賃金改善要件（キャリアパス要件も含む。以下同じ。）のいずれも満たしていること。

　表中①は社会福祉法人会計基準又は学校法人会計基準に基づく計算書類を情報公開することを要求しています。そのため、計算書類をいつでも幅広い関係者が閲覧できる状態にしておく必要があります。

　次に、表中②はア又はイのいずれかが実施されていることが要件になります。アの第三者評価加算は、「特定教育・保育等に要する費用の額の算

定に関する基準等の実施上の留意事項について」（府子本第566号ほか　令和2年5月12日）で規定されているように、福祉サービス第三者評価基準ガイドラインや幼稚園における学校評価ガイドライン等に沿って第三者評価を受審しており、その結果をホームページ等で公表している場合に取得することが可能な加算となります。

　一方、第三者評価を受けていない保育所が第3段階に進むためには、利用者の保護に資する苦情解決処理の仕組み作り等を講ずることになります。これについては、運用通知に以下のような記述がみられます。

【図表4-3-10　苦情解決処理の仕組みの具体例】

> 運用通知
> （問12）
> 経理等通知の1⑸の②イに関して、「入所者等に対する苦情解決処理の仕組みの周知」、「第三者委員の設置」及び「入所者等からのサービスに係る苦情内容及び解決結果の定期的な公表」は具体的にどのように行うか。
> （答）
> 1　入所者等に対する苦情解決処理の仕組みの周知については、施設に配置される苦情解決責任者が、施設内への掲示、パンフレットの配布等により、苦情解決責任者、苦情受付担当者及び第三者委員の氏名や連絡先並びに苦情解決の仕組みについて周知し、随時、入所者等からの苦情を受け付けていること。
> 2　第三者委員の設置については、苦情解決に社会性や客観性を確保し、利用者の立場や特性に配慮した適切な対応を推進するため、苦情解決を円滑・円満に図ることができる者又は世間からの信頼性を有する者を設置し、定期的に第三者委員会を開催するなど、迅速な対応を行っていること。
> 3　入所者等からのサービスに係る苦情内容及び解決結果の定期的な公表については、保育サービスの利用者のみならず、一般に対しても、ホームページ及び広報誌等の活用などにより行うこと。

　運用通知によると、保育所で一般的に整備される苦情対応に加えて、定期的な第三者委員会の開催やホームページ又は広報誌等を利用した苦情内容・解決結果の公表が求められています。

　第3段階の要件を充足するために重要な要素である「処遇改善等加算」の説明をしておきます。同加算は、2015年に保育士の賃金改善を目的とし

て導入されました。処遇改善等加算にはⅠとⅡの2種類があり、それぞれ
の取扱いは「施設型給付費等に係る処遇改善等加算Ⅰ及び処遇改善等加算
Ⅱについて」（府子本第761号ほか　令和2年7月30日）に規定されていま
す。

【図表 4-3-11　処遇改善等加算】

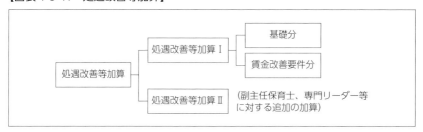

　処遇改善等加算Ⅰは、保育士の平均経験年数に応じた加算ですが、賃金
の改善状況の適切な把握や、キャリアパス制度の整備・運用によって追加
の加算を得ることが可能な内容になっています。まとめると下表のように
なります。

【図表 4-3-12　処遇改善等加算Ⅰ】

基礎分	職員1人当たり平均経験年数に応じて加算率を設定（2～12%）
賃金改善要件分	賃金改善計画・実績報告が必要 「基準年度の賃金水準を適用した場合の賃金総額」及び「公定価格における人件費の改定状況を踏まえた部分」に対し、賃金改善を行うことが要件（加算率6%。平均勤続年数11年以上の施設は7%） 上記のうちキャリアパスについて要件を満たさない場合加算率が2%減少 キャリアパス要件 役職や職務内容等に応じた勤務条件・賃金体系の設定、資質向上の具体的な計画策定及び計画に沿った研修の実施又は研修機会の確保、職員への周知等が要件

　第3段階の要件を充足するためには、処遇改善等加算の賃金改善要件
（キャリアパス要件も含みます。）をいずれも満たす必要があり、処遇改善
等加算Ⅰで6%又は7%の加算を受けていることが、当該条件をクリアす

るための目安になります。

（3）各段階における弾力運用の内容

① 弾力運用にかかる規定の体系

　局長通知では、弾力運用できる資金を以下の2つに大別しています。

ⅰ　当期に支弁された委託費（積立資産を含む）

ⅱ　前期末支払資金残高

　このうち、ⅰの委託費については、本来の使用目的以外にどのように使用できるかを規定しており、弾力的な使用には積立金に支出することも含めています。一方、ⅱの前期末支払資金残高は過年度から繰り越された支払資金であり、当期の資金収支差額がマイナスとなった場合にその補填のために取り崩すことを弾力的な運用と規定しています。まずは、委託費がそれぞれの段階において、どのように弾力運用できるのかをみていきます。

② 第1段階における弾力運用の内容

　第1段階の要件を充足した保育所に認められる弾力運用の内容は次のとおりです。

【図表4-3-13　第1段階の弾力運用】

資金の性質	弾力運用の具体的な内容
① 委託費	【区分を超えた充当】 積算された「人件費」「管理費」及び「事業費」について、各区分にかかわらず当該保育所を経営する事業に係る人件費、管理費又は事業費に充てることができます。
② 積立資産	【積立資産の確保】 長期的に安定した施設経営を確保するために、以下の3種の積立資産を積み立て、次年度以降の当該保育所の経費に充てることができます。 ・人件費積立資産（人件費の類に属する経費にかかる積立資産） ・修繕積立資産（建物及び建物付属設備又は機械器具等備品の修繕に要する費用にかかる積立資産） ・備品等購入積立資産（業務省力化機器をはじめ施設運営費・経営上効果のある物品を購入するための積立資産）

　第1段階の要件を充足する保育所は、局長通知1（2）①から⑦の要件の

みを満たしている保育所になります。当該保育所では、人件費、管理費及び事業費をそれぞれの区分を超えて充当することが可能となります。さらに、長期的に安定した施設運営を確保するために、人件費・修繕・備品等購入の3種の積立金に委託費を支出することが可能です。

　積立資産において重要な点は、積立資産について積立限度がないということです。運用通知においても、積立金及び積立資産の積立は、運営法人が合理的な判断に基づいて行う限りは、保育所を運営する法人の主体性を重んじるという考え方が示されています。

【図表4-3-14　積立金及び積立資産の積立に係る判断基準】

> 運用通知
> (問2)
> 経理等通知の1(3)に関して、人件費積立資産、修繕費積立資産及び備品等購入積立資産についての繰入限度額が示されていないが、単年度繰入限度額及び累積限度額ともに繰入限度額はないと考えてよいのか。
> (答)
> これら三種の積立資産について、単年度繰入額及び累積限度額ともに制限を設けていない。これは、これらの取扱いについて行政的に一律に制限を設けるのではなく、第一義的には運営主体内部の合理的な判断に委ねるべきという考え方からである。したがって、単年度繰入額及び累積限度額の如何について行政が運営主体に対して何らかの指摘をすることは通常予定されていないが、これらの額が合理的な範囲を著しく逸脱しているような例外的場合においては、まず運営主体内部で適正化が行われるよう行政として注意喚起するなどの行為は妨げられないものと解すべきである。(後略)

③　第2段階における弾力運用の内容

　第2段階の保育所に認められる弾力運用の内容は次のとおりです。

【図表4-3-15　第2段階の弾力運用】

資金の性質	弾力運用の具体的な内容
①　当年度の委託収入	【区分を超えた充当】（第1段階と同じ） 積算された「人件費」「管理費」及び「事業費」について、各区分にかかわらず当該保育所を経営する事業に係る人件費、管理費又は事業費に充てることができます。

285

		【同一の設置者が設置する別の保育所等への経費の充当】 処遇改善等加算Ⅰの基礎分（以下「改善基礎分」といいます。）の範囲内で、同一法人内で別の保育所等に局長通知別表2に掲げる経費等を充てることができます。
②	積立資産	【積立資産の確保】（第1段階と同じ） 第1段階の保育所に認められた3種の積立金・積立資産を積み立てることができます。
		【経費等への充当】 改善基礎分の範囲内で、保育所施設・設備整備にかかる積立金及び積立資産を積み立て、次年度以降の当該保育所の経費に充てることができます。

　第2段階の要件を充足する保育所は、局長通知1（2）①から⑦の要件に加え、局長通知の別表1に記載された事業のいずれかを行っている保育所になります。この場合には、処遇改善等加算Ⅰの改善基礎分の範囲内で、同一法人内で別の保育所等に局長通知別表2に掲げる経費等を充てることができます。関連する通知や別表をみると、以下のように記述されています。

【図表4-3-16　第2段階における委託費の弾力運用の範囲】

局長通知
1　委託費の使途範囲
(4) (1)に関わらず、別表1に掲げる事業等のいずれかを実施する保育所であって、(2)の①から⑦までに掲げる要件を満たすものにあっては、当該事業を実施する会計年度において、委託費を(2)に掲げる経費又は(3)に掲げる積立資産への積立支出に加え、処遇改善等加算の基礎分（以下「改善基礎分」という。）として加算された額に相当する額の範囲内で、同一の設置者が設置する保育所等（保育所及び保育所以外の子ども・子育て支援法に規定する特定教育・保育施設及び特定地域型保育事業をいう。以下同じ。）に係る別表2に掲げる経費等に充てることができること。（中略）
別表2
1　保育所等の建物、設備の整備・修繕、環境の改善等に要する経費（保育所等を経営する事業に必要なものに限る。以下2及び3において同じ。）
2　保育所等の土地又は建物の賃借料
3　以上の経費に係る借入金（利息部分を含む。）の償還又は積立のための支出
4　保育所等を経営する事業に係る租税公課

　同一法人内に限って、該当施設以外にも弾力運用の範囲を拡充すること
ができるのは、第1段階の要件として、設置者の運営が適切であることを
充足しているからに他なりません。注意が必要であると前述したのは、こ
うした点にも関連があるためです。

　このように、第2段階の要件を充足する保育所では、処遇改善等加算の
改善基礎分の範囲内ではあるものの、同一法人内では、保育施設の整備に
かかわる経費、設備資金の借入返済や不動産の賃借料のための支出が認め
られることになります。

　ただし、保育施設以外の建物や土地取得にかかる支出について、弾力運
用は認められていません。この点は、取扱通知においても明示されていま
す。

【図表4-3-17　保育施設以外の建物や土地にかかる支出について】

> 取扱通知
> 7　経理等通知の別表2において「保育所等の建物、設備の整備・修繕、環境の改
> 　善等」とは、保育所等の建物（保育所等を経営する事業を行う上で不可欠な車
> 　庫、物置及び駐車場等を含む。また、）及び建物附属設備の整備、修繕並びに模
> 　様替、並びに、入所者処遇上必要な屋外遊具、屋外照明、花壇、門扉塀の整備等
> 　の環境の改善を指し、<u>土地取得費や保育所等以外の建物・設備の整備、修繕等は</u>
> 　<u>含まないこと。</u>　　　　　　　　　　　　　　　　　　（下線は筆者による）

④　第3段階における弾力運用の内容

　第3段階の保育所に認められる弾力運用の内容は次のとおりです。

【図表4-3-18　第3段階の弾力運用】

資金の性質	弾力運用の具体的な内容
①　当年度の 　　委託収入	【区分を超えた充当】（第1段階と同じ） 積算された「人件費」「管理費」及び「事業費」について、各区分にかかわらず当該保育所を経営する事業に係る人件費、管理費又は事業費に充てることができます。
	【同一の設置者が設置する別の保育所等への経費の充当】（第2段階と同じ） 処遇改善等加算Ⅰの基礎分（以下「改善基礎分」といいます。）の範囲内で、同一法人内の保育所等に局長通知別表2に掲げる経費等を充てることができます。

		【別事業への経費の充当①】 改善基礎分の範囲内で、同一法人内の子育て支援事業（局長通知別表３）や他の社会福祉施設等（局長通知別表４）といった保育所以外の社会福祉事業に対して、各別表に掲げる経費等に充てることができます。
		【別事業への経費の充当②】 委託費の３か月分の範囲内で、同一法人内の他の保育所等（局長通知別表５）や子育て支援事業（局長通知別表３）に対して、各別表に掲げる経費等に充てることができます。
②	積立資産	【積立資産の確保】（第１段階と同じ） 第１段階の保育所に認められた３種の積立金・積立資産を積み立てることができます。
		【積立資産の確保】（第２段階と同じ） 第２段階の保育所に認められた１種の積立金・積立資産を積み立てることができます。
		【積立資産の確保】 以下の積立金及び積立資産を積み立て、次年度以降の当該保育所の経費に充てることができます。 ・人件費積立資産 ・保育所施設・設備整備積立資産（建物・設備及び機器器具等備品の整備・修繕、環境の改善等に要する費用、業務省力化機器をはじめ施設運営費・経営上効果のある物品の購入に要する費用、及び増改築に伴う土地取得に要する費用に係る積立資産） 積立の目的に「土地の取得」が追加されています。さらに、第２段階の保育所に認められていた積立金・積立資産を統合することで、結果的に、これまでの積立金を土地の取得にも充てることが可能になっています。

　第３段階の要件を充足する保育所は、第２段階の要件を満たしたうえで、保育サービスの質の向上に向けた３要件（局長通知１(5)の①から③）をさらにクリアしている施設になります。その場合は、上表のように、当年度の委託費収入のうち処遇改善等加算の改善基礎分の範囲内で、局長通知別表３が示す子育て支援事業や別表４が示す他の社会福祉事業といった保育事業以外に対して委託費を充当することが可能となっています。

【図表 4-3-19　第３段階において委託費から充当できる範囲】

局長通知 (5) (4)に掲げる弾力運用に係る要件を満たした上で、さらに、保育サービスの質の向上に関する下記の①から③の要件を満たすものにあっては、当該事業を実施する会計年度において、改善基礎分として加算された額に相当する額の範囲内で、同一の設置者が運営する子育て支援事業（子ども・子育て支援法第59条に規定す

る地域子ども・子育て支援事業及び同法第59条の2第1項に規定する仕事・子育て両立支援事業により助成を受けた企業主導型保育事業をいう。以下同じ。）に係る別表3に掲げる経費及び同一の設置者が運営する社会福祉施設等（「社会福祉法人が経営する社会福祉施設における運営費の使用及び指導について」（平成16年3月12日雇児発第0312001号、社援発第0312001号、老発第0312001号）別表3に掲げる施設をいう。以下同じ。）に係る別表4に掲げる経費等に充てることができること。

別表3

1　子育て支援事業を実施する施設の建物、設備の整備・修繕、環境の改善及び土地の取得等に要する経費（子育て支援事業に必要なものに限る。以下2において同じ。）

2　1の経費に係る借入金（利息部分を含む。）の償還又は積立のための支出

別表4

1　社会福祉施設等の建物、設備の整備・修繕、環境の改善、土地の取得等に要する経費（社会福祉施設等を経営する事業に必要なものに限る。以下2及び3において同じ。）

2　社会福祉施設等の土地又は建物の賃借料

3　以上の経費に係る借入金（利息部分含む。）の償還又は積立のための支出

4　社会福祉施設等を経営する事業に係る租税公課

（下線は筆者による）

　また、上記以外の弾力運用として、委託費の3か月分に相当する額を上限として、子育てに関する事業である子育て支援事業及び保育事業の経費に充当することも認められています。それぞれの事業に関して充当できる経費は、局長通知の別表3及び5に記載があり、次のような内容になっています。

【図表4-3-20　充当できる経費の内容】

局長通知

1　委託費の使途範囲

⑸　（前略）また、当該会計年度において、委託費の3か月分（当該年度4月から3月までの12か月分の委託費額の4分の1の額）に相当する額の範囲内（⑷の改善基礎分を含み、処遇改善等加算の賃金改善要件分（以下「改善要件分」という。）を除く。）まで、委託費を同一の設置者が設置する保育所等に係る別表5に掲げ

る経費及び同一の設置者が実施する子育て支援事業に係る別表3に掲げる経費等に充てることができること。（後略）

別表5

1　保育所等の建物、設備の整備・修繕、環境の改善、<u>土地の取得</u>等に要する経費（保育所等を経営する事業に必要なものに限る。以下2及び3において同じ。）

2　保育所等の土地又は建物の賃借料

3　以上の経費に係る借入金（利息部分含む。）の償還

4　保育所等を経営する事業に係る租税公課

（下線は筆者による）

　こうして、第3段階の要件を充足する保育所では、同一法人内の他の保育所、子育て支援事業及び他の社会福祉事業に対して、委託費から経費を充当することが可能となりますが、それぞれの事業に充当できる上限額は異なります。まとめると下表のようになります。

【図表4-3-21　充当できる上限】

事業内容	充当できる経費等		経費として充当できる上限	根拠
同一法人内の保育所	局長通知	別表5	委託費の3か月分	局長通知1(5)また書き
子育て支援事業	局長通知	別表3	処遇改善等加算の改善基礎分	局長通知1(5)前段
	局長通知	別表3	又は、委託費の3か月分	局長通知1(5)また書き
他の社会福祉事業	局長通知	別表4	処遇改善等加算の改善基礎分	局長通知1(5)前段

　このように、保育所や子育て支援事業は経費として充当できる上限が他よりも高いことから、子育てに関連する事業に対して手厚くなるように制度が設計されていることがわかります。なお、弾力運用に基づいて、当該保育所から他の事業や施設に対して支出を行った場合は、当該保育所で施設整備関係の経費や積立金を会計処理するのではなく、拠点区分間での繰入金支出として処理することが、局長通知では求められています。

【図表4-3-22　弾力運用の会計処理】

局長通知

1　委託費の使途範囲

> (5)（前略）なお、同一の設置者が実施する子育て支援事業への充当額は、拠点区分
> （当該拠点区分においてサービス区分を設定している場合には、サービス区分。
> 以下同じ。）を設定している場合には、当該年度の支出に充当するため施設拠点
> 区分から当該拠点区分へ繰り入れ支出し、拠点区分を設定していない場合には、
> 当該支出額について書類により整理すること。（後略）

　さらに、最も弾力運用の範囲が広い状態として重要な点は、局長通知別表3から別表5において、委託費を「増改築に伴う土地取得に要する費用に係る積立資産」に充てることを認めている点です。これまでは、土地の取得が対象外であることが明記されていたことと大きく異なります。

5　前期末支払資金残高に対する弾力運用

（1）第1段階、第2段階の保育所の場合

　前期末支払資金残高の使用に関して留意すべき点は以下のようになります。

（原則的な取扱い）	前期末支払金残高の使用には、地方自治体との事前協議が必要
（例外的な取扱い）	取崩しを必要とする施設に係る拠点区分の事業活動収入計（予算額）の3％以下の場合は、地方自治体との事前協議を省略可能

　そもそも保育所の委託費は、その保育所が必要とする運営費を国が積算して算出しているため、本来はプラスマイナスゼロになるはずだという考えが大前提となっています。この前提について理解しておくと、前期末支払資金残高に対する取扱いがより整理しやすくなるものと考えます。なお、この取扱いは、第1段階及び第2段階の保育所に共通です。

【図表4-3-23　前期末支払資金残高の取扱い①】

> 局長通知
> 3　前期末支払資金残高の取扱い
> (1) 前期末支払資金残高の取り崩しについては、事前に貴職に協議を求め、審査の上適当と認められる場合は、使用を認めて差し支えないこと。
>   なお、前期末支払資金残高については、自然災害その他止むを得ない事由によりその取崩しを必要とする場合又は取り崩す額の合計額がその年度の取崩しを必要とする施設に係る拠点区分の事業活動収入計（予算額）の3％以下である場合は事前の協議を省略して差し支えないこと。

　また、局長通知において、翌年度に前期末支払資金残高として取り扱われる当期支払資金残高には、一定の保有制限が設けられており、当期末支払資金残高は当該年度の委託費収入の30％以下の保有に抑えるように規定されています。

　これは、委託費が適正な保育所運営を確保するために適正に執行された上で、長期的に安定した経営を確保する目的で将来発生が見込まれる経費を計画的に積み立てた結果として保有されるものであり、過大な現金又は普通預金を保有することは趣旨に反すると考えられるためです。

【図表4-3-24　当期末支払資金残高の取扱い】

> 局長通知
> 3　前期末支払資金残高の取扱い
>   (2) （前略）なお、翌年度に前期末支払資金残高として取り扱うことができる当期末支払資金残高は、委託費の適正な執行により適正な保育所運営が確保された上で、長期的に安定した経営を確保するために将来発生が見込まれる経費を計画的に積み立てた結果において保有するものであり、過大な保有を防止する観点から、当該年度の委託費収入の30％以下の保有とすること。

（2）第3段階の保育所の場合

　第3段階の要件を充足する、かつ、社会福祉法人又は学校法人が設置主体である保育所の場合は、事前の協議がなくとも、理事会の承認のみを

もって、前期末支払資金残高の取崩が可能とされています。さらに、本部を運営するための支出に前期末支払資金残高を充てることもできます。当該判断も理事会に委ねられていることから、よりいっそう機動的な法人・施設運営が可能となります。

　ただし、前述したように、あくまで社会福祉法人立と学校法人立の保育所に限定されており、関与している保育所の設置主体を把握することが重要です。

【図表 4-3-25　前期末支払資金残高の取扱い②】

> 局長通知
> 3　前期末支払資金残高の取扱い
> (2) 前期末支払資金残高については、1(5)の要件を満たす場合においては、あらかじめ貴職（当該保育所の設置主体が社会福祉法人又は学校法人である場合は理事会）の承認を得た上で、当該施設の人件費、光熱水料等通常経費の不足分を補填できるほか、当該施設の運営に支障が生じない範囲において以下の経費に充当することができる。
> (中略)
> ① 当該保育所を設置する法人本部の運営に要する経費
> ② 同一の設置者が運営する社会福祉法（昭和26年法律第45号）第2条に定める第1種社会福祉事業及び第2種社会福祉事業並びに子育て支援事業の運営、施設設備の整備等に要する経費
> ③ 同一の設置者が運営する公益事業（子育て支援事業を除く）の運営、施設設備の整備等に要する経費

6　委託費の弾力運用がもたらす影響

　そもそも委託費の弾力運用は、一般事業会社の保育事業参入を促進するための施策として導入された経緯があります。一般事業会社が保育事業に参入することで、待機児童を減少させる狙いがありました。

　しかし、弾力運用によって使途制限が大幅に緩和された結果、利益を過度に追求するような法人によっては、委託費の8割と想定されていた人件

費を他の費目や事業に流用することになり、人件費が圧縮されるような事態が一部の法人において生じています。今日において、保育士の給与が低いといわれる問題の原因の1つとなったともいわれています。

▎7　委託費の弾力運用に違反していた場合

　自治体による指導監査等で、不適切な委託費の弾力運用が判明した場合は、文書又は口頭による指摘が行われたうえで、是正措置を講ずることが求められます。自治体によっては、指導監査の結果を公表しており、内容が利用者に公表されることもあります。また、当期末支払資金残高が2年連続で当該年度の委託費収入の30%を超過している場合には、改善基礎分についての加算が停止されるため、施設の収入が減少することになります。

　これまで見てきたように、委託費の弾力運用は要件が複雑で間違えやすいのですが、適切に処理できなかったときは、施設が不利益を被ることがあります。そのため、外部の専門家として、委託費の弾力運用に誤りがないかどうかを確認することが求められています。

第4節　指導監査

POINT
・施設の設備や運営に関する検査は定期的に行われる
・会計監査人の監査報告書がある場合等は、指導監査は周期が延長・省略される
・計算書類は作成過程を含めた適切な作成が必要

1　概要

　指導監査とは、自治体が認可保育所の適正な運営の確保を目的として、主に施設の設備や運営に関する基準が守られているかどうかを検査するものです。基準を満たしていない場合には改善指導が行われます。そのため施設においては各種法令等を遵守し、指導監査で検査される項目をポイントに適切に運営しておく必要があります。

　ここで、指導監査等の制度が整備された経緯を説明します。

　子ども・子育て支援新制度の導入前までは、認定こども園、幼稚園、保育所等に対して、認可制度等に基づく指導監査（以下「施設監査」といいます。）が行われてきました。

　施設監査は、各施設に対し認可を行う自治体が、施設類型ごとの根拠法に基づき、認可基準の遵守（職員配置基準や面積基準の遵守等）等の観点から、国や各自治体が設定する監査指針等を踏まえて実施するものです。

　その後、2015年4月に、子ども・子育て支援新制度がスタートしたことに伴い、施設型給付等の支給がされるようになりました。子ども・子育て支援法では、これまでの認定こども園、幼稚園、認可保育所は「教育・保育施設」と称され、そのうち同法による施設型給付の支給に係る施設として市町村が「確認」を行った施設は「特定教育・保育施設」と呼ばれるようになりました。

　これらの施設には従来の施設監査に加えて、特定教育・保育等の適正な提供及び施設型給付等の支給の適性化を図るための指導監査（以下「確認監査」といいます。）も行われることになりました。さらに、法令遵守責任者の選任状況等の業務管理体制の検査も行われます。

　これまでの内容をまとめると、下表のようになります。

【図表4-4-1　指導監査等】

実施主体＼施設類型	施設監査	確認指導監査	業務管理体制検査
	都道府県・指定都市・中核市 ※幼稚園は大都市特例なし ※地域型保育事業は市区町村	市区町村	国、都道府県、市区町村
保育所	児童福祉法第46条	子ども・子育て支援法 第14条、第38条	子ども・子育て支援法第56条
幼稚園	学校教育法 （必要に応じて都道府県が実施）	子ども・子育て支援法 第14条、第38条 （移行していない園）――	子ども・子育て支援法第56条 （移行していない園）――
幼保連携型認定こども園	認定こども園法第19条	子ども・子育て支援法 第14条、第38条	子ども・子育て支援法第56条
認定こども園（幼保連携型認定こども園を除く。）	保育所型：保育所と同じ 幼稚園型：幼稚園と同じ 地方裁量型：児童福祉法第59条 ※認定こども園法には規定なし	子ども・子育て支援法 第14条、第38条	子ども・子育て支援法第56条
地域型保育事業	児童福祉法第34条の17	子ども・子育て支援法 第14条、第50条	子ども・子育て支援法第56条

（内閣府「子ども・子育て支援新制度について」（令和2年10月）を参考に作成）

（1）施設監査

　幼保連携型認定こども園を例に施設監査について説明します。施設監査は都道府県、指定都市、中核市が実施し、一般監査と特別監査があります。一般監査は定期的かつ計画的に実施（児童福祉施設は1年に1度以上実施）されます。特別監査は以下のいずれかに該当する場合に随時適切に実施されます。

① 事業運営及び施設運営に不正又は著しい不当があったことを疑うに足

る理由があるとき

② 基準に違反があると疑うに足る理由があるとき

③ 度重なる一般監査によっても是正の改善が見られないとき

④ 正当な理由がなく、一般監査を拒否したとき

　施設監査の主な内容は以下の3つの事項に関するものです。

【図表4-4-2　施設監査の主な内容】

① 教育・保育環境の整備に関する事項
　ⅰ 学級編成及び職員配置の状況
　ⅱ 認可定員の遵守状況（※）
　ⅲ 園舎に備えるべき設備や定期的な修繕改善等
　ⅳ 教育・保育を行う期間・時間
　ⅴ 職員の確保・定着促進及び資質向上の取組（労働条件の改善、研修の計画的
　　実施等）
② 教育・保育内容に関する事項
　ⅰ 教育及び保育の内容に関する全体的な計画の作成（※）
　ⅱ 指導計画の作成（※）
　ⅲ 小学校教育との円滑な接続（※）
　ⅳ 子育て支援の内容及び家庭・地域社会との連携（※）
③ 健康・安全・給食に関する事項
　ⅰ 健康の保持増進に関する取組状況
　ⅱ 事故防止・安全対策に関する取組状況（※）
　ⅲ 給食の適切かつ衛生的な提供に関する取組状況

（※）は、「施設監査」と「確認に係る指導監査」の重複又は一部重複が見られる事項
（内閣府　子ども・子育て支援新制度説明会（平成28年1月27日）資料7
「新制度における指導監査等について」を参考に作成）

　監査結果に基づいて、調査終了後、速やかに園長等に対して調査結果が説明され、文書によって必要な指導、助言等が行われます。指導、助言等については、期限を付して対応状況の報告が求められ、是正改善の有無を確認されます。

（2）確認に係る指導監査

　特定教育・保育施設を例に、確認に係る指導監査について説明します。

確認に係る指導監査は市区町村が実施し、指導と監査に区分されます。指導には、集団で実施される集団指導と施設ごとに実施される実地指導があります。集団指導は、新規施設においては概ね1年以内の施設が集合して、既存施設については必要に応じて実施されます。実地指導は、すべての施設を対象に定期的かつ計画的に実施されるものと市区町村が実地による指導を要すると認める施設を対象に随時実施されるものとがあります。監査は、要確認情報や実地指導において確認した情報を踏まえて、違反疑義等の確認について特に必要があると認める場合に実施されます。

　主な内容は以下の3点です。

【図表4-4-3　確認に係る指導監査の内容】

① 利用定員に関する基準
② 運営に関する基準
ⅰ　内容及び手続きの説明及び同意
ⅱ　応諾義務・選考
ⅲ　小学校との連携、教育・保育の提供、評価、質の向上（※1）
ⅳ　利用者負担の徴収
ⅴ　事故防止及び事故発生時の対応、再発防止（※1）
ⅵ　利用定員の遵守（※1）
ⅶ　地域との連携（※1）
ⅷ　会計の区分（※2）
ⅸ　各種記録（職員、設備及び会計、教育・保育の提供計画等）の整備（※1）
③ 給付に関する事項
ⅰ　地域区分、定員区分、認定区分・年齢区分
ⅱ　基本分単価
ⅲ　各種加算事項
ⅳ　各種加減・乗除調整事項

（※1）は、「施設監査」と「確認に係る指導監査」の重複又は一部重複が見られる事項
（※2）は、公認会計士による外部監査を受けている場合に、省略できる事項
（内閣府　子ども・子育て支援新制度説明会（平成28年1月27日）資料7
「新制度における指導監査等について」を参考に作成）

指導監査の結果に基づいて、著しい運営基準の違反が確認され、利用児童の生命又は身体の安全に危害を及ぼすおそれがあると判断したとき、又

は施設型給付等の請求に不正又は著しい不当が認められるときには、指導から監査への変更がなされます。また監査の結果、文書による通知と報告聴取、行政処分（勧告、命令、確認の取り消し）、不正利得の徴収等の措置が取られることがあります。

【図表4-4-4　指摘事項等】

指摘事項類型	説明	法人の対応
文書指摘事項	関係法令又は通知等の違反が認められる場合は、当該事項について、原則として、改善のための必要な措置（以下「改善措置」といいます。）をとるべき旨が文書により指導（文書指摘）されます。また、改善措置の具体的な内容について、期限を定めて改善報告書の提出が求められます。	文書報告
口頭指摘事項	違反の程度が軽微である場合又は違反について文書指摘の指導を行わずとも改善が見込まれる場合には、当該事項について、口頭により自主的な是正又は改善の指導（口頭指摘）が行われます。なお、口頭指摘が行われる場合には、法人等と指導の内容に関する認識を共有するため、口頭指摘とした内容が文書により交付されることが多いです。	自主改善
助言事項	法令又は通知等の違反は認められないが、法人等の運営に資するものと考えられる事項については、当該事項について、口頭により助言が行われます。助言事項についても、文書が交付されることが多いです。	自主改善

2　指導監査周期の延長等

会計監査人（公認会計士又は監査法人）による監査等の支援を受け、会計監査人の作成する会計監査報告等が一定の条件を満たす場合には、所轄庁が毎年度法人から提出される報告書類を勘案の上、当該法人の財務の状況の透明性及び適正性並びに当該法人の経営組織の整備及びその適切な運用が確保されていると判断され、一般監査の実施の周期を延長されることがあります。さらに、会計監査人を設置している法人並びに会計監査人による社会福祉法に準ずる監査を実施している法人については、当該監査の際に作成された会計監査報告に「無限定適正意見」又は「除外事項を付した限定付適正意見」が記載されている場合や、その他の法人についても公

認会計士、税理士等の専門家による一定の支援を受けている場合に、指導監査の会計管理に関する事項が省略されることがあります。

【図表 4-4-5　一般監査の周期が延長される場合】

条件	周期
会計監査人を設置している法人において、会計監査報告に「無限定適正意見」又は「除外事項を付した限定付適正意見」（除外事項について改善されたことが確認できる場合に限る。）が記載された場合	5箇年に1回
会計監査人を設置していない法人において、社会福祉法による会計監査人による監査に準ずる監査が実施され、当該監査の際に作成された会計監査報告に、「無限定適正意見」又は「除外事項を付した限定付適正意見」（除外事項について改善されたことが確認できる場合に限る。）が記載された場合	5箇年に1回
公認会計士、監査法人、税理士又は税理士法人（以下「専門家」という。）による財務会計に関する内部統制の向上に対する支援又は財務会計に関する事務処理体制の向上に対する支援を受けた法人において、専門家が当該支援を踏まえて作成する書類として別に定めるものが提出された場合	4箇年に1回

（厚生労働省「社会福祉法人指導監査実施要綱」より作成）

指導監査においては運営管理や保育内容についても調査が行われますが、本書では会計経理分野について記載します。

3　会計経理についての指導監査

会計業務は、発生した取引を適切に記録し、記録に基づき計算書類たる報告書を適切に作成する業務です。会計経理に関する指導監査では、計算書類や記録である勘定残高に異常な点がないか点検され、異常な点については改善を求められます。指摘事項があった場合には、公認会計士や税理士にその対応の補助が求められます。指導監査の際には、以下の事項がポイントとなりますので、事前に準備しておきましょう。

（1）社会福祉法人

社会福祉法人においては、第2章で説明した社会福祉法人会計基準に従い会計処理を行わなければいけません。そのため、会計経理が社会福祉法

人会計基準に則って適切になされているかがポイントとなります。具体的には、まず経理規程が社会福祉法人会計基準に準拠した内容となっており、それに従って実際の経理処理がなされていることが必要となります。個別の勘定科目等の処理が適切に行われているかどうかも確認が必要です。以下、各項目について留意点を確認していきます。

① 事業区分、拠点区分、サービス区分等

　事業区分は、適切に設定されており、事業区分をまたぐ施設等は拠点区分も別になっていることが必要です。そして保育所拠点区分以外への経費の支出が混在していないかが論点となります。また、法人単位の計算書類においては、法人外との取引のみを表示させる必要があるため、法人内の取引である事業区分間、拠点区分間の取引はすべて相殺消去されていることが必要となります。

② 積立資産、積立金

　各種積立資産は、各種積立金ごとに同額が計上され、かつ対応する資産が確保されている必要があります。また、各種積立資産及び各種積立金の明細書を作成し、貸借対照表と整合していなければいけません。なお、積立資産の目的外使用の場合、弾力運用に係る要件を満たす保育所は事前に理事会の承認を得ることで可能になりますが（設置主体が学校法人の場合も理事会の承認、その他の場合は自治体の承認が必要です。）、弾力運用に係る要件を満たさない保育所は、自治体の承認を得なければいけません。

③ 当期末支払資金残高

　当期末支払資金残高は、翌年度にすべて引き継がれている必要があります。また、委託費の適正な執行により適正な保育所運営が確保されたうえで、長期的に安定した経営を確保するために将来発生が見込まれる経費を計画的に積み立てた結果当期末支払資金残高を保有するものであることから、過大な残高を保有することを防止する観点から当年度の委託費収入の30％以下としなければなりません。

　社会福祉法人には、適正な保育所運営や長期安定した経営基盤確保が求

められていることから、当期欠損金や累積欠損金が生じている場合は原因を追及し、欠損金が生じている状況を改善し、適正な施設運営をしていかなければなりません。なお、前期末支払資金残高は理事会承認のうえ予算措置を行い取り崩すことが可能ですが、当期事業活動収入計（予算額）の３％を超える取崩しをする場合は自治体と事前協議をする必要があります。

④ 貸付金

同一法人内における拠点間での資金の貸付けは、経営上やむを得ない場合に、当年度内に限って認められるものです。そのため、施設運営に支障がある貸付けや他法人への貸付けを行うことは禁止されています。また、他の事業区分や拠点区分への貸付けを行った場合には当該年度内に精算し、期中においては貸付残高等を正確に把握しておかなければならないことに留意が必要です。

⑤ 計算書類の整合性

作成が必要となる計算書類を構成する貸借対照表、事業活動計算書、資金収支計算書及び財産目録について記載内容が整合していなければなりません。以下に整合性が問われる点を例示します。

【図表4-4-6　例示　整合性の確認】

貸借対照表　次期繰越活動増減差額	事業活動計算書　次期繰越活動増減差額
貸借対照表　（うち当期活動増減差額）	事業活動計算書　当期活動増減差額
貸借対照表　純資産の部合計	財産目録　差引純資産
貸借対照表 流動資産（棚卸資産、１年内回収予定貸付金、徴収不能引当金を除く）の当期末残高－流動負債（１年以内返済予定設備資金借入金、１年以内返済予定リース債務、賞与引当金を除く）の当期末残高	資金収支計算書　当期末支払資金残高
貸借対照表 流動資産（棚卸資産、１年内回収予定貸付金、徴収不能引当金を除く）の前期末残高－流動負債（１年以内返済予定設備資金借入金、１年以内返済予定リース債務、賞与引当金を除く）の前期末残高	資金収支計算書　前期末支払資金残高

（2）社会福祉法人以外

　設置主体が社会福祉法人以外の法人である場合は、それぞれの法人形態に従った会計基準で会計処理する必要があります。なお、委託費については社会福祉法人と同様に原則として保育所運営に関する経費にしか使用することができません。所定の要件を満たす場合には弾力運用が可能ですが、社会福祉法人会計基準に基づく会計処理を行うことが望ましいです（局長通知１（５）①）。

　上記のほか、収支計算書又は損益計算書に保育所を経営する事業に係る区分を設けなければいけません。また、保育所を経営する事業に係る積立金・積立資産明細書を作成する必要があります。

> **コラム　社会福祉法人への会計監査制度の導入**
>
> 　2017年度より直近の会計年度で収益の額が30億円又は負債の額が60億円を超える社会福祉法人に対して、公認会計士又は監査法人である会計監査人を設置することが義務付けられました。このような社会福祉法人を特定社会福祉法人といいます。
>
> 　これを受けて、監査対象となっている計算書類や注記など、専門性を有する書類の作成を外部の専門家に依頼する特定社会福祉法人が多くあり、これらの要望に対しては、顧問税理士を中心として対応している状況です。
>
> 　このように、社会福祉法人への会計監査制度が導入された結果、税理士が活躍できるフィールドが広がっています。

第5節　第三者評価について

POINT

・第三者評価とは、サービスの質について第三者機関が評価を行う仕組み

・第三者評価を導入する事業者は年々増加

・導入した事業者は、サービスの質の向上に役立ったと実感

1　第三者評価とは

　社会福祉事業を行う法人との取引が増えてくると、第三者評価という単語を目にする、あるいは耳にすることがあるかもしれません。第三者評価とは、福祉サービスを提供する福祉施設・事業所のサービスの質について、公正・中立な第三者機関が専門的かつ客観的な立場から評価を行う仕組みのことです。これにより、個々の事業者が事業運営における具体的な問題点を把握してサービスの質の向上に結びつけるとともに、評価結果等が利用者の適切なサービス選択に資するための情報となることを目的としています。

　なお、第三者機関が評価する対象は、福祉サービス提供体制や内容についてであり、その法人の経営（財務）状況については評価対象としておらず、ましてや格付けや順位付けがされることもありません。

2　第三者評価が導入された経緯

　そもそも、こうした制度が導入されるようになったきっかけは、2000年（平成12年）から始まった介護保険制度にあります。介護保険制度の開始により、介護事業は、従来の措置から契約による利用制度へと移行しました。これにより、事業者は、質の高いサービスを提供しなければ利用者か

ら選択されないという状況になりました。そこで、事業者が事業運営の具体的な問題点を把握してサービスの質を向上させ、利用者が適切なサービスを選択することができるようにするため、第三者による評価を実施し、その結果を公表する必要性が出てきました。

　第三者による評価結果を受けて、事業者は福祉サービスの質の向上に向けた取組を促されます。また、評価結果を幅広く利用者や事業者に公表し情報提供を行うことで、利用者本位の福祉の実現を目指すことができるものと考えられています。

3　第三者評価導入後の受審状況

　2004年（平成16年）の制度導入以来、国は積極的に普及・促進を進めており、第三者評価を受審する事業者は継続的に増加しています。

　平成30年3月26日に厚生労働省から発表された「「「福祉サービス第三者評価事業に関する指針について」の全部改正について」の一部改正について」によって、第三者評価に係る指針の内容が全面的に改正されました。その結果、受審促進に向けた数値目標の設定及び公表が自治体に求められるようになり、第三者評価を受けることがより推進されるようになりました。また、社会的養護関係施設（児童養護施設・乳児院・母子生活支援施設・児童心理治療施設・児童自立支援施設）と呼ばれる施設については、2012年度（平成24年度）から3年に1度の受審が義務化されています。現時点では、社会的養護関係施設以外は、社会福祉法第78条において、自己評価が努力義務として求められているにとどまっていますが、このように国が受審促進を図っていることから、将来的には保育所等の特定教育・保育施設にまで適用範囲が拡充されることも考えられます。

【図表4-5-1　第三者評価を受審した事業者数】

1. 受審数等の状況（総括表）
（1）都道府県別の受審数

No.	都道府県	17年度	18年度	19年度	20年度	21年度	22年度	23年度	24年度	25年度	26年度	27年度	28年度	29年度	30年度	都道府県別累計実績数
1	北海道	0	1	9	20	13	17	28	14	24	57	13	26	42	26	290
2	青森県	5	19	34	12	19	26	14	11	22	20	18	13	15	20	248
3	岩手県	9	15	21	29	24	18	28	19	24	19	15	15	18	15	269
4	宮城県	0	0	0	3	9	1	6	3	13	24	18	20	27	13	137
5	秋田県	0	0	4	1	1	4	7	6	8	14	2	6	17	13	83
6	山形県	0	2	2	1	4	2	3	0	5	11	0	5	15	9	59
7	福島県	0	0	3	8	9	6	3	3	15	17	8	13	24	10	119
8	茨城県	1	2	6	3	1	1	0	0	3	23	1	9	20	14	84
9	栃木県	1	8	6	6	10	11	8	8	29	26	31	21	29	29	223
10	群馬県	16	11	8	11	7	5	4	7	10	9	8	8	11	12	127
11	埼玉県	8	22	26	25	27	19	17	27	34	46	39	48	55	43	436
12	千葉県	0	3	81	28	45	51	56	35	71	77	107	95	123	87	859
13	東京都	1,352	1,308	1,827	1,817	2,006	1,979	2,358	2,613	2,762	2,891	2,990	2,970	3,191	3,245	33,309
14	神奈川県	37	100	131	163	107	148	170	180	225	173	274	333	397	330	2,768
15	新潟県	0	0	0	7	18	27	23	10	14	22	9	37	32	23	222
16	富山県	9	18	7	4	2	6	5	2	4	4	12	7	8	6	94
17	石川県	0	42	38	32	21	13	11	6	8	23	2	6	14	3	219
18	福井県	0	3	2	4	4	5	4	6	8	9	9	11	12	8	85
19	山梨県	1	10	4	7	7	2	5	6	6	6	2	5	6	1	68
20	長野県	2	15	9	29	16	15	37	24	19	39	41	34	58	77	415
21	岐阜県	7	19	10	4	10	10	15	17	22	18	23	29	37	38	259
22	静岡県	47	38	45	40	38	15	12	15	30	39	31	43	36	46	475
23	愛知県	3	25	39	55	59	110	85	92	95	105	100	124	136	126	1,154
24	三重県	19	7	13	13	13	8	6	9	26	18	12	39	34	31	248
25	滋賀県	0	0	3	4	3	3	3	3	4	14	12	10	18	11	88
26	京都府	80	115	254	185	192	207	197	216	221	262	268	301	244	249	2,991
27	大阪府	9	31	80	60	41	80	50	72	85	151	86	100	137	100	1,082
28	兵庫県	20	25	51	52	32	44	41	32	71	104	57	72	123	70	794
29	奈良県	0	0	0	4	2	1	1	1	4	11	1	3	12	5	45
30	和歌山県	0	0	2	10	4	2	2	2	3	15	5	3	12	5	65
31	鳥取県	0	15	18	20	24	26	28	19	32	42	25	29	53	44	375
32	島根県	0	1	4	1	2	1	5	1	3	5	2	6	22	9	62
33	岡山県	0	0	0	3	0	0	0	3	8	18	7	16	25	14	92
34	広島県	0	0	0	1	16	21	12	15	32	34	12	27	34	35	239
35	山口県	41	39	25	14	10	14	14	5	15	14	12	23	18	9	253
36	徳島県	0	0	0	6	3	3	3	1	5	14	0	3	12	3	53
37	香川県	0	0	8	2	5	5	7	6	6	7	4	4	7	1	62
38	愛媛県	0	0	4	8	6	18	14	17	42	18	11	23	47	16	224
39	高知県	0	2	1	3	1	0	0	3	5	6	3	5	6	3	38
40	福岡県	0	0	0	5	20	11	6	9	21	45	13	28	33	14	205
41	佐賀県	0	4	1	2	0	3	0	1	1	16	2	4	6	2	42
42	長崎県	0	3	12	6	4	8	4	12	18	22	28	17	21	21	182
43	熊本県	0	21	22	27	19	26	28	50	53	47	63	30	42	40	468
44	大分県	11	14	18	14	6	7	11	6	8	13	9	25	9		169
45	宮崎県	0	0	0	0	2	1	4	5	7	14	8	5	10	15	71
46	鹿児島県	0	9	5	4	1	6	7	1	6	40	22	24	23	14	162
47	沖縄県	0	0	0	0	2	3	5	7	12	4	5	11	9		67
	全国合計受審数	1,678	1,947	2,835	2,757	2,871	2,985	3,349	3,598	4,132	4,619	4,423	4,664	5,298	4,923	50,079

※平成17～19年度の実績数については、一部の県で外部評価等が含まれていたためその数を除外
※平成24年度から、全国推進組織が認証する評価機関が評価実施した社会的養護関係施設の受審数を「都道府県集計」に合算して総括表（本表）を作成

(出典：社会福祉法人全国社会福祉協議会ホームページ　第三者評価事業
全国の受審件数・実施状況（2019年度調査　平成30年度実績））

4　第三者評価を導入することで期待される効果

　第三者評価を導入することで、施設側にとっても、①利用者にサービスの質の向上に積極的に取り組んでいることをアピールできることや、②第三者評価のプロセス（自己評価、訪問調査など）を通して、施設職員が日々の業務への課題を発見することができ、組織全体の質の向上につながること、さらには③第三者評価により弾力運用をより拡充することが可能であることなどの利点があります。平成26年度に、一般社団法人全国福祉サービス第三者評価調査者連絡会が第三者評価を受審した社会福祉法人に行ったアンケート調査では、第三者評価を受審したことにより、サービスの質の向上等につながったとする肯定的な回答が9割に達しています。

【図表4-5-2　第三者評価の受審アンケート】

第三者評価の受審の動機と満足度

- ○　第三者評価を受審する動機は、「サービスの質の向上」「事業所全体の総チェック」「改善のヒントを得たい」が多い。
- ○　受審した結果、9割以上の事業所が上記の動機を「満たされた」としている。

○受審の動機　※上位回答項目を抜粋、複数回答あり

事項	割合(全体)(%)	割合(高齢分野)(%)
1．サービスの更なる向上につなげたいため	86.9%	91.3%
2．事業所全体を総チェックして、現状を把握したいため	84.3%	85.9%
3．改善のヒント（気づき）を得たいため	82.7%	84.5%
4．利用者の意向（本音）を把握したいため	65.2%	70.4%
5．事業所の組織力向上につなげたいため	59.6%	56.0%

○受審後の満足度　※受審の動機上位3項目について「大いに満たされた」「満たされた」と回答した割合

事項	割合(全体)(%)	割合(高齢分野)(%)
1．サービスの更なる向上につなげたいため	91.4%	93.3%
2．事業所全体を総チェックして、現状を把握したいため	96.2%	97.5%
3．改善のヒント（気づき）を得たいため	93.5%	94.9%

◆出典：一般社団法人 全国福祉サービス第三者評価調査者連絡会：「福祉サービス第三者評価における受審促進に関する調査研究事業報告書」平成26年度厚生労働省 セーフティネット支援対策等事業費補助金（社会福祉推進事業分）
◆全国の福祉サービス第三者評価を受審した施設「712件」の回答
　※高齢分野：277件、障害分野：193件、保育分野：167件、社会的養護分野：52件

（出典：厚生労働省「第三者評価制度・情報公表制度について」平成29年2月21日）

　このように、第三者評価の受審は、保育施設の潜在的競争力の再発見や経営戦略の見直しなどのきっかけとなる可能性があるため、関与先に受審を薦めてみることはコミュニケーションの一環としても有用と考えられます。

　なお、子ども・子育て支援新制度では、定期的な受審を推進するため、第三者評価の受審及び評価結果をホームページ等で公表した事業者に対して、受審料の一部を公定価格の加算として補助しています（上限額は15万円）。さらに、一部の自治体では独自の補助制度もありますので、さらに金銭的負担を軽減させることも可能です。

第6節　保育所のコーポレートガバナンス及び内部統制

POINT
- ・コーポレートガバナンスとは、経営を管理監督するための体制
- ・保育事業の持続可能な運営には、コーポレートガバナンスの強化が必要不可欠
- ・コーポレートガバナンスの強化には、継続的な取組が必要

1　コーポレートガバナンスの必要性

　地方自治体や公益財団法人児童育成協会が、税金や厚生年金といった公金を施設型給付や委託費の名目で保育所や保育施設に投入しています。また、児童を預けている保護者は施設等の運営方針や設備状況について強い関心を持っています。さらには、保育士を始めとした職員も、自らが在籍する施設等の経営状態が、自らの給与との兼ね合いで気になることでしょう。

　このように、保育事業を行う事業者の周りには、地方自治体、職員、保護者、また保育の対象となる児童、あるいは税金等を支払う地域住民や日本国民といった多種多様な関係者（＝ステーク・ホルダー）が存在しており、経営者が保育所や保育施設を適切に運営しているかどうかに注目しています。もし、適切に運営されていないと判断された場合には、公的機関等から資金の投入が止められたり、保護者から選択されなくなったり、職員が退職したりして、持続的な運営が困難になることもあり得ます。したがって、持続可能な事業運営にあたっては、こうしたステーク・ホルダーの保護が必要不可欠となります。そして、そのための手段としてコーポレートガバナンスを構築することになるのです。

2　具体的なコーポレートガバナンスとは

　コーポレートガバナンス（Corporate Governance）を直訳すると「企業統治」となります。保育所の運営主体には一般事業会社以外も存在するため、「法人統治」とした方が多くの方々にしっくりとくるでしょうか。東京証券取引所が平成30年6月に改訂したコーポレートガバナンス・コードでは、コーポレートガバナンスのことを「株主をはじめ顧客・従業員・地域社会等の立場を踏まえた上で、透明・公正かつ迅速・果断な意思決定を行うための仕組みを意味する」としています。株式会社以外の保育事業者の場合には、「株主」の部分をそれぞれに合わせて読み替えるとよいでしょう。例えば、社会福祉法人の場合は、出資持分が存在しませんが、上述したように設備や運転のための資金として税金等が投入されることから、地方自治体や納税者が該当するものと考えられます。いずれにせよ、保育事業の公益性・公共性のために構築されたコーポレートガバナンスにおいて重要なことは、「透明」、「公正」かつ「スピード感のある」意思決定システムということになります。

3　コーポレートガバナンスの具体例

　コーポレートガバナンスは、保育施設とステーク・ホルダーとの関係を円滑にし、意思決定に対する公正性、透明性とスピード感を保持できるように構築することになります。それでは、具体的にはどのような仕組みを構築することになるのでしょうか。これには、平成28年に、社会福祉法人のガバナンス強化を目的として厚生労働省が実施した制度改革の資料が参考になります。この中では、社会福祉法人として要求されるガバナンスがどのようなものであるかが、わかりやすくまとめられています。まず、改革前の社会福祉法人におけるガバナンス上の問題点とその対応方針を整理した資料を以下に見てみます。

【図表 4-6-1　ガバナンス上の問題点とその対応方針】

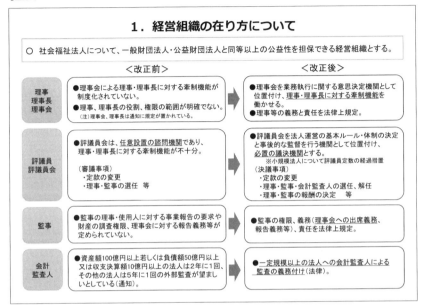

(出典：厚生労働省「社会福祉法人制度改革について」)

　上図のいずれの項目においても、法人の経営陣である理事・理事長を評議員会・監事又は会計監査人といった様々な方向から監視して独断・専横を牽制できるような体制を整備しようとしています。この改正により、社会福祉法人におけるガバナンス体制は次の図のようになります。これまでの体制と異なり、理事長がその主張や要求を通すためには、理事会、評議員（会）、監事及び会計監査人といった法人の機関を説得する必要があり、独断・専横が困難になっていることがわかります。このように、コーポレートガバナンスの構築には、「経営を管理・監督」できているかどうかという視点が必要になります。

【図表4-6-2　ガバナンスの強化】

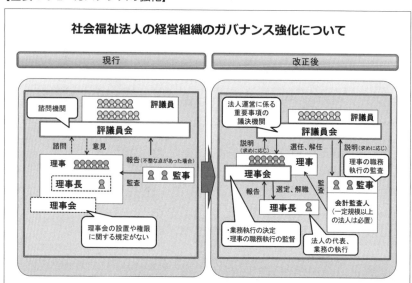

（出典：厚生労働省「社会福祉法人制度改革について」）

4　コーポレートガバナンスが発揮されない状況

　日本公認会計士協会が公表している「監査基準委員会報告書240「財務諸表監査における不正」を社会福祉法人監査に適用するに当たっての留意点（非営利法人委員会研究報告第19号）」によると、次のような実態が認められる場合には、理事長や特定の理事に決定権限が集中し、又は理事長や理事及び監事の権限が著しく制限され、ガバナンス機能が十分発揮されないことがあるとされています。

【図表4-6-3　例示　ガバナンス上の問題点】

① 評議員会や理事会の議事が形式化し審議が十分に行われていない。
② 理事長の業務実績が少ない。

③ 理事長又は理事会と施設長の間のコミュニケーションが十分取られていない。
④ 監事が非常勤のみであり、業務実績がほとんど認められない。
⑤ 内部監査が実施されていない。
⑥ 各種議事録及び資料類の保管・整理状況に不備があり、第三者からの確認が困難である。

　これらの例示からもわかるように、ガバナンス機能が発揮されていない状況とは、「経営の管理・監督」が適切に行われていない状況といえます。

▌5　脆弱なコーポレートガバナンスがもたらす影響

　2016年（平成28年）に第三者委員会による調査報告書が公表された、全国で保育所などを運営していた社会福祉法人「夢工房」（兵庫県芦屋市）の理事長らが法人の資金を不正に流用していた問題は、コーポレートガバナンスが適切に整備・運用されていなかったことが原因で発生したといえます。第三者委員会の調査報告書によると、原因分析の結果として、以下の6項目が挙げられています。

【図表4-6-4　不正の原因】

1．A一族による法人の私物化
2．理事長の専横（ワンマン）に対する抑止力の欠如
3．非常勤理事を主体とする理事会の形骸化
4．利用者、従業員の便宜を二の次とする利益優先主義
5．急激な拡大に伴う組織の疲弊
6．職員のコンプライアンスに対する意識の欠如

（社会福祉法人夢工房第三者委員会「調査報告書（公表版）」（平成28年10月17日）より抜粋）
※A一族とは当時の理事長一族を指します。

　特に3．については、古くから理事である人物が理事長への牽制を行っていないことが指摘されており、理事長との馴れ合いがあったのではないかと推測されています。これは、法人内の管理体制が整備されていたとし

ても、その運用が適切に行われていなかった典型的な例といえます。結果的に、法人は新体制で事業運営を再開するができましたが、失った信頼を取り戻すために一層の努力が求められることになるでしょう。

| コラム | **社会福祉法人の予算** |

　社会福祉法人は公益性が高いことから、業務の執行にあたっては、計画に基づく事業活動を行ったうえで収支が予定どおりに収まっていることが重視されます。そのため、予算の編成と執行がどのように行われているか理解しておくことが必要です。

　社会福祉法人の予算について理解しておくべき大原則は、「予算内で業務を執行すること」です。予算を超える執行は原則として許されません。そのため、当初予算は事業年度が開始するまでに決定しておくことになります。

　ただし、予算内での執行が原則といっても、外部環境によっては予算どおりに事業が進捗しないこともあります。そこで、予算は事後的に補正することも許されています。補正予算が必要な場合には、法人や施設の事業に合わせて必要な都度、作成することになり、その時期や回数等に制限はありません。

　予算編成の一般的な年間スケジュールは以下のようになります。

策定時期 予算名	×1年3月 当初予算作成	×1年5月 第1次補正予算	×1年12月 第2次補正予算	×2年3月 第3次補正予算
補正理由		×0年度の決算が確定したことによる補正	上期の実績を反映	年度の見通しを反映

6　コーポレートガバナンスと内部統制

　ガバナンスとよく似た言葉として「内部統制」がありますが、内部統制とは会社内部で業務を実施する上で生じるリスクをコントロールする仕組みのことをいいます。リスクをコントロールして組織を継続的に運営していくためには、従業員等が遵守すべきルールや内部の業務体制を適切に構築する必要があります。例えば、担当者により不正な発注が行われないように上長が発注内容を確認・承認するような体制は多くの組織体で採用されている内部統制です。このように、内部統制は、コーポレートガバナンスよりも、組織の内部に視点を置いた経営管理体制の仕組みといえます。

　ただし、コーポレートガバナンスと内部統制の構築は向ける視点に違いはありますが、組織が継続的に存続することを目標とした重要な取組であり、一般的には同時並行的に構築されていくものです。

　なお、内部統制の構築に係るサポートとして、職員等による不正を牽制するために、現金の実際有高と会計計上額との一致や、預金について金融機関から入手した残高証明書と会計計上額との一致を確かめることは、外部の専門家として有効と考えられます。

7　外部専門家としての関与

　これからの保育所が持続可能な事業運営を行うにあたって、コーポレートガバナンスは非常に重要な要素になると予想されます。しかし、ガバナンスや内部統制の構築や強化は容易なものではなく、内外の法的・専門的な知識が必要になることもあります。また、現状のガバナンスが適切であるかどうかを客観的に評価するのにも、さまざまな知見を有する外部の専門家の存在は欠かせません。保育事業全般についての理解があり、それらに関する税制や会計上の知識に精通した税理士の存在は、今後ますます重要なものとなっていくでしょう。

【参考文献】

松本和也著『保育所・認定こども園のための会計基準省令と資金運用ルールの実務ガイド（令和元年9月改訂）』（実務出版、2019年）

監修・執筆者一覧

【監修】

OAG 監査法人　　今井　基喜　　公認会計士　税理士

【編集及び執筆責任者】

OAG 監査法人　　髙井　陽介　　公認会計士　税理士

OAG 監査法人　　田中　謙吾　　公認会計士

OAG 税理士法人　中根　　穣　　税理士

OAG 監査法人　　横塚　大介　　公認会計士

【執筆者】

OAG 監査法人　　伊澤　聡一　　公認会計士

OAG 監査法人　　石川　　亮　　公認会計士

OAG 監査法人　　奥富　進介　　公認会計士

OAG 監査法人　　中山　住人　　公認会計士　税理士

OAG 監査法人　　藤本　　豊　　公認会計士　税理士

OAG 監査法人　　森　智佳子　　公認会計士　税理士

OAG 監査法人　　柳原　　翼　　公認会計士

OAG 税理士法人　渡邉公美子

（五十音順）

【事務所】

OAG 監査法人

　代表者　代表社員：今井　基喜

　設立　平成21年 5 月

　所在地

　　東京事務所

　　　〒102-0076 東京都千代田区五番町6-2　ホーマットホライゾン 4 階

　　　TEL：03-6265-6598

　　大阪事務所

　　　〒564-0053 大阪府吹田市江の木町17-1　コンパーノビル 6 階

　　　TEL：06-6310-3200

OAG 税理士法人

　代表者　代表社員：鶴井　秀雄

　設立　平成19年 1 月

　所在地

　　東京本店

　　　〒102-0076 東京都千代田区五番町6-2　ホーマットホライゾンビル

　　　TEL：03-3237-7500（代）　FAX：03-3237-7510

　　埼玉

　　　〒355-0032 埼玉県東松山市新宿町25番地12

　　　TEL：0493-24-2489　FAX：0493-22-3691

　　東京ウエスト

　　　〒182-0022 東京都調布市国領町4-51-7　ピエール・シークル 2 階

　　　TEL：042-441-2191　FAX：042-441-2192

　　名古屋

　　　〒460-0003 愛知県名古屋市中区錦2-13-30　名古屋伏見ビル 9 階

　　　TEL：052-746-9313　FAX：052-746-9312

　　大阪

　　　〒564-0063 大阪府吹田市江坂町1-13-33　進和江坂ビル 7 階

　　　TEL：06-6310-3102　FAX：06-6310-3103

　　福岡

　　　〒810-0042 福岡県福岡市中央区赤坂1-14-22　センチュリー赤坂門ビル 6 階

　　　TEL：092-717-6650　FAX：092-717-6651

サービス・インフォメーション

──────── 通話無料 ────

①商品に関するご照会・お申込みのご依頼
　　　　TEL 0120(203)694／FAX 0120(302)640
②ご住所・ご名義等各種変更のご連絡
　　　　TEL 0120(203)696／FAX 0120(202)974
③請求・お支払いに関するご照会・ご要望
　　　　TEL 0120(203)695／FAX 0120(202)973

●フリーダイヤル(TEL)の受付時間は、土・日・祝日を除く
　9:00～17:30です。
●FAXは24時間受け付けておりますので、あわせてご利用ください。

税理士のための
保育所の会計・税務・経営サポート
～社会福祉法人・学校法人・NPO法人・株式会社等の留意点～

2021年1月10日　　初版発行
2022年2月25日　　初版第2刷発行

著　者　　OAG監査法人・OAG税理士法人
発行者　　田　中　英　弥
発行所　　第一法規株式会社
　　　　　〒107-8560　東京都港区南青山2-11-17
　　　　　ホームページ　https://www.daiichihoki.co.jp/

税保育所　ISBN978-4-474-07216-9　C2033　(5)